LA PRESENCIA DE ANTONIO MACHADO
EN LA POESIA ESPAÑOLA DE POSGUERRA

JOSE OLIVIO JIMENEZ

A PRESENCIA DE ANTONIO MACHADO EN LA POESIA ESPAÑOLA DE POSGUERRA

SOCIETY OF SPANISH AND SPANISH-AMERICAN STUDIES

The Society of Spanish and Spanish-American Studies promotes bibliographical, critical and pedagogical research in Spanish and Spanish-American studies by publishing works of particular merit in these areas. On occasion, the Society will also publish creative works. SSSAS is a non-profit educational organization sponsored by The University of Nebraska-Lincoln. It is located at the Department of Modern Languages and Literatures, The University of Nebraska-Lincoln, Oldfather Hall, Lincoln, Nebraska 68588-0316, U.S.A.

Library of Congress Catalog Card Number: 82-051174
ISBN: O-89295-024-2

SSSAS: LC9010

Printed in The United States of America

A Eugenio Florit
y María Soledad Carrasco Urgoiti

INDICE GENERAL

NOTA PRELIMINAR

El primer capítulo de este libro, en el que se trata de delimitar el sentido y alcance de la presencia de Antonio Machado en la poesía española de posguerra, constituye su verdadera introducción. No es necesario, pues, adelantar ahora lo que allí se encontrará.

Sí me permito, en cambio, unas palabras sobre la intrahistoria personal de este volumen, al que veo nacido de una larga devoción y de un accidental entusiasmo. La devoción, se entiende, es hacia el mismo Antonio Machado: el nombre que significó mi entrada, y de qué buena mano, en la lírica española moderna. El entusiasmo se produjo cuando, llegado yo por primera vez a España a principios de los 50 —años en que bullía la inevitabilidad de la poesía social—, comprobé que aquel poeta, que tan caro ya me era, resultaba entonces una guía y un ejemplo inmediatos: el maestro más vivo y entrañable del momento. Con el tiempo, como era esperable, se verificó en mí la natural maduración reflexiva ante ambos hechos. De una parte, mi lectura de Machado se hizo más crítica —aunque nunca declinaría mi fervor por el autor de *Soledades,* el *Cancionero apócrifo* y *Juan de Mairena.* Y vine a advertir, por igual, que la proyección hacia aquél, reinante en esas fechas, se sostenía de modo principal en una justificada necesariedad histórica y moral, pero iba aproximándose ya a una parcialización de su obra que lindaba aun con cierto dogmatismo valorativo. Al cabo, ahondando después para la preparación de este estudio, el entusiasmo se rehizo, y con creces: Machado sí había estado presente en *toda* la poesía de la posguerra —siempre que este concepto epocal no se desborde erróneamente y llegue a pensarse que todavía se vive en ella—, pero pude verificar que su acción se había ejercido desde las *distintas* y *complementarias* zonas de su producción, en verso y prosa, y no con exclusividad desde una sola de esas parcelas. Y me fue dable comprobar también que su vigencia, a partir (y aun antes) de 1936, había conocido una evolución contrastada y hasta dramática, fatalmente acorde al carácter dialéctico de la propia creación machadiana. Contribuir a restaurar las verdaderas dimensiones de esa presencia total se convirtió, entonces, en el objetivo de mi trabajo.

He escrito *presencia,* y debo aclarar: no se trata de un cotejo de «influencias» minuciosamente ratificadas en el nivel de las resonancias y afinidades expresivas. Esto último, aunque ocasionalmente acceda a ello, quedó en principio fuera de mi propósito. Me animó un interés de mayor alcance: documentar las vicisitudes que han regido el proceso de construcción — con mayor rigor: de fragmentación primera y de reintegración última—de la *imagen* de Machado a lo largo de la época. Las circunstancias así lo habían dictado: el someter su múltiple e intrincada lección a vaivenes contrarios y polares durante el período. He tratado de objetivar y despersonalizar mis reacciones, y de actuar como un testigo que tampoco depone del todo sus derechos de crítica y puntalización. Mas no quiero ocultar mi satisfacción ante lo recién sugerido: que ese proceso —el del perfilamiento de su presencia— haya venido a culminar, afortunadamente y según lo veo hoy, en la conquista de la imagen verdadera, por *integral,* de Machado.

Estas páginas permiten otra lectura: la de una historia interior de la lírica peninsular de posguerra, desplegada al hilo del tema que aquí se desarrolla. Al perseguir la presencia de Machado en las sucesivas promociones que definen esa historia, he tenido que resumir orgánicamente las directrices y los logros de cada una de aquellas promociones, tanto como el movimiento natural de continuidad y reacciones que entre ellas se tiende. El resultado ha sido, en cierto modo, hilvanar así un panorama general de la poesía española durante el período a que queda acotado este estudio.

Y la preparación del mismo me requirió la consulta frecuente de muchos de los poetas aquí considerados: largas conversaciones o encuentros por fuerza apresurados, cruce de cartas, envíos de materiales personales o de difícil acceso... Todos me respondieron con una tan buena disposición, y aun con tanto entusiasmo, que esta cálida experiencia actuó como un generoso incentivo a mi labor. Agradecerles nominalmente ahora, a cada uno de ellos, su muy valiosa colaboración, equivaldría prácticamente a repetir una gran mayoría de los nombres de esos poetas. No obstante, y siguiera de este modo general, me es muy grato consignarlo.

Vaya también una especial mención de gratitud a mi buena amiga Mercedes Orbón. A una amable invitación suya, para dictar una conferencia en el *Spanish Institute* de Nueva York —y en el año del centenario de Machado: 1975—, se debió originalmente el estímulo que me llevó a este libro.

I

SENTIDO Y LIMITES DE LA PRESENCIA DE ANTONIO MACHADO EN LA POESIA ESPAÑOLA DE POSGUERRA

Ha sido Antonio Machado uno de los poetas más leídos en España durante el ya extenso período que arranca de la guerra civil, y tal vez el más sostenidamente invocado a lo largo de esos años. Incluso, por parte de la crítica de dentro y fuera de la Península, y aquí ya junto a Juan Ramón Jiménez, es uno de los dos con mayor fervor estudiados entre los que inician la tradición poética española de nuestro siglo, a pesar de la baja estimativa inmediata que entre los poetas sufriera este último paralelamente. Más aún: la obra, y la noble y alerta humanidad de don Antonio, significaron algo más y ya en un sentido absoluto: han representado de manera indubitable, en grandes zonas de esa lírica, el norte y el ejemplo mayor; el nombre que con más inevitablidad, afectuosa cercanía y respeto venía a los labios (y a los versos) de esos poetas; la filiación que voluntariamente se buscaba o que, al nacer de modo espontáneo, no se la sentía en modo alguno estorbosa sino que se la aceptaba como un motivo de legítima satisfacción. Reconocerse en la descendencia espiritual de Antonio Machado (no como militante de su «escuela» pues en rigor tal cosa no hubo), era algo asumido como sello de autenticidad personal; y en gracias a lo cual su reconocimiento no fue jamás regateado. El autor de *Campos de Castilla* era visto así como el poeta que abría caminos a la altura de las circunstancias, no quien los hiciera difíciles de transitar a base de normas estéticas inflexibles que las condiciones de la época no inspiraban necesidad o interés de seguir.

La proyección hacia él de los jóvenes (de las oleadas sucesivas de jóvenes que fueron apareciendo) brotó, pues, de urgencias e impulsos, íntimos o colectivos, por ello dictados siempre desde el signo existencial e

11

histórico de los tiempos. Y si pudo hacerse percibir también y de modo ocasional en el plano de la dicción poética, no iba por aquí su sentido más entrañable. En un nivel principalmente expresivo, sobre la poesía española de esos tiempos pesaron tal vez con mayor significatividad otras poderosas influencias capitales, más verificables, y todas ellas señaladas por la crítica y admitidas por los poetas mismos. Esas influencias operaron desde estratos cronológicos y artísticos cuya progresión y diversidad no hace sino marcar los avatares de la poesía de posguerra en su propia conformación: Vicente Aleixandre, el Dámaso Alonso de *Hijos de la ira* (1944), Luis Cernuda, así como una cierta dirección de Miguel Hernández, algo tardía ésta en ser recibida del mismo modo que aún mucho más lo fuera la de Cernuda y por razones conocidas. A las mencionadas, que se ejercieron desde el país, hay que añadir las procedentes de la América hispana: la indivisible y benéfica de César Vallejo, no siempre bien destacada pero innegable, y la a nuestro juicio más parcial de Pablo Neruda —por derivarse mayormente de los sectores de su obra menos sostenidos sobre el rigor y originalidad de su más alta palabra artística. En los últimos años, y sólo sobre los hoy más jóvenes, habrá de notarse también la de Octavio Paz, cuyo interés hacia él vendrá a coincidir con el declive de la vigencia de Machado, como ha de indicarse muy pronto. En todos los casos enumerados, cabría practicar un cotejo de afinidades expresivas entre los influyentes y los influidos, y los resultados habrían de ser resueltamente afirmativos (sin implicar con ello que tales relaciones no comportasen también, en su fondo, una poética y una cosmovisión afines). Mas en el rastreo de la presencia de Machado sólo es posible actuar de manera adecuada partiendo de sus actitudes frente a la poesía y de sus productos consecuentes y, desde allí, observar las repercusiones de unas y de otros en la obra de los poetas de este período.

Sabido es cómo, en Machado, el proceso de su trabajo creador, guiado en principio por su autoimposición cordial de trascender su mismidad y encontrar la palabra de verdad con que pudiera llegar al otro, fue en él continuado, pero, a la vez, conoció en la práctica de pausas y de recurrencias en lo mismo que iba dejando atrás. Pues la imagen de un Machado que avanza en el verso hacia esa alteridad deseada, sin vacilaciones ni retrocesos, es uno de los tantos fetiches levantados en su torno; aunque a distintas (pero erróneas) conclusiones, si bien más coherentes en ese preciso sentido indicado, arribaríamos si nos atuviésemos sólo a las declaraciones teóricas que fue dejando en prólogos, artículos, poéticas y críticas de otros autores. No en balde, cuando él adquiere plena conciencia de esa personal crisis entre pensamiento y creación propia, se sintió con la mayor honestidad (con la mayor necesariedad también) impulsado a dar a la luz sus conocidos heterónimos o apócrifos: esas formas suyas de *tu com-*

plementario / que marcha siempre contigo / y suele ser tu contrario (NC, CLXI, xv.). ¹ Y así su palabra poética, cada vez más preñada de filosofismo y que pudimos imaginar a punto de quiebra en el momento de engendrar tales apócrifos, alcanzó en éstos nuevas y radiantes resurreciones, más a tono con las cimas que el pensamiento poético-filosófico en que desembocó iba alcanzando: la prosa fue entonces el camino ya sin interrupciones seguido. Vale aclarar: una prosa que (aún en las últimas apariciones de *Juan de Mairena,* donde sólo muy incidentalmente se incrustan unos pocos versos) sigue expresando, junto a sus respuestas nada evasivas a las muy vivas incitaciones socio-políticas de la hora, los sentires y las cogitaciones de un profundo poeta de pensamiento sostenido sobre una estética donde los fueros de la verdad, la intuición, la temporalidad y la sentimentalidad (individual o colectiva) se aliaban siempre, siquiera de un modo complejo y dramático. Por ello, sin la atención a esa prosa, el conocimiento integral de la poesía y la poética de Machado (y consecuentemente de su proyección ulterior) quedaría ya de entrada, y de manera violenta, cercenado. Por suerte, esta revaloración de su prosa, en tanto que algo no susceptible de un deslinde absoluto respecto a su labor en verso, se ha ido abriendo paso con energía en estos últimos años y aun con algún antecedente previo: la han defendido bajo diversos matices, entre otros, Raimundo Lida, Octavio Paz, Rafael Gutiérrez Giradot, José María Valverde, José Angel Valente, Pablo A. Cobos, P. Cerezo Galán. ² Y es necesario asentar que sobre esta convicción se aborda, como marco general dentro del cual nos manejaremos, el presente estudio. Pues resulta incontrovertible que Machado se deja sentir en la posguerra desde sus versos más líricos e intimistas hasta su prosa teórica pero nunca dogmática, pasando naturalmente por sus poemas más «objetivos» y «realistas» (y entre éstos, de modo destacado, los de preocupación españolista y cívica) y por su poesía de talante ya más reflexivo.

En la progresiva apertura que traza la cadena de esos apócrifos aludidos es desde donde nos es posible vislumbrar mejor cuánto pudo el autor de aquéllos estar consciente de su posible antelación a la poesía que pronosticaba para el porvenir. Después de Abel Martín, después de su discípulo Juan de Mairena y del otro poeta «imaginado» por éste (o sea, Jorge Meneses), Machado anunció al nonato Pedro de Zúniga. En la serie de esos, sus auténticos complementarios, el avance desde un idealismo romántico-simbolista hasta una abierta estética de la objetividad y la fraternidad creció palmariamente. En el principio de tal serie, Abel Martín «no ha superado, ni por un momento, el subjetivismo de su tiempo, *[y]* considera toda objetividad propiamente dicha como una apariencia, un vario espejismo, una varia proyección ilusoria del sujeto fuera de sí mismo»

(305). Pero no hay que olvidar que Martín, puesto en pie por Machado hacia 1926, no traspasó el siglo XIX, y sus fechas supuestas caen totalmente dentro de él: 1840-1898. Juan de Mairena es, por modo natural, más joven (1865-1909) y más avanzado en su ideología estética y filosófica, pero tampoco supera las aguas noéticas generales del fin de siglo: al autoproclamarse Mairena (y de manera oblicua definir así a su creador) como «el poeta del tiempo», en cierto modo sigue indicando su enraizamiento en el pretérito, pues Machado no olvida que en esa misma disposición obraron «los poetas del siglo lírico, que acentuó con un adverbio temporal *[*alusión al *Nevermore* de Edgar A. Poe en «El cuervo»*]* su mejor poema, al par que ponía en el tiempo, con el principio de Carnot, la ley más general de la naturaleza.» (50)[3]

De Jorge Meneses no tenemos fechas. Se lo presenta más bien como un ente de ficción, amigo y no discípulo de Juan de Mairena, y constructor de aquella *Máquina de trovar* que componía las *Coplas mecánicas* que este último daba a la estampa. Debió ser coetáneo de él, pues en el fundamental «Diálogo» entre los dos, al referirse Meneses a «nuestros días», se aclara entre paréntesis que «son los del simbolismo.» Pero su más radical ideario estético trascendía y negaba ya a este movimiento y al fondo ideológico-espiritual de sus años: la lírica moderna es vista por Meneses como un lujo del individualismo burgués y de su natural consecuencia, la sentimentalidad romántica. Y todo ello reclamaba ya ser definitivamente abolido, puesto que «el sentimiento ha de tener tanto de individual como de genérico porque, aunque no existe un corazón en general, que sienta por todos, sino que cada hombre lleva el suyo y siente con él, todo sentimiento se orienta hacia los valores universales o que pretendan serlo» (324-325). Estas palabras son aproximadamente de 1928, pero no se olvide que la inicial sugestión de que «las ideas cordiales, los universales del sentimiento» pueden vislumbrarse mirando hacia dentro, se concreta ya en el prologuillo a *Soledades,* en la edición primera de sus *Poesías completas* (1917): ello autentifica la temprana aparición de las más resistentes posiciones teórico–poéticas de Machado y su lealtad hacia ellas. El tiempo sólo hará desarrollarlas y afinarlas en todas sus implicaciones, y, a veces, con ese escepticismo suyo que es signo de sabiduría, ponerlas él mismo a combatir con las posiblemente contrarias. Mas volviendo a Meneses, oigamos cómo éste, en uno de los momentos climáticos de su execración de la sentimentalidad romántico-burguesa, y de exaltada aspiración a otra de diferente tonalidad emocional y mayor radio de alcance, exclama: «porque nadie siente si no es capaz de sentir con otro, con otros... ¿por qué no con todos?» (325) Y hasta que no surgieran «los nuevos valores» que hicieran viable tal lírica solidaria, Meneses se entretenía haciendo uso de su *Máquina de trovar,* combinando aquellas *coplas* donde se producía «el tránsito del sustantivo hombre de la primera a la segunda zona del aparato» (327)... «mientras llegan los nuevos poetas, los cantores de la nueva sensibilidad» (328).

Sus mecánicas canciones tenían una virtud preparatoria, al menos: «Producida la copla, puede cantarse en coro» (327). En esa amplificación comunitaria del canto poético no es difícil adivinar lo que hubiese correspondido a Pedro de Zúñiga. Machado no le llegó a dar vida, pero le había asignado su fecha de nacimiento: el año de 1900. Por tanto, habría de ser un poeta ya contemporáneo a los de la etapa de entreguerras, los supuestos de cuya poesía Machado puso en cuestión repetidas veces. No podemos vaticinar con exactitud qué papel le tenía reservado a aquél; pero dada su tendencia a desglosar en complementarios, dialogantes cuando no paródicos, cualquier realidad de pensamiento, es presumible que Zúñiga hubiese tenido que exaltar de limpia manera—o sea sin las desviaciones «conceptuales» que veía en los jóvenes de la década del 20—la sentimentalidad colectiva resultante de «esa nueva objetividad a que hoy se endereza el arte» (833), según declarara Machado en carta de 1928 a Giménez Caballero. Aun la creciente maduración de sus preocupaciones sociales, fermentadas bajo el fuego del espíritu de la República, permite suponer ese eventual destino de Pedro de Zúñiga. Nada de extraño hubiera sido que, de ocurrir su nacimiento, muchos de los reparos éticos y estéticos que en sus escritos de esos años opusiera a los cultores de la novísima poesía «intelectual» de entonces (su falta de intimidad, por ejemplo, ya que para él la intimidad cálida y cordial del alma no impedía sino avivaba la misma objetividad deseada) no los habría rubricado el propio Machado, sino ese otro *alter ego* que se le quedó en promesa.

Mas no caben aquí mayores conjeturas: en este punto de poética, y al menos dentro de esa dialéctica mencionada de sus apócrifos, tenemos que quedarnos en el momento de las *coplas* de Meneses, o de su *máquina*, capaces de admitir sin violencia el canto coral. Por de pronto, y con vistas a los temores de aquél en cuanto a la posibilidad de condicionar el adecuado público receptivo de sus canciones, puede decirse que un buen número de los poetas de la posguerra —y tómese esto sólo como una metáfora oportuna— se habría integrado, con entusiasmo, al coro que haría suyas aquellas coplas. Y sobre la proyección que le hemos esbozado al no nacido Pedro de Zúñiga, es de creer que no andaba errado Guillermo de Torre cuando cerraba el «Ensayo preliminar» de las *Obras* del autor, que vamos siguiendo, con estas palabras: «Los poetas que en los decenios del 50 y el 60 exaltan a Machado como guía y maestro tienen la libertad para imaginar que sólo con ellos se hubiera producido el acuerdo de Pedro de Zúñiga.»⁴

También al margen de sus heterónimos, Antonio Machado llevó sus ojos prendidos directamente en esa actividad poética del futuro, que esperaba librada de los dos, para él, obstáculos mayores para una poesía en verdad integral: el exceso de una ideología subjetivista y turbia (riesgo del simbolismo), y la destemporalización de la lírica a causa del «empleo de las imágenes en función conceptual más que emotiva» (49), escollo mayor que creía ver en los poetas del 27. No sólo innecesario sino imposible sería traer aquí todas las instancias críticas que nos dejó, reveladoras de esa persistente inquietud suya en ambos sentidos. Acudimos a sólo dos de ellas, separadas por un buen lapso de tiempo. En 1919, y en el prólogo a la segunda edición de *Soledades. Galerías. Otros poemas*, va recordando cómo él amó también la «nueva sofística» del canto a sí mismo, centro de cohesión poética durante el auge simbolista que prevalecía en los años de la primera salida de aquel libro. Mas en un momento hace girar casi bruscamente sus ideaciones, y nos advierte: «Pero amo mucho más la edad que se avecina y a los poetas que han de surgir cuando una tarea común apasione las almas» (48). No es éste el inicial aviso de su rechazo del intimismo, del cual por otro lado nunca se pudo liberar de un modo definitivo, a pesar de sus sinceros esfuerzos por lograr alguna forma de objetividad que le trascendiera. Mas interesa esta declaración porque sugiere la necesidad de una «tarea común», como condición indispensable para esa más firme poesía del futuro. Y tal afán comunal resultó, durante la posguerra, en el reclamo a veces ahogado en la garganta, y otras manifestado en franca expresión, de la libertad y el pleno respeto a la dignidad humana, tanto como en el gesto de protesta frente a unas circunstancias negativas para el presente y el futuro de la patria.

Y bastante después, en 1931 y en su poética enviada a la *Antología* de Gerardo Diego, al manifestarse «algo en desacuerdo con los poetas del día», por la tendencia destemporalizadora de la nueva lírica, añade: «Muy de acuerdo, en cambio, con los poetas futuros de mi Antología, que daré a la estampa, cultivadores de una lírica, otra vez inmergida en las 'mesmas aguas de la vida', dicho sea con frase de la pobre Teresa de Jesús» (50). Poesía, pues, nacida de la personal existencia sentida como tiempo; pues «al poeta no le es dado pensar fuera del tiempo, porque piensa su propia vida que no es, fuera del tiempo, absolutamente nada», como aclara en el propio texto. Y poesía, a la vez, surgida de unos empeños comunes, que hermanan a todos los sufridores de una misma desazonante situación colectiva o social. Abreviadamente: poesía del tiempo existencial y del tiempo histórico, las dos líneas más resaltadas en la lírica española de la posguerra.

Abundamos en estos puntos para comprobar cómo la honda afinidad que ligaría con Machado a esos poetas posteriores ya estaba en él avizoramente prevista o, mejor, presentida. De la capacidad plástica del pasado, por la cual podemos remodelar a éste según las necesidades de los tiempos y que nuestro autor esgrimiera como hipótesis salvadora para el hombre y los pueblos, se valió el mismo para construir su Martín y su Mairena, «dos poetas del siglo XIX que no existieron, pero que debieron existir, y hubiesen existido si la lírica española hubiera vivido su tiempo» (833). Y aun, como se sabe, nos dejó una mínima antología suya de catorce poetas y una lista de seis filósofos también del XIX: la primera, indudablemente, para completar la nómina del «siglo lírico», como le llama, pero que en España fue más bien (Bécquer y Rosalía de Castro aparte) el siglo del gran vacío lírico. En la perspectiva contraria, aquellos «poetas futuros de mi Antología» no llegaron a cobrar vida y de ellos ni siquiera sabemos sus nombres. Pero esos poetas en verdad vivieron, aún viven: son los que, cuando les fue posible escribir y salir a la luz, corrieron por sí mismos a integrar con la realidad de sus obras la proyectada «antología» en que Machado ponía sus esperanzas hacia 1931.

Que no fueran siempre muy altos los resultados artísticos de quienes mayormente le siguieron bajo la premiosidad de la historia (*Es tiempo / de no plantar rosales*, dirá uno de ellos en un poema de 1953) importa menos en este momento de nuestra exposición. Con la salvedad — nada dispensable, y ya sugerida— de que no fue sólo por allí donde se canalizó la huella machadiana sobre esta poesía, aun cuando admitiéramos como históricamente justificable la erección de esa imagen *única* de Machado a la que a partir de tal línea poética se llegó. Justificable en lo moral, no lo es en términos de verdad *total*: aquél no es sólo (aunque éste fuese en tales tiempos su rostro más oportuno) el crítico denunciador, en verso y prosa, de una *España inferior*, decidido a redimir con su palabra de fe esa forma colectiva de la insoslayable otredad. Fue también —y no es ello de interés poético secundario— el febril explorador de las misteriosas galerías del alma, y el grave meditador de la universal realidad temporal, siempre agredida por la terca acechanza de la nada.

Supuestos ambos incorrectos — el de un Machado vigente sólo desde sus posiciones cívicas, tanto como el de la poesía de posguerra identificable de modo absoluto con la tendencia social—, nuestro trabajo descansa en la voluntad de matizar y perfilar (sin negar lo que de verdad parcial haya en ellos) tales supuestos. Por esto se hace obligado ya precisar, con la mayor claridad, el recto y comprensivo *sentido* que damos a esa presencia de Antonio Machado en la lírica que arranca de los tiempos del conflicto civil. No sería otro que el de una acción ejercida desde las *varias* zonas de toda su obra, y la cual vino a fecundar los *distintos* estratos cronológicos y estéticos que se dieron en el devenir de esa poesía. Y, más específicamente, sobre las diversas modulaciones por las que llegó a discurrir la fundamental preocupación del hombre ante el tiempo —el más fuerte y abarcador lazo de unión que puede tenderse entre aquel poeta mayor y los poetas futuros de su «Antología»—durante un lapso epocal a cuya delimitación debemos ya también acceder.

*****

Y es que hay que ir poniendo puertas al campo. Esa lección machadiana se manifiesta, bajo diferentes modos de concreción, a lo largo de un período que comprende algo más de tres décadas: el período que va desde los años que preparan al de 1936 hasta el de 1966. Mas será necesario sustentar las razones de estos límites, sobre cuya relatividad o carácter sólo aproximativo—como en todo lo concerniente a fechas en cuestiones del arte y el espíritu—sí es imprescindible estar prevenidos.

Si se toma la primera, o sea la de 1936, lo hacemos porque es la generalmente aceptada como epónima (a la vez que de simultánea y dramática escisión interior) de un grupo entonces juvenil de poetas para los cuales, por así requerirlo la estética que ensayaban, lo más importante era superar la obligatoriedad de tomar una opción única frente a las antinomias polares «poesía *versus* vida» y «poesía *versus* literatura.» Y esa obligatoriedad parecía seguir siendo demandada de modo jerárquico, y siempre a favor de la poesía, por la ardorosa y constante vocación de pureza que sostenía Juan Ramón Jiménez; quien en esos mismos tiempos comenzaba a sentir ya el natural desvío de muchos de los que, en sus principios, habían estado tan cerca de su pulcro ideario artístico. Así, para estos otros recién llegados (los poetas de la República), y junto a su incipiente creación personal, les era inevitable el descubrir a sus propios maestros, aquéllos en quienes el sentido de su obra les sirviese a la vez de estímulo y de escudo.

Se ha dicho que todo buen escritor (cabe ampliar las dimensiones: todo grupo afín de escritores) se crea siempre sus propios precursores; y aun—y en virtud otra vez de esa naturaleza apócrifa del pasado—los perfila y modifica desde su perspectiva personal y temporal. De todos modos, y tal como se comenzó a insinuar, el alejamiento de aquella pureza poética, asociada al lírico de Moguer, estaba ya en el ambiente literario, y emprendido por algunos de los mismos poetas de la generación del 27. Mas por razones intrínsecas muy significativas, tales como el acento lingüístico-expresivo —tendiente al irracionalismo que les venía del «contagio» surrealista— y la respectiva actitud antiformalista que es inherente a dicha inclinación poética, los caminos de reacción que ensayaban por entonces esos poetas mayores del 27 no ofrecieron más que breves y aun fugaces horizontes a los jóvenes de la nueva promoción. Estos, y ya desde los comienzos de su carrera literaria, sin que en ello obstaculizar la honda admiración que profesaban hacia aquellos maestros del 27, se sentían más vocados a una exploración y expresión *inmediata* de la realidad temporal, y de modo progresivo se mostraron animados a la restauración de las formas tradicionales de la lírica. En ambas tesituras exhibían, así, una inicial coincidencia con Antonio Machado, quien apenas pareció en aquellos momentos haberse dado cuenta de los aires «rehumanizadores» (si seguimos la pauta orteguiana) o «neorromántico» (como propusiera Dámaso Alonso a propósito de *Espadas como labios* de Vicente Aleixandre) que empezaban a dividir interiormente a la misma generación del 27, y favorecían un deshielo artístico de gran alcance. No es ocioso recordar algunos hechos: de 1928 y 1929 son los primeros poemas reveladores de una voz nueva en esa dirección de Luis Cernuda, los de *Un río, un amor,* y de 1931 es su colección *Los placeres prohibidos*; entre 1929 y 1930 escribe Federico García Lorca su *Poeta en New York*; Rafael Alberti publica en 1929 *Sobre los ángeles*; en aquel mismo bienio de 1928-1929 había compuesto Vicente Aleixandre las prosas surrealistas de *Pasión de la tierra,* que no aparecieron sino hasta después, y en 1932 dio a la luz un libro de gran impacto, el ya citado *Espadas como labios.*

Mas, como se podrá notar, no todos esos volúmenes fueron conocidos en su momento. Y además, dada su matización expresiva mayormente irracionalista y por el hecho de casi inaugurar en España una modalidad de escritura originalísima y extremada, es natural que se viese tal poesía en tanto que manifestación apurada de una aún persistente estética vanguardista. Y, como se ha dicho, lo que impulsaba a los más jóvenes, que llegarían a integrar la llamada generación de 1936, era algo bien distinto. Mejor valernos de una palabras de Juan Cano Ballesta, que nos ponen ya en la pista de Machado. Esa diferente orientación de aquellos jóvenes es vista por dicho crítico como el resultado de una muy decidida voluntad:

> ...plasmar la vida en el poema con menos ambigüedades, de modo más directo y sin disfraces. Ese acercamiento de la poesía a la vida, máxima preocupación estética del momento, nos ayuda a comprender por qué un Antonio Machado va ganando prestigio y conquistando admiradores, al mismo ritmo que los gerifaltes de la poesía pura van perdiendo actualidad a pesar de su bien fundada reputación. Enrique Azcoaga, joven novelista, sabe captar este fenómeno y poner sobre el tapete sus verdaderas causas. Estas son «lo colosalmente sencillo» de la obra de Machado frente a la com-

plicación de otros, la experiencia intensamente vivida y plasmada en poemas vivos, su lenguaje «más directo» que el de Juan Ramón.[5]

Por ello, si la generación del 36 se había vuelto ya hacia Machado antes de la guerra, cuando después emerja de nuevo a la vida literaria, sabrá entonces con más ahincada conciencia cuáles han de ser sus guías. Y así, y sin olvidar a Miguel de Unamuno, se propondrá el reconocimiento y la exaltación de Antonio Machado, el poeta del tiempo y de la existencia, y poeta en cuya doctrina estuvo siempre desterrada cualquier forma de virtuosismo verbal que impidiera la plasmación cálida de la vida.

Y en el extremo opuesto de esa vigencia, la fecha de 1966 puede señalarse como el de un principio definido de otra reacción, esta vez en un sentido que habrá de calificarse como de antimachadiano (aunque, desde luego, no en calidad de actitud general, sobre lo que volveremos en seguida). Hacia entonces se pone en pie una nueva promoción de poetas a los cuales, por el libro que en 1970 los lanzó publicitariamente—la antología *Nueva poetas novísimos españoles,* de José María Castellet—se les dio en llamar «novísimos.» Y esa promoción irrumpió urgida por un propósito de rompimiento abrupto frente a la tradición fuertemente éticorealista del ayer inmediato, que se hacía corresponder—*grosso modo*: importa destacarlo—con las dos anteriores generaciones de posguerra. Y tal tradición, sobre la que se proyectó la sombra natural de Machado, venía a ser percibida ahora como inoperante para aquello en que se centraba el mayor interés de estos últimos jóvenes: la extremada concienciación lingüística de la escritura poética, lo que inducía por encima de todo a la apetencia de un lenguaje violentamente innovador o creativo. Aspiraban con ello a hacer entroncar de nuevo a la lírica española con los derroteros de la *modernidad* estética, entendida aquí en sus términos más rigurosos o extremados y tal como, a partir de Baudelaire, los resume Hugo Friedrich en su libro *Estructura de la lírica moderna.* Y esa modernidad, al menos así lo pensaban y por ello se inquietaban esos jóvenes de hoy, había sido abandonada en su propio país desde los tiempos ya lejanos de la generación del 27.

Del mismo modo que, como ocurrió en los del 36, estos nuevos de ahora tendrían que buscarse o «inventarse» sus precursores. Y los encontraron naturalmente en la misma generación del 27, sobre todo en su fase surrealista (y dentro de ella ha sido Vicente Aleixandre el nombre de mayor estimación); en los poetas hispanoamericanos más caracterizados por sus encarnizadas batallas con el lenguaje: Octavio Paz, José Lezama Lima, Oliverio Girondo; y en muchos de los escritores más representativos de la modernidad en las literaturas europeas y norteamericana. Pero como la marca juvenil de esta empresa era tanto constructiva (en uno de sus sentidos) como previamente crítica y demoledora (acaso esto más), se vieron obligados también a resaltar a aquellos creadores nacionales del pasado que, a su juicio, habían actuado principalmente como obstáculos de ese engarce ahora de nuevo buscado con la expresión poética moderna. Machado, para ellos, caía entre esos obstáculos: como tal lo acreditaban la prioridad por él dada en su obra a las preocupaciones morales y en general humanistas, su obstinada defensa del habla natural en el verso (se le impugnó, y lo indicamos sólo como ejemplo, su «sencillismo» rural o provinciano), y sus modos poéticos externos, apenas rebasadores de los cauces decimonónicos y cuando más modernistas, que en tal dirección lo alzaban a la categoría de un anacronismo estético extremado. No sin fundamento en algún punto, lo que sucedió es que vieron sólo la imagen «institucionalizada» del Machado *social*, y esto les impidió ampliar, profundizar y matizar su mirada sobre él. Y aun en lo tocante a la expresión, el dictamen es precipitado: la «misteriosa» sencillez de *Soledades,* tan rica de sugerencias, no es de modo alguno un caso de anacronismo en la poesía de su tiempo. Más: con el objeto de denostar el «moralismo» de las dos generaciones que de cerca le precedían, no vacilaron en cargárselo a su cuenta, y hablaron así de un moralismo «posmachadiano» (y aun «poscernudiano»). No es necesario insistir aquí en cuánto hay de apresuramiento en estas postulaciones. Pero el hecho fue incontrovertible, al menos en los primeros tiempos del arribo al panorama literario de la joven promoción, sellados por la vitalidad del denuedo iconoclasta. Hoy, a más de diez años ya de vida histórica, unas pocas voces dentro de ella han propuesto, aislada pero noblemente, algunos positivos replanteamientos del interés que todavía pueden despertarles ciertos aspectos de Machado. La cuestión será tratada en su lugar.

Por todo lo dicho, desde 1966 aunque siempre poniendo énfasis en lo relativo de las afirmaciones cronológicas de este índole, el cese de la *total* vigencia machadiana comienza a apuntarse. El fenómeno, por otra parte, no era imprevisible: todas las modalidades estéticas, aun aquéllas que por la semilla de verdad que las enriquecen parecieran ir acompañadas de una posibilidad de mayor permanencia—y la de Machado sería una de éstas—, llevan también un natural destino de desgaste y erosión, cumplido en las más de las ocasiones por la deformación falseadora y petrificante de los epígonos. Mas en nuestra aseveración anterior hemos destacado el calificativo *total*, aplicado al cese de la vigencia de Machado a partir de una cierta fecha, y corresponde aquí una explicación sobre este punto.

De un lado, durante los treinta años que anteceden —los de la plenitud de esa vigencia— no fueron infrecuentes los poetas que poco o nada debieron a Machado, y que incluso en el orden artístico seguían rumbos muy dispares y hasta opuestos.⁶ Pero fue raro que, aun entre éstos, sonara con acre acento polémico alguna voz disidente, y menos desvalorizadora. Y desde otra vertiente, «lo machadiano» más válido ha de ser comprendido, ante todo, y ya esto se sugirió, como un talante de generoso modo integral, en el que las reacciones ético-sociales ante los imperativos de la historia, y la volición reflexiva de naturaleza metafísica no excluyeron el temblor de las más personales o íntimas inquietudes, a reserva de la aguda problematicidad que en el propio poeta supuso el encuentro dentro de sí de tales disímiles tensiones. Por ello se afirmó que la cabal aproximación a Machado sólo puede hacerse desde la serie *sucesiva y complementaria* (la doble adjetivación se nos impone tanto al observar su obra como su repercusión más allá de sí misma) de sus posiciones frente a la poesía. No se trata, como en esos grandes artífices de la palabra que fueron Góngora, Darío o García Lorca—y ni aun en ellos su arte puede reducirse por ventura a esto— de un repertorio de fórmulas verbales brillantes, siempre de fácil manera calcables, y las cuales se pueden tomar o dejar según las modas del día. No cabe así hablar de *machadismo* en la correcta acepción en que sí es posible hacerlo, valga sólo un caso, de *gongorismo* o *neogongorismo*. La total creación, verso y prosa, de Antonio Machado se nos presenta como una alta torre de entrañada verdad —y la verdad no admite ser parcelada— en la cual, junto a su proyección solidaria hacia lo «humano esencial» tanto como hacia lo humano «circunstanciado» o histórico, tuvieron cómodo asiento también sus más íntimas vibraciones ante el misterio y «las muchas horas de mi vida gastadas —alguien dirá: perdidas— en meditar sobre los enigmas del hombre y el mundo» (48). Y en ese más lato y justo sentido, la presencia de Machado no es de suponer conclusa: habrá de aflorar allí mismo donde menos esperemos, si bien no con ese carácter de general impregnación con que rigió en el período a que se contrae nuestro estudio, y a ello aludía la afirmación nuestra que hemos tratado de esclarecer.⁷

Porque todavía hay algo más que permite sospechar su continuidad. Aquello que, desde las exigencias más apuradamente estéticas (o esteticistas), se le ha imputado como su mengua mayor es el de presentársenos como un poeta «natural.» Y en esa naturalidad, que no de forzado modo es dable asimilar a una actitud clásica ante el arte, reside precisamente su garantía de más segura permanencia. Lo sustancial de los poetas «naturales» y de sugestión interior (Bécquer, otro de ellos) reaparece o puede reaparecer, ocasional más que programáticamente, y bajo formas expresivas que no ahogan la voz personal, o sea de una manera que diríase espontánea y fatal: Bécquer en cierto Cernuda, o aun en el propio Machado, para seguir la misma ilustración. Los maestros más estimados sobre todo en razón de la riqueza deslumbrante de su aparato verbal (vale decir, aquéllos animados por un voluntad de singularísima originalidad en la expresión) suelen, en cambio, conocer algo así como «resurrecciones» dirigidas que semejan la actualización oportuna de unas formas de dicción ya en sí insuperables. Y esas resurrecciones se producen, en la mayoría de las veces, en virtud del designio consciente de grupos —de grupos juveniles por lo general— que requieren del prestigio consagrador de esas «maneras» magistrales para justificar estéticas que, aun no siéndolo, despuntan como novedades a ultranza. Y es innegable que tales «operaciones» resultan con frecuencia indispensables para impulsar la descristalización de situaciones estacionarias o escleróticas en el proceso dinámico de la poesía. Un arquetipo de esta suerte de recurrencias programadas sería el fugaz *momento* neogongorino de la generación del 27; y tanto que, por efímero que fuese en lo más restringido de su virtualidad, dio forma a un episodio colectivo de interés en el desarrollo de esa generación, conducente por ello a que la historia literaria lo haya registrado como tal.

La presencia de Antonio Machado, por proceder de una raíz de más amplias y hondas dimensiones, del modo como lo acabamos de describir, rebasó ese carácter fugaz, y cubrió no ya un instante sino toda una etapa. Casi, históricamente, una ancha época: el recuento de la posguerra española, si incide hasta sus entretelas espirituales más profundas, no podría prescindir de su nombre: en ella se impuso con una fatalidad que le venía de su visión profética y de su palabra de verdad que los tiempos demandaban. Pero esa verdad (compleja y matizada por humana, y no la *parcial* verdad de una consigna) hablaba hacia varias direcciones y en distintos registros; y ello fue lo que, en un principio, no se pudo ver desde un *solo* momento. Hasta no llegar a un cierto estadio de esa época, aquellas direcciones de su voz fueron escuchadas y seguidas más sucesiva —el período ha sido largo— que sincrónicamente. Por ello no faltó, al ser agigantadas de una manera excesiva y convencional éstas o aquéllas de sus enseñanzas, con la preterición de las que a ésas completan desde otros ángulos, el surgimiento de mitificaciones o parcializaciones de la imagen de Machado. Son algunos de los «falsos» apócrifos del escritor, que denunciara con oportunidad José Angel Valente: el de más larga vida entre ellos, como es de sobras conocido, el «Machado convertido en pancarta y propaganda.»[8] Sobre esto habrá de volverse. Pero convenía ya anunciarlo aquí, siquiera como mera señal por ahora de las desviaciones que hay que superar, a los efectos de una justa valoración de esa presencia suya en la poesía de estos años.

*Una breve mirada retrospectiva: Machado y la poesía de
entreguerras*

Siquiera como apertura o previo complemento dialéctico a nuestro
tema, interesaría aquí una consideración marginal sobre las relaciones de
Machado con el capítulo de la historia lírica española inmediatamente
anterior a aquél en que nos centramos. De otro modo, a su posición frente
a la poesía de entreguerras, prefiriendo en este particular caso tal vago
rótulo al de «poesía de la generación del 27» y por un motivo que a estas
alturas no requerirá de comentario: el haber sufrido la mayor parte de los
miembros de dicho grupo generacional, después del conflicto bélico, una
inflexión o giro estético de tal magnitud que vinieron a coincidir, y en algún
punto adelantar, los postulados básicos de la poesía de posguerra. Ya en
este nivel, el acuerdo posterior (y póstumo) de esos poetas mayores con
Machado en nada se haría difícil. Nos eximimos, no obstante, de entrar de
modo detallado en el tema, al contar hoy con dos valiosas fuentes de información sobre el mismo, y a las cuales remitimos al lector. Sin embargo,
creemos oportuno informar, al menos de sucinta manera, sobre lo que en
ellas podrá encontrarse.

Una de esas fuentes es un libro ya fundamental de José María
Valverde: su *Antonio Machado*, aparecido en fecha aún cercana. Dentro
de los límites con que fue concebido (esto es, para una colección de
bolsillo), el volumen de Valverde puede recibirse como un fidedigno «pron-
tuario» machadiano: despliega, paso a paso, una atención crítica y exegéti-
ca muy estimable, aunque no siempre se concuerde con ella, a las sucesivas
fases de la obra —verso y prosa— de Machado, y se apoya en todo momento sobre una escueta pero suficiente documentación biográfica, que ayuda
a situar de correcta manera la evolución literaria de aquél dentro del ciclo
de experiencia vital por él recorrido. Pues bien, para lo que de este tema
nos interesa, resultan de especial provecho los varios capitulillos donde, bajo el título necesariamente repetido de «Ecos de...», se van registrando las
distintas resonancias —desde el entusiamo hasta el silencio— que en sus
sucesivas salidas editoriales fue obteniendo la faena del escritor. Lo
dedicado a «Antonio Machado, en penumbra ante la 'poesía joven'»[9] contiene un apretado resumen de estas relaciones, pero más bien enfocadas en
uno solo de sus sentidos posibles: las opiniones y juicios emitidos por el
maestro ante la poesía que venía brotando en España desde 1920. Como en
ello nos extenderemos a continuación, bástenos aquí esta llamada de atención sobre el libro de Valverde.

Más amplia en sus proyecciones a este particular respecto, es la otra
fuente informativa anunciada. Se trata del ensayo de José Luis Cano

titulado «Antonio Machado y la generación del 27», incluido en su libro *Españoles de dos siglos*. Aunque el autor declara que su objetivo es modesto («reunir algunos datos y materiales hoy dispersos» sobre el asunto), no faltan apreciaciones personales ni queda encubierto nunca el noble espíritu que ha presidido siempre la actitud ético-intelectual de Cano en sus trabajos: acentuar más lo que une o acerca, que ahondar en acres discrepancias polémicas. Por esto comienza acumulando todas las demostraciones de afecto, respeto y aun admiración que en esos años se puede descubrir en los poetas del 27 hacia el autor de *Soledades;* así como los intentos de éste por comprender y estimular a aquéllos, siquiera tratando de llevarles a su conciencia lo que eran sus propias convicciones, e invitándoles de continuo a que reflexionaran crítica—y paralelamente—sobre su personal labor creadora, como él mismo gustaba de hacer.

Desde luego que no le fue posible a Cano, ni era ésa su intención, soslayar las fundamentales divergencias de Machado respecto a la poética general de la nueva época, y las cuales quedan bien destacadas. Son las ya conocidas, y en algo anticipadas: el reproche a la falta de intimidad de los jóvenes, por «saltarse a la torera *[...]* aquella zona central de nuestra psique donde fue siempre engendrada la lírica» (835), uno de sus argumentos favoritos y más repetidos; la tendencia que en ellos observaba a una poesía «intelectual», lo cual a Machado le parecía, por boca de Meneses, «tan absurda como una geometría sentimental o un álgebra emotiva» (325); y sus tenaces objeciones a la destemporalización de la lírica que resulta, y aquí otra de sus muletillas, del empleo de las imágenes en función no intuitiva o emocional sino de «coberturas de conceptos.»

Lo que su defensa obstinada de la intuición y la temporalidad revelaba, sin disimulos, es su malestar frente a la poesía «intelectual», forma suya de aludir a la poesía pura. La destemporalización inicial de los poetas de aquel grupo (que sí existió, y de modo más notable en lo que respecta al tiempo histórico) nació en verdad de una apiración alta, y nada reprochable, que el mismo Machado pudo reconocerles: su apetencia de objetividad espiritual. Ya en este nivel los signos más inmediatos y candentes de la temporalidad (que lo son porque el tiempo fluye y nada parece dejarnos) quedan como exorcizados en gracias a la capacidad de fusión totalizadora que es patrimonio exclusivo del espíritu. Por sobre otras razones, esto es lo que enlazó por entonces, y en su último sustrato, a aquella generación con Juan Ramón Jiménez, y también lo que a muchos de sus componentes les separaría de éste a partir de un cierto momento. Jiménez era el buscador poético de verdades supratemporales y esenciales—lo cual de hecho no niega al tiempo, sino que lo trasciende—, y tal es lo que en rigor late debajo de un concepto por sí tan ambiguo como el de poesía pura. Es la misma causa, pero en sentido contrario, por la que algunos de los más importantes poetas de la posguerra —época sellada por una radical imposiblidad de escapar del tiempo, en sus más inmediatas dimensiones—, a pesar de haber expresado su más profundo fervor y admiración por el autor de *La estación total*, han resultado en sus creaciones, tan cargadas de temporalidad, más cercanos a Machado que a aquél.

Quien escribiera «El arte poética de Juan de Mairena», encendido alegato contra el barroco —y contra toda suerte de barroquismo, de modo sobreentendido— no podía sino dirigir una y otra vez a los poetas de entreguerras, y en las varias direcciones seguidas por éstos, muy sostenidas objeciones.[10] De que no renunciara a comprenderles, hay algunos testimonios que veremos en seguida; pero lo más notorio de él hacia ellos fue la reserva, nunca la desatención. Y la respuesta que de los mismos recibió obró igualmente en ese doble sentido: no escatimaron éstos el cortés y aun afectuoso reconocimiento admirativo que merece un poeta mayor, el cual era además un hombre honesto y bueno, pero a quien no les era posible sentir estéticamente próximo ni tomar como modelo. Sin embargo, Cano, en su artículo, puede identificar sin dificultad algunas muestras incidentales de la presencia de Machado en cierto libro de éste u otro de esos poetas. Y también aporta la constatación de algunos momentos en que aquél se sintío de recto modo animado a penetrar y no desestimar las motivaciones o aspiraciones más trascendentes de esa lírica tan, a su parecer, poco emocional, y que por ello le era difícil de aceptar y aplaudir.

Podrían aquellos poetas del día desentenderse de esa zona «media» (así califica con frecuencia al alma, sugiriendo que hay otra superior por su capacidad de objetivación: el espíritu), y de ello deriva la «frigidez» y falta de afectividad de sus creaciones. Pero «este poeta sin alma no es, necesariamente, un poeta sin espiritualidad, antes aspira a ella con la mayor vehemencia» (853). ¿No significa esto venir a concederles que trataban de elevarse a una jerarquía suprema, a despecho de su raigal creencia en la poesía como ejercicio del alma o del corazón, como «cosa cordial»? Y estampa tal reconocimiento cuando ha acabado de definir al alma como

> aquella cálida zona de nuestra psique que construye nuestra intimidad, el húmedo rincón de nuestros sueños humanos, demasiado humanos, donde cada hombre cree encontrarse a sí mismo al margen de la vida cósmica y universal. (853)

Y esta nostalgia de la intimidad —y por ende de una poesía vivificada desde la intimidad— va contenida en su fallido discurso de ingreso en la

Academia Española, texto que se nos ha propuesto como un programa de revaloración poética del realismo y la historia. Esto último se da de hecho en el discurso, pero... *también*. Es decir: junto a otras tensiones equilibradoras, integradoras.

En ese mismo camino de comprensión —de respeto— de una poesía que en su fondo no comparte, va este otro aviso que entrega igualmente, entre otros tantos suyos —y tan de Mairena—, una señal sobre el peligro de todo juicio «magistral» y categórico. De los cultivadores de esa poesía nueva, que antes ha examinado muy críticamente, concluye por decir:

> Pero mejor harán en seguirse a sí mismos, no tomando nuestra crítica demasiado en serio. Es casi seguro que lo mejor de estos nuevos poetas ha de ser aquello que a nosotros nos disguste más en su obra. Nuestro elogio, como nuestra censura, puede ser desorientadora y descaminante. (836)

Para cerrar estas glosas en torno al artículo de José Luis Cano, que hemos tomado como base para incidir brevemente en las relaciones de Machado con la poesía de la generación de entreguerras, será útil reproducir unas palabras de Jorge Guillén ya que nos ofrecen la perspectiva complementaria a aquélla en que hasta ahora nos hemos situado (o sea, la de las opiniones de Machado sobre esa poesía). Y porque además están cargadas de verdad en su intención de devolver al poeta su imagen entera y veraz, libre de aditamentos circunstanciales. Aparecen estas declaraciones de Guillén en su contestación a la encuesta que el propio Cano propuso a los maestros del 27 sobre el mismo tema de su ensayo, y la cual (respondida sólo por aquél, Vicente Aleixandre y Gerardo Diego) fue agregada como apéndice a dicho estudio. Negando que sólo hubiera en su generación «escaso entusiasmo» por Machado, y sí por el contrario «respeto al hombre» y «admiración al poeta», y de un modo permanente, añade Jorge Guillén:

> Durante aquellos años se leía y admiraba al Machado total, al de las *Soledades* tanto o más que al de *Campos de Castilla*. Y la integridad del hombre y de la obra no fue mutilada ni deformada como ha sucedido recientemente. Por una parte, se reverencia al padre de la poesía social excluyente de cualquier otra. Ante todo predomina el mito de un San Antonio de Colliure, que ayuda a encontrar, paralelo al de Padua, la inspiración perdida. No. Al íntegro Antonio Machado no se le ponía al servicio de un grupo, no se utilizaba como santo patrono de

una estrecha poesía dogmática. La poesía de Antonio
Machado nos gustaba mucho —nada más—.*"*

Independientemente del tono algo más que irónico de estas afirmaciones de Guillén, por una y otra vía y desde muy diversos ámbitos estéticos
y temporales (pocos más distantes entre sí, por ejemplo, que el autor de
Cántico y José Angel Valente), cuando el juicio en torno a Machado
emerge de una voluntad de comprensión desapasionada y no partidista—en
el sentido de parcial—, todo contribuye a garantizar la convicción sobre la
que nos apoyamos: únicamente haciendo un esfuerzo por alcanzar un punto de mira integral sobre la obra de aquél y sobre su proyección hacia el
futuro, nuestro empeño no volverá a caer en la fragmentación a que ambas
parecen haber estado condenadas.

Y es que la historia es harto conocida, a fuerza de tanto repetirse. De
Machado se nos ha ofrecido, como lo arquetípico, aquello en lo que el crítico
—o los poetas— han centrado sus personales intereses, aun en el más noble
alcance de esta palabra. ¡Hemos tenido de él tantas versiones, supuestamente
totales! Machado, poeta simbolista; Machado, poeta del tiempo; Machado,
no poeta del tiempo sino de los espacios; Machado, poeta de la fraternidad,
poeta del realismo social, poeta del pueblo. (Y aún habría materia, si se
quisiera, para un Machado, poeta religioso). Algo más convincente —más verdadero— ha sido hablar del «simbolismo en Machado», del «tiempo en
Machado»: algunos, afortunadamente, han obrado así.*"* ¿Por qué no acercarse, con mayor justicia, a Machado en tanto que poeta integral? ¿O, reba-
jando las dimensiones, animador y propulsor de una «poesía integral», como
literalmente la designara, tras la dolorosa y nunca del todo resuelta escisión interior entre intimismo y objetividad en que le contemplamos debatirse a lo
largo de su obra? En este tema afluiremos de nuevo, ya allí con mayor oportunidad y documentación, en el capítulo siguiente.*"*

NOTAS

1. Citamos siempre a Machado por sus *Obras. Poesía y prosa,* edición reunida
por Aurora de Albornoz y Guillermo de Torre (Buenos Aires: Editorial Losada,
1964). En los pasajes en prosa se consigna después de la cita, entre paréntesis y sin
ninguna otra indicación, la página correspondiente. En los textos en verso damos la
abreviatura del libro original a que pertenece, seguido del número (en caracteres
romanos) que el poema lleva en la edición definitiva de las *Poesías completas* (1936)
de Machado. Abreviamos así los títulos de los libros: S, *Soledades. Galerías. Otros*

poemas (1899-1907); *CC, Campos de Castilla* (1907-1917); *NC, Nuevas canciones* (1917-1930); *CA, De un cancionero apócrifo [*Abel Martín y Juan de Mairena*]*. Para la cronología de estas dos secuencias del *Cancionero*, véase Antonio Machado, *Nuevas canciones y De un cancionero apócrifo*, ed. José María Valverde (Madrid: Clásicos Castalia, 1971).

2. Al efecto, escribe Raimundo Lida que el historiador de la conciencia española «tendrá que interrogar una y otra vez, no sólo los versos de Antonio Machado sino las prosas de Juan de Mairena, genial invención de un poeta 'luminoso y profundo'.» Lida, «Elogio de Mairena», en *Letras hispánicas* (México-Buenos Aires: Fondo de Cultura Económica, 1958), p. 184. De los otros escritores citados irán apareciendo testimonios, en análogo sentido, a lo largo de este libro.

3. Por debajo del irónico juego de espejos de sus apócrifos, Machado *es* sus apócrifos; y la tensión que sus encontrados pareceres y opiniones traban entre sí no hacen sino revelar, bajo máscaras pudorosas, la dialéctica del pensamiento propio de su creador. Hay en las reflexiones de *Los complementarios* un momento en que aquél descubre cómo «nuestro espíritu contiene elementos para la construcción de muchas personalidades, todas ellas tan ricas, coherentes y acabadas como aquella —elegida o impuesta— que se llama nuestro carácter» (705). Así concebido el espíritu, pudo Machado dar expresión a los múltiples esguinces de su intrincada verdad, sin traicionarse ostentosamente a sí mismo pues lo hacía desde esos apócrifos que tal pluralidad de la persona le permitió crear. Valga como ejemplo el hecho de que hace escribir a Martín y a Mairena poemas de trascendente misterio y de una complejidad expresiva ante los cuales el contemporáneo y mismo autor de «Reflexiones sobre la lírica» y del inacabado discurso de ingreso en la Academia Española (textos por lo común señalados como clave en la dirección de una poesía «realista» y «solidaria») hubiese francamente retrocedido. Utiles observaciones sobre el tema ofrece el libro de Eustaquio Barjau, *Antonio Machado: Teoría y práctica del apócrifo* (Barcelona: Editorial Ariel, 1975). El asunto ha interesado también a Manuel Durán, uno de los poetas jóvenes —o niños— del exilio español que más sostenidamente ha expresado su fervor machadiano, en dos artículos suyos: «Antonio Machado, el desconfiado prodigioso», incluido en su volumen *De Valle-Inclán a León Felipe* (México: Finisterre, 1974) y «Antonio Machado y la Máquina de Trovar», recogido en *Estudios sobre Antonio Machado*, ed. José Angeles (Barcelona:' Ariel, 1977). Más detenida atención a este asunto ha dedicado Antonio Carreño en el capítulo «La persona como 'otredad': Antonio Machado», en su libro *La dialéctica de la identidad en la poesía contemporánea* (Madrid: Gredos, 1982), pp. 82-98.

4. Aludiendo claramente a su raíz ética e histórica, Aurora de Albornoz ha precisado la fatalidad de ese acercamiento: «Hay momentos en que los pueblos necesitan guías, maestros, hombres mejores, que hagan creer en algo. La juventud española de las décadas del 50 y el 60 sintió vivamente la ausencia de hombres

ejemplares. Con frecuencia tuvo que ir hacia atrás, hacia el pasado —pasado vivo, actual aún, y sangrante— para encontrarlos. Lo que no pudo hallar en su presente, lo encontró, o lo imaginó, o lo soñó en algunas figuras que acercó a sí, haciéndolas suyas.» Albornoz, «Notas preliminares» a Antonio Machado, *Antología de su prosa* (Madrid: Editorial Cuadernos para el Diálogo, 1970), I, 15. Para nosotros, y como trataremos de demostrar, el acercamiento a Machado se produjo desde mucho antes de los años 50, y desde flancos muy diversos (difíciles de reducir como motivación única a ese, por otra parte innegable, sentimiento de frustración de la conciencia histórico-moral que por modo natural tuvo que producirse en los años de la posguerra).

5.   Cano Ballesta, *La poesía española entre pureza y revolución (1930-1936)* (Madrid: Gredos, 1972), p. 148. En este libro encontrará el lector varias referencias de interés sobre las relaciones entre Machado y los jóvenes de la generación del 36 durante esos años.

6.   De numerosos poetas y aun núcleos poéticos de la posguerra —el postismo, la poesía de Carlos Edmundo de Ory, el grupo cordobés de la revista *Cántico*—, hoy mejor comprendidos y valorados de lo que fueron en su momento, no cabe esperar fáciles vinculaciones con la obra de Machado. Y aun en muchos de los mismos poetas que consideremos en capítulos posteriores, más que «influencia», o de «presencia» voluntaria, sólo se dio una imponderable «continuidad» de vislumbres, intuiciones e inclinaciones temáticas que ya habían apuntado en la poesía y la prosa de Machado.

7.   Lo sugerido más arriba no obsta para que la poesía de Machado no se configurase en unas maneras expresivas definidas y reconocibles. Ello ha permitido a Gustav Siebenmann explicar «Qué es un poema típicamente machadiano», en un ensayo así titulado, aparecido originalmente en revista y luego incorporado a su libro *Los estilos poéticos en España desde 1900* (Madrid: Gredos, 1973). También, y con un propósito de más amplias dimensiones, Ricardo Gullón ha escrito *Una poética para Antonio Machado* (Madrid: Gredos, 1970), de gran utilidad para la comprensión de lo que podríamos considerar como formas interiores del discurso poético machadiano.

8.   Valente, «Machado y sus apócrifos», en *Las palabras de la tribu* (Madrid: Siglo XXI de España Editores, 1971), pp. 102-108.

9.   Valverde, *Antonio Machado* (Madrid: Siglo XXI de España Editores, 1975), pp. 223-230.

10.   Aurora de Albornoz señala algunos textos de Machado donde éste llega a actitudes de total incomprensión respecto a la nueva poesía, y precisa: «En plena década del 20 *[Machado]* comenta, analiza y finalmente rechaza *todos* —no exagero— los caminos nuevos que los jóvenes poetas intentan abrir.» Véase Albornoz, «Notas preliminares» a Antonio Machado, *Antología de su prosa* (Madrid: Editorial Cuadernos para el Diálogo, 1970), II, 19.

11. Jorge Guillén, reproducido en José Luis Cano, *Españoles de dos siglos* (Madrid: Seminarios y Ediciones, S.A., 1974), p. 208. Muy atinadas e incisivas observaciones en el mismo sentido se contienen en otro artículo anterior —1967— del propio Guillén: «El apócrifo Antonio Machado», recogido en el libro *Estudios sobre Antonio Machado* (citado en la nota 3).

12. Un ejemplo del método insinuado es, de Ricardo Gullón, su ensayo «Simbolismo en Antonio Machado», *Journal of Spanish Studies: Twentieth Century*, 4, No. 1 (1976), 9-27.

13. Como se habrá advertido, este libro se ciñe a la poesía de posguerra producida dentro de España, con algunas excepciones por una razón u otra justificadas: Juan Gil-Albert, vuelto a su patria después de la guerra civil en fecha relativamente temprana, o la de poetas establecidos en el extranjero pero que continuaron publicando libros o colaborando frecuentemente en las revistas del país. Sin embargo, el tema daría material muy abundante si se rastreara en la poesía del exilio, y no debe omitirse una mención a tal hecho. En su documentado estudio «Poesía de la España peregrina: Crónica incompleta», publicado en *El exilio español de 1939, Cultura y Literatura*, IV (Madrid: Taurus, 1977), Aurora de Albornoz consigna algunas muestras de la atención a Machado, dentro de su obra creadora o crítica, en varios poetas de esa «España peregrina»: María Enciso, Angel Lázaro, José Herrera Petere, José Bergamín y Gabriel Pradal Rodríguez. Recuerda también que una de las primeras antologías de la poesía del exilio, la realizada por Francisco Giner de los Ríos bajo el título de *Las cien mejores poesías españolas del destierro* (México: Editorial Signo, 1945), iba dedicada al autor de *Campos de Castilla*. Y la investigadora concluye: «La importancia de la presencia de Antonio Machado en los poetas de la España peregrina es notabilísima. Desde los primeros años se le dedican libros y poemas, o se citan sus versos. Quizás podríamos hablar de influencias, en algunos casos» (p. 32 de la obra citada en esta nota). Otro artículo que incide, dentro de su brevedad, en el motivo central de este libro, y que ha llegado a mi conocimiento después de concluirlo, es el de Andrés Sorel «Vigencia de Antonio Machado», recogido en A. Gil Novales et al., *Homenaje a Antonio Machado*, ed. Juan J. Coy (Salamanca: Ediciones Sígueme, 1977), pp. 115-134.

II

RATIFICACIONES GENERALES DE LA CRITICA SOBRE LAS RELACIONES DE MACHADO Y LA LIRICA DE POSGUERRA: ALGUNAS PUNTUALIZACIONES

La presencia de Antonio Machado en los poetas de la posguerra sólo podrá evidenciarse cabalmente mediante la comprobación factual sobre textos y declaraciones de aquéllos que esa presencia acrediten. Antes de llegar allí, y como vía de introducción, nos parece de interés el atender a algunas ratificaciones críticas generales de tal hecho. A más de que, en algunos casos, irán apareciendo sugestiones y matizaciones que, por distintos caminos, vendrán a reforzar nuestra personal valoración del mismo.

Será útil comenzar con las opiniones al respecto de Luis Cernuda, por pertenecer a la generación que, como se ha visto, mantuvo relaciones más distantes con el poeta. No extrañará, por otra parte, que fuese Cernuda, entre los miembros de aquel grupo generacional, quien más prontamente se percatase —o al menos expresase— esa inmediata repercusión de Machado sobre la nueva poesía: también fue el autor de *La realidad y el deseo* quien primero y más radicalmente se alejó de los supuestos estéticos de su época inicial y que, en ritmo paralelo, incorporase al acto poético un enérgico ademán crítico-moral, por el que vendría también a coincidir —e influir— en la poesía posterior. En 1957, o siquiera en las páginas de un libro suyo publicado en tal año, resume Cernuda el tránsito de la acción magisterial ejercida sobre la poesía de los nuevos tiempos con estas palabras:

> Hoy, cuando cualquier poeta trata de expresar su admiración hacia un poeta anterior, lo usual es que mencione el nombre de Antonio Machado. De pronto, en uno de esos virajes que marcan el tránsito de una generación a la otra, la obra de Machado

se nos ofrece más cercana a la perspectiva que la de Jiménez. Y es que los jóvenes, y aun los que han dejado de serlo, encuentran ahora en la obra de Machado un eco de las preocupaciones del mundo que viven, eco que no suena en la obra de Jiménez. [1]

El «viraje» o «tránsito» hacia Machado se operó, como ya en ello nos extendimos, no precisamente en los jóvenes del 50, sino desde mucho tiempo atrás; es decir, a partir de la generación de 1936, y aun antes de ese preciso año: tal vez a ello aluda Cernuda cuando incluye en sus observaciones no sólo a los que eran jóvenes en dicha década del 50 sino también «a los que han dejado de serlo.» Y al poner énfasis en cómo esos poetas descubren en Machado un «eco de las preocupaciones del mundo que viven», pudo tener presente una de las primeras y más conocidas definiciones machadianas de la poesía: aquélla que, fechada en 1917, puso al frente de *Soledades. Galerías. Otros poemas:* «*[*poesía*]* es lo que pone el alma, si es que algo pone, o lo que dice, si es que algo dice, con voz propia, en respuesta animada al contacto del mundo» (47). Y resulta importante destacar que esa ecuación entre *alma* y *mundo* es la única clave legítima para llegar, en Machado, a la *verdad* de todos (la del «yo fundamental» y la del «tú esencial»), que sólo la palabra integral, como trasunto poético—esto es, individualizado—del pensar genérico, puede expresar.

No importa que muchos de los poetas de ese hoy de que habla Cernuda propendiesen, por las exigencias de la hora, a centrar su atención en las inmediatas concreciones históricas del mundo sobre el cual vivían, tan urgidas de denuncia y protesta. En la lección de Machado, sin embargo, estaban igualmente, como ya se indicó, el escrutinio lírico de las secretas galerías del alma, su punzar tembloroso el misterio del tiempo personal, y la enunciación objetivada y reflexiva de las más universales y compartibles certezas. Cernuda lo sabía; pero lo que hace es subrayar, con mayor relieve y como elemento diferenciador, uno de los términos de la inseparable ecuación total, a tenor de lo que veía producirse en el momento.

No faltan, desde luego, pasajes de su estudio donde se declara que los mejores poemas de Machado son los primeros, al considerar que éstos encierran lo más hondo y perfecto que llegara a escribir y coincidiendo en ello con las preferencias generalmente suscritas sobre la obra de aquél por casi todos los poetas del 27. También anota Cernuda la importancia y el poder profético de la prosa machadiana desde aproximadamente 1925, poniéndola incluso a mayor altura en tal sentido vaticinador de la que, por esas mismas fechas, iba dando a las prensas Ortega y Gasset. Aclara, no obstante, que esa prosa comienza a manar «cuando el impulso poético ya declina en Machado» y, con mayor firmeza, que «el poeta se había acabado antes que el escritor.»[2] De otro modo, se sugiere que de la supuesta extenuación de la vena poética en Machado surgen *De un cancionero apócrifo* y *Juan de Mairena*. Es obvio que Cernuda no repara —pues ni la menciona— en la gran poesía contenida en ese mismo *Cancionero*; y con ello ayuda a extender la tesis de que en Machado el nacimiento del pensador se produjo a expensas de la sequedad del poeta, lo cual es un punto muy cuestionable y que ya se intentará dilucidar más adelante.

Un poeta ya de la posguerra, José Hierro, y aquí hablando también en plan de observador crítico, reafirma el mismo parecer respecto a la posición central de Machado sobre la lírica de su tiempo. Hierro acepta que «es innegable que el que se acerca hoy a las páginas de Machado lo hace a sabiendas de que se trata del 'gran poeta' español del siglo XX»,[3] al paso que recuerda obligadamente cómo Juan Ramón Jiménez había desempeñado el mismo papel treinta años atrás. Pero Hierro escribe este prólogo cuando el declive de la estimación general de Machado comenzaba a insinuarse. Por eso, aunque sin tocar este problema, su ya amplia perspectiva le hace posible sugerir algunas de las aristas que más habrían de preocupar dentro de la prolongada vigencia machadiana, aquéllas que precisamente condicionan tal declive en la por entonces naciente promoción. Se pregunta si esa vigencia, como antes la de Juan Ramón, no descansó principalmente en cuestiones temáticas; y hasta diríase, añadimos, si en el apogeo «machadista» de mayoritario alcance, sólo se puso interés en *algunos* de sus temas. Y ni en él, ni en ningún gran poeta, advierte Hierro, son los temas lo decisivo, sino la emoción que ellos despiertan en el espíritu del poeta y que luego reconstruirá el lector. Y esto tanto como la superior validez que, dentro de la poesía, ha de tener el *cómo* de la representación sobre el *qué* representado.

Son inquietudes que ya introducen una conciencia de análisis crítico en el mismo fenómeno registrado, posibilidad inimaginable un decenio antes. Por eso puede ir el crítico directamente a la raíz del desenfoque y lo coloca a la luz de la historia literaria general vivida en la posguerra:

> En los últimos treinta años la lírica ha salido de su torre de marfil, de su intimismo, para preocuparse del compromiso, de la denuncia, de los problemas generales. No sé si ocurrirá en esto como en los museos de pintura, donde una buena parte de los espectadores admiran en los cuadros no lo que en ellos hay de arte, sino lo que hay de imitación de la realidad. Según este punto de vista, es probable que atraiga de Machado su visión de España, lo que en *Campos de Castilla,* sobre todo, hay de

protesta y de dolor. Y conste que no se trata de una opinión sin fundamento: basta leer o escuchar las opiniones más jóvenes sobre la poesía de Machado para darse cuenta qué pocas veces se citan, por ejemplo, poemas de *Galerías* o de *Nuevas canciones.*[4]

Atento a ello, revaloriza Hierro la última colección mencionada, *Nuevas canciones,* libro del cual cree que «se ha hablado menos de lo debido, y cuando se ha hecho ha sido para destacar —o silenciar piadosamente— que se trata de un libro de decadencia, juicio que me parece inexacto y precipitado.»[5] Y se detiene con justicia en la poesía breve y sentenciosa de los proverbios, que «daría una nueva dimensión a su obra: el escepticismo, una manera de romper la atmósfera de encantamiento de sus *Galerías*, de alejarse de su paisaje tan real como simbólico, de pensar sin emoción aparente.»[6] Y no descuida tampoco el recordar muy expresamente los magistrales poemas que van de las «Canciones a Guiomar» a «Recuerdos de sueño, fiebre y duermivela» y «Muerte de Abel Martín», olvidados por Cernuda. Esa visión de Hierro, que aprehende en su síntesis la obra poética total de Machado, no le impide aventurarse en la que cree la más certera definición de éste: uno entre los poetas que mayormente «se auscultan a sí mismos», como Bécquer y Cernuda, en cuya compañía cercana le cita. Según ello, Machado fue ante todo un poeta «interior», aunque no para quedar encarcelado en su propia interioridad sino para desde ella asomarse al mundo y al otro, así como para enunciar y defender una palabra poética que en su integridad expresase el sentir de ese *todos* universal que cada hombre lleva en su intimidad.

*****

Es reconfortante haber podido llegar a esta mirada abarcadora de José Hierro, al fin posible después de un testimonio en contrario tan parcializado como el que ahora vamos a considerar, y emitido con alguna anterioridad. Se trata del que encontramos en la conocida antología *Veinte años de poesía española (1939-1959),* realizada por José María Castellet y ampliada después con algunas adiciones —que no alteraron su original proyección al mantener intacto el prólogo— y ya entonces como *Un cuarto de siglo de poesía española (1939-1964).* Nos interesa ahora la fecha de su primera aparición: 1960. El libro había sido compuesto, pues, hacia el final de los años 50, en el auge mayor del social-realismo en las letras peninsulares. Es el momento de engarce de la primera generación poética de posguerra —la asociada a la tendencia social, aunque no sólo se redujo a ella como es sabido— con la siguiente o segunda promoción. Desde esta otra se escucharán, al alcanzar su cohesión y maduración crítica, voces admonitorias muy rotundas — y no procedentes, por cierto, de poetas «evasivos»—ante las falacias de un realismo temático, o sea de un realismo sólo de superficial modo entendido. En principio, a una y otra hornada les unía su no desatención de la realidad circunstante (Machado, pues, a la vista de ambas); y ocasionalmente les acercó también, en 1959, la coyuntura del vigésimo aniversario de la muerte de aquél, efémerides en cuya celebración convergen miembros de las dos promociones. Ello resultó en una serie de homenajes que suscribieron escritores mayores y más jóvenes de entonces; es decir, pertenecientes a esas dos sucesivas promociones.

Como uno de estos homenajes, además de ir explícitamente dedicada a su memoria, ha de verse dicha antología de Castellet. En el panorama que allí se despliega, Machado aparece como el precursor de la muerte de la tradición simbolista en poesía y de su sustitución por otra de «objetivismo realista», en lo cual el antólogo veía —siguiendo en ello a Edmund Wilson— el eje de vertebración de lo sucedido en la lírica a lo largo de nuestro siglo. Y sobre ese mismo criterio se procedió en la selección de poetas, y de textos. Sin ánimo ahora de enjuiciar detalladamente este libro (innecesario ya: mucho sobre él se ha escrito y aun olvidado... hasta acaso por su autor), hay que aclarar muy en breve el sentido con que se lo concibió, para que después se entienda rectamente el alcance que allí se les conceden a los valores «anticipadores» atribuidos a Machado. Nos bastarán dos datos. Uno, el final del prólogo, donde el antólogo apunta, esperanzado, cómo «la poesía que escriben hoy /1960/ muchos de esos jóvenes poetas es el preludio de lo que podría ser un realismo histórico», indicando a la vez que tal realismo habría de ser conseguido no sólo en el objeto, «sino también formalmente, a través de un lenguaje coloquial y de una cierta técnica narrativa.»[7] Y no será necesario volver a narrar lo conocido: cómo la poesía de la década que entonces comenzaba —la del 60—, sin rechazar en grandes áreas una aguda postura crítica en lo moral y lo social, se encauzará muy marcadamente por caminos bien distintos a los de un tópico realismo histórico, sostenido de modo sistemático en los dos recursos expresivos señalados (y todo ello, ya se verá, antes de la irrupción más combativa y extremada de los «novísimos»).

La otra señal anunciada se cumple con una sencilla observación: notando cómo una antología que incluye otros grandes poetas coetáneos del exilio (León Felipe, Pedro Salinas, Jorge Guillén, Luis Cernuda), prescinde del estorboso nombre de Juan Ramón Jiménez en las selecciones —como también, lo cual se ha hecho ya lugar común, de Emilio Prados. La injusticia va por barrios, venía a decir José Hierro en su estudio antes

glosado, al notariar el olvido (y aun negación) de los poetas de la posguerra
hacia Jiménez. El volumen que ahora comentamos vino a consagrar tem-
poralmente, con la autoridad de quien lo llevó a cabo, esa injusticia. Aunque deba añadirse, en seguida, que posteriormente el mismo Castellet ha
ayudado a repararla, al propiciar la publicación de una excelente muestra
de la obra poética del autor de *Espacio*: la *Nueva antolojía* de Juan Ramón
Jiménez, edición de Aurora de Albornoz (Barcelona: Península, 1973). No
hará falta mayor documentación para que se comprenda que la antología
Veinte años de poesía española, con todo lo útil que resulta para seguir *un*
cierto movimiento en las direcciones poéticas de ese período (no *toda* la
poesía del mismo, como su título hace suponer), había sido estructurada
desde una muy dirigida actitud ideológico-literaria, y que todas sus afirmaciones prologales deben ser remitidas a esa actitud y analizadas a partir de
ella para evitar serios extravíos interpretativos.

Así visto tal esfuerzo, no sorprenderá que «El arte poética de Antonio
Machado», al que dedica Castellet un apartado de su introducción, aparez-
ca como basado exclusivamente en dos fundamentales trabajos teóricos del
poeta que ya se citaron: sus «Reflexiones sobre la lírica» (1925) y el proyecto del discurso de ingreso en la Academia Española (1931). Ni asombrará
tampoco que de ellos se extraigan, como apoyo, sólo las ideas conve-
nientes: el anhelo machadiano de un saludable retorno a la *objetividad* y la
fraternidad, que en él no estaba reñido con la defensa de una poesía nacida
de «aquella cálida zona de nuestra psique que construye nuestra intimidad»—como en ese mismo discurso escribe y ya se destacó con
anterioridad. Por modo previsible, convicciones como esta última quedan
ahora discretamente silenciadas. Y el conocedor de la obra de Machado
tiene que recordar, y sólo por cuenta suya, que de esos mismos años son los
poemas complejos, «extraños» y trascendentes del *Cancionero apócrifo*,
tan distanciados de todo esbozo o premonición de ninguna suerte de
realismo histórico. En consecuencia, y esto es a lo que nos interesaba llegar:
de una faceta teórica de Machado se alza, en las disquisiciones que
seguimos, no la imagen total del poeta, sino la que supuestamente de él se
querría que perdurase. De otro modo: se sugiere que Machado interesará
en la posguerra por su profecía de tal realismo histórico, descrito en los términos ya vistos (y el cual, por otra parte, hacia 1960, más miraba en España
a un serio replanteamiento crítico de sí mismo que se insinuaba como
«preludio»). Por ello, cuando bajo la imposición de tales premisas se
pretende resumir lo que aquél habrá de aportar a la poesía del porvenir, nos
encontramos con este diagnóstico: «Con la revaloración del contenido y del
lenguaje coloquial, abre Machado las puertas de la futura poesía
española.»[8] Y estos dos conceptos-clave —contenidismo y coloquialismo—
exigen en su obra una investigación, que aunque lo parezca no es en modo

alguno marginal, para dirimir a su través la veracidad de estos asertos, cuánto en tales rumbos le debe esa «futura poesía española» a Machado y, junto a ello, valorar el sentido exacto de la posible deuda. En el transcurso de lo que nos proponemos irán surgiendo incitaciones accidentales —tampoco a nuestro juicio dispensables—, de todo lo cual se armará una larga pero inevitable digresión puntualizadora. En su momento oportuno recogeremos los cabos, para que el hilo central de nuestras consideraciones no quede demasiado suelto.

*****

Veamos primeramente a lo que se llegó, a base de desnaturalizarlo lamentablemente, desde un postulado crítico como el de «revaloración del contenido». Para un amplio sector de la poesía de posguerra, «contenido» vino a hacerse corresponder sencillamente con «tema»: fue, sin más, *lo dicho* argumentalmente en el poema, su mensaje. Pudo así hablarse de contenidos circunstanciados o evasivos, reales o teñidos de irrealidad, comprometidos o narcisistas; y, dentro de estas dualidades, el imperativo ético del período hizo marcar siempre la inclinación natural hacia el primer término de cada una de ellas. Revalorar el contenido supuso, así, dignificarlo moralmente, lo cual hasta aquí no entraña ningún peligro; pero también, y ya en ello sí apunta tal posible peligro, asentar que el poema se mide y se salva por (la índole de) su temática.

Este principio andaba indisolublemente unido a otro aledaño: el de la comunicación. Vicente Aleixandre había afirmado, dentro de un contexto irrechazable, que «poesía es comunicación»; pero lo que de aislar tal enunciado, y de aplicarlo de manera mecánica, advino masivamente en esos años, no es de hecho para entusiasmar. Menos se tuvo en cuenta (y hubiera sido de mayor provecho) que el mismo Aleixandre, y en una fecha tan temprana como la de 1950, había sostenido, y ya más referido al punto que tratamos de clarificar, lo siguiente:

> Conviene recordarlo siempre. En poesía, el contenido, por
> densidad que pretenda poseer, si carece de la irisación poética
> que hubiera hecho posible tanto su alumbramiento como su
> comunicación, no existe. Es una gárrula suplantación.[9]

En un poeta auténtico, la «exigencia» del contenido (que no es sino «búsqueda» del contenido) no daña porque ya, de entrada, tal poeta sabe dos cosas: una, que contenido no equivale a tema o ideas a trasmitir; y que, además, el contenido real—el hondo contenido de verdad que el poema devela—alcanza sólo su existencia mediante el acto poético (la «irisación poética» de que habla Aleixandre) y no es por tanto susceptible de ninguna racionalización o imposición previa. En breve, que el contenido no puede ser revalorado como algo distinto y superior a la forma. En manos de ese verdadero poeta, la poesía sale ilesa porque la materia instrumental con que ella se hace —¿será necesario advertir que no es otra que el lenguaje, la palabra?— es dominada de tal modo que, con dicho instrumento, se logrará elevar el contenido a *forma*. Y esto es, en rigor, el poema, aun cuando su sostén más firme —más real— sea la verdad que *sólo* al caldear esa forma ha sido simultáneamente conocida y comunicada por el creador. Mas en las poetas precisamente movidos ante todo por la bondad o la urgencia de lo que por contenido entienden, la consecuencia suele ser la forma pobre, la no-forma, o la repetición mecánica de unas maneras planamente discursivas, más propias de la prosa, que transparenten de diáfana manera la «justicia» del asumido contenido (temático). Y ya se ha admitido que lo que hemos acabado de describir no fue un caso singular o extraño en la posguerra, sino por el contrario algo que en ella se dio con demasiada frecuencia. (Siempre que señalamos hechos de tal naturaleza, compréndase que nos referimos sólo a algunas zonas de esa poesía; pero por resultar molesto, y ya innecesario, nos eximimos en lo adelante de anotar siempre esta no poco importante salvedad).

El giro de cierta poesía joven de hoy hacia un trabajo apuradamente artístico y aun «formalista» de la palabra, nace de aquí: de tan larga primacía «contenidista», que va paralela a la del soberano dominio de un realismo epidérmico y mal interpretado. Por ello no fue necesario esperar, como quedó insinuado, el surgimiento de esa nueva poesía juvenil. Tal nocivo entendimiento del contenido fue ya rechazado, casi como programa, por varios de los más destacados miembros de la segunda generación de la posguerra (y no seguido tampoco por aquéllos de la primera que en todo momento se mantuvieron alertas frente a esos riesgos, los cuales nos son por esto actualmente más cercanos). Ya en 1963, Claudio Rodríguez se plantea el problema del contenido o tema como razón primera y última del ejercicio lírico, y de su abusivo empleo como cartabón para medir la calidad poética; y todo ello en relación directa con la poesía de los años en que escribe. Volviéndose precisamente contra lo que él mismo llama la «obsesión del tema», que en aquélla poesía dominaba, indica Rodríguez con oportuna convicción:

> Se cree que un tema *justo* o *positivo* es una especie de pasaporte de autenticidad poética, sin más. Cuántos temas justos y cuántos poemas injustos. ¿No son estas razones sufi-

cientes, entre otras, para explicar el hecho evidente de la general atonía, de la falta de estilo profundo, en la mayor parte de nuestra poesía actual?[10]

El «estilo profundo»: he aquí, y no la sobrevaloración del contenido, lo que en la posguerra hubiese de verdad abierto las puertas de la gran poesía. Ya con alguna antelación al juicio de Claudio Rodríguez, otro poeta coetáneo, José Angel Valente, al analizar los peligros con que la «tendencia» (esto es, la formalización del tema) amenaza al «estilo», había afirmado la presencia de dos elementos apriorísticos que conspiran desde flancos opuestos pero con igual gravedad sobre aquél. Uno es el *a priori* estético, prevalencia de la autonomía verbal y conversión del estilo en manera; otro, el *a priori* ideológico, prevalencia de la autonomía del tema y disolución del estilo en esquema demostrativo. Y concluye con una defensa precisamente del contenido, que sólo cristalizará de manera efectiva si no se descuida el estilo resistente que le dará entidad verbal y comunicable. Valente no rehuye hablar del contenido en el alcance profundo del término (o sea, del «contenido de realidad» que la obra debe albergar); pero sabe muy bien hacia dóne se precipita la poesía cuando lo que se intenta es ceñirse escuetamente a esa otra modalidad sucedánea del contenido: el tema o asunto inmediato de la composición poética. Por ello, de ambas formas de ese *a priori* enemigo puede sostener:

> Se trata de dos mecanismos de abstracción que en último término, aunque por vías distintas, coinciden en escamotear el posible contenido de realidad de la obra literaria. Y justamente en la capacidad de alojar ese contenido y de producirse única y exclusivamente en función de él —y no en supuestas categorías estéticas o en razón de la oportunidad o incluso necesidad de ciertos temas— reside la virtud del estilo.[11]

La atención al contenido no condujo, en la obra misma de Machado, a desmayos o caídas en exceso entorpecedores. Cabe verlo así en general; pero también puede reconocerse que, cuando en *Campos de Castilla* cede emocionalmente al empuje de ciertos *temas* álgidos (en los textos que, a la vez, tanto le maginifican moral e históricamente), Machado, por la naturaleza misma de esos temas, se desprende del poder de honda sugerencia interior de *Soledades,* y tampoco alcanza aún el rigor y la penetración poéticos de los momentos más logrados de *Nuevas canciones.* Ello no significa subestimar ese volumen (o las piezas de él recién aludidas), ni mucho menos sospechar que no debieron éstas de haberse dado en su obra, como si lo pensaba Juan Ramón Jiménez. *Campos de Castilla* es un libro complejo y heterogéneo, y tiene un lugar muy significativo e indispensable en el proceso dialéctico entre intimidad y objetividad que traza el pensamiento poético de Machado. Y aún más (o por encima de ello, al situarnos en otra diferente perspectiva pero que no es en lo axiológico de menor importancia), esos poemas críticos, si de hecho no se integran en el nivel de mayor excelencia poética del autor, sí definen una de las cimas más empinadas en la historia de la conciencia cívica y el dolor español en nuestro siglo. Ahora bien: cuando muchos de los poetas de todo un período centran su casi total interés en aquellas composiciones suyas donde las imposiciones temáticas determinaban unos condicionamientos expresivos menos afortunados (adjetivación tópica, impostación retórica de la voz, predominio de lo discursivo sobre la intuición....), la índole de los resultados no será difícil de prever. Y en este caso, las conclusiones a que hay que llegar a partir de ese contenido así (engañosamente) revalorado, no pueden ser muy satisfactorias.

Por otra parte, no se descubre en las argumentaciones teóricas de Machado una sistemática prédica de tal posición poética. Bien es cierto que alguna vez afirmó ser poco sensible a «todo cuanto en literatura no se recomienda por el contenido» (843). Pero que una obra se recomiende desde ese contenido, no hace suponer que se justifique sólo por él, en lo cual sí consistió la turbadora desviación sufrida en la poesía de posguerra. Más: el deseado retorno de Machado a la *objetividad* y la *fraternidad* sólo designa, como metas, unos hermosos y compartibles *valores*, y no sugiere *concreciones temáticas* específicas y dominantes. Al confundir ambos, únicamente se subraya, y de modo desorientador (pues se lo presenta como elogio), que el maestro se ganó su mayor discipulado allí donde, inevitablemente, estos discípulos tendrían que ser más proclives a un entendimiento incorrecto y desvirtualizador. Y es que, en verdad, y junto a la defensa de tales valores, lo que poéticamente fue la más alta y permanente enseñanza de Machado es su reiterada voluntad de restaurar a la palabra, en la poesía, toda su potencialidad *integral*. Por ello, más adelante habremos de volver sobre este asunto (el de la poesía o la palabra integral), que no puede en absoluto quedar asimilado al designio de aupar el predominio del contenido (y más el contenido «temático» que fue lo ocurrido) a la suprema categoría valorativa de todo un estadio histórico de la poesía.

Enfrentémonos ahora con el otro problema que se nos ofrecía: el de un pretendido «lenguaje coloquial» como norma léxica general desde donde Machado anuncia también la poesía futura. Hemos de reconocer previamente esta necesidad: que las pautas críticas aceptadas en las demás latitudes de la literatura universal deben ser rigurosamente aplicadas en su mismo exacto sentido a las letras españolas (pues de otro modo la crítica misma ayuda a confinar a éstas al rango adjetivo de una «provincia» menor dentro de esa literatura universal). Y en la moderna poesía de Occidente (desde un T. S. Eliot hasta un César Vallejo, para sólo mencionar dos autores procedentes de ámbitos geográfico-lingüísticos bien distantes), se entiende por lenguaje coloquial la incorporación al verso del normal lenguaje de la conversación, tal como en su trato diario lo practica ese hombre culto y de ciudad que es el poeta. Puede, por tanto, incluir desde las expresiones más espontáneas (o «sencillas») hasta las voces más «sofisticadas», siempre que unas y otras se sientan como naturales en ese lenguaje cotidiano del poeta.[11] Sobre ese entramado del habla urbana normal vendrán a incidir, potenciándolo, efectos expresivos más o menos disonantes, más o menos sorpresivos: configuraciones simbólicas disémicas, con su carga secreta y menos visible de múltiples planos de significación; imágenes insólitas, ingeniosas o visionarias (irracionales); rupturas continuas de sistema y superposiciones de todo tipo (y manejamos aquí algunos de los más característicos mecanismos del fenómeno poético moderno, según la nomenclatura técnica de Carlos Bousoño en su *Teoría de la expresión poética*). De tales choques y potenciaciones surgirá entonces la «modernidad» en poesía, dentro de su más generalizado y legítimo alcance estético. Mas lo que está en su base, antes de que esos «procedimientos» la individualicen poéticamente (o sea, el habla consuetudinaria del hombre que es el poeta), es el verdadero lenguaje coloquial contemporáneo.

Frente a lo descrito, Machado parece menos inclinado a valerse de ese lenguaje común de la urbe moderna, que voluntariamente dirigido a la «naturalidad» máxima dentro de una lengua en principio ya poética. Mairena, como es bien recordado, aconsejaba a sus alumnos que, si daban en escritores, debían ser meros taquígrafos del pensamiento hablado. Mas aquí se da otra vez lo que en tantas ocasiones ha ocurrido en la interpretación de *su* poesía: el juzgarla desde lo que él —las más de las veces a través de sus apócrifos— formuló sobre *la* poesía. Y en su obra lírica lo que predomina en general —hay sus excepciones— fue sencillamente ese empleo de un lenguaje poético natural al que acallamos de hacer referencia (no importa la complejidad aun expresiva de que en algunos momentos lo dotara: los grandes poemas del *Cancionero apócrifo* así lo atestiguan). A esta naturalidad le llevaba su temor al artificio, al culto supersticioso de lo aristocrático y a la expresión indirecta o perifrástica, suma de resistencias suyas que adquieren su más coherente exposición en sus páginas sobre «El arte poética de Juan de Mairena.» Pero en Machado son más difíciles de registrar las «caídas» prosísticas y los «ascensos» cultistas que en el auténtico coloquio del poeta moderno caben simultánea y armónicamente, y casi como principio general. Hay textos suyos en que esto también sucede: en «Poema de un día. Meditaciones rurales», de *Campos de Castilla*; o, entre alucinadas ráfagas oníricas, en «Recuerdos de sueño, fiebre y duermivela», del *Cancionero apócrifo*. Mas la misma extrañeza que experimenta el lector ante estas composiciones, denota su casi excepcionalidad en el conjunto de la obra de su autor. Lo que sí ejercitó Machado, con total conciencia, fue la evitación de los «tics» y amaneramientos de una lengua artificiosamente «poética», ya en trance de engendrar de sí un «dialecto» artístico —amenaza constante de esa suerte de eterno barroco latente en la poesía hispánica. Y él repudió esa amenaza tanto frente al preciosismo de una de las líneas más fuertemente imperante en sus años modernitas, como ante el barroquismo conceptual que creía ver en la poesía «intelectual» de la generación del 27.

Y si después observamos el lenguaje de los poetas de posguerra a quienes se supone como seguidores más inmediatos de ese «coloquialismo» de Machado, descubrimos realidades que también ponen en cuestión tales criterios. O bien trataron de emularle en sus maneras «populares»—innegable en bien definidas parcelas de su produción—, o, con mayor frecuencia, hicieron suyos el ademán enfático y el acento retórico que el dolor y la denuncia condicionaban. También—pero ya esto no tiene que ver con Machado ni, en rigor, con la poesía— se escudaron en un bronco realismo prosaico para la expresión directa de sus reflexiones y avisos. Si hubo algo cercano al verdadero lenguaje coloquial en la posguerra, tal se insinuó por vía de Luis Cernuda. Aunque ello ha de aventurarse igualmente con alguna cautela, pues este mismo poeta reconocía, en su «Historial de un libro» (escrito a propósito de la 3a. edición de *La realidad y el deseo*, de 1958), cuán pocas veces había verdaderamente logrado ese «lenguaje hablado» que, sin embargo, y desde muy temprano en su trayectoria, se había autoimpuesto como uno de los más importantes objetivos en su trabajo poético.

La alusión, líneas arriba, a una modalidad popular en Machado requiere también algunas precisiones. Es cierto que él se inspiró en lo popular —concretamente, en el floklore andaluz— dentro de amplios tramos de su labor creadora. Pero, del mismo modo, hay que cuidar el no desenfocar excesivamente este hecho; y llegar a afirmar que, frente a los seguros avances hacia el coloquialismo moderno, tal como desde Hispanomérica se dan en el Leopoldo Lugones de *Lunario sentimental* y en Ramón López Velarde, fuesen sencillamente Antonio Machado y Juan Ramón Jiménez por esos mismos años los realizadores de una «vuelta al lenguaje popular.»[13] Lo que de verdad haya en ello, y de hecho la hay aunque sólo parcialmente, no justifica el que pensemos en ambos, sin más, como poetas «populares.» Ciertas valoraciones críticas, correctas en un *particular* momento de una panorámica visión literaria (y no otro sentido tiene el juicio anterior en las páginas de Octavio Paz de donde lo tomamos) suelen derivar de sí erróneas secuelas al otorgárseles una dimensión totalizadora. Menos legítimo nos parece que cuando, para sostener que la lírica española de principios del siglo estuvo escindida entre dos direcciones irreconciliables («popularismo» y «modernismo») se concluya que «si se puede hablar propiamente de un estilo de grupo en el popularismo es, sobre todo, gracias a él *[Machado]*.» [14] ¿Cabe entender de ello que existió un «grupo popularista» cuya cabeza unificadora fue Machado? Y aunque tal posibilidad fuera sólo una mala lectura nuestra de esa afirmación, lo incontrovertible es que el concepto de «popularimo» —escolarizado en tendencia, al ser ya susceptible la voz «popular» de asimilar el genérico sufijo *ismo*— resulta a todas luces angosto e insuficiente para calificar el lenguaje *total* de Machado. Y entender la obra íntegra de éste a partir de tal concepto es una manera, siquiera no mal intencionada, de torcer su exacta caracterización crítica, tanto como lo era el presentarlo en calidad de un maestro hacia el futuro de un verdadero lenguaje coloquial.

* * *

Lo que tratamos de documentar —y aquí ya vamos recogiendo velas— es el error que comporta fragmentar (o aun desfigurar) a Machado para poder resaltar adecuadamente (pero en definitiva equívocamente) la oportunidad de su magisterio. Porque nos hemos encontrado ya que ni coloquialismo ni popularismo son rótulos acertados para designar, en su totalidad, las modulaciones lingüísticas —por el hecho mismo de que éstas fueron variadas— del poeta. Y cuando en la posguerra se vuelva hacia él, comprobaremos que no una sola sino *todas* esas variadas modulaciones fueron atendidas por estos o aquellos autores del período. Y en ello sí consistió su *presencia* en la poesía de dicha época: presencia en la cual creemos, pero no amputada, pues de otra manera no se hubiera intentado este estudio. En consecuencia, y no para repetir lo sabido sobre Machado sino porque conviene tenerlo presente a los efectos de nuestro tema, se impone aquí el recorrer, del modo más somero que nos sea posible, esas distintas modalidades de su léxico poético a través de sus sucesivas entregas.

Su poesía inicial —la de *Soledades* en sus dos salidas: la original de 1902 y la ampliada de 1907— cae de lleno dentro de las generales tendencias modernistas simbolistas que dominaban en aquellos años, como ha podido demostrar J. M. Aguirre.[15] Sólo quienes concentren su atención en «los elementos decorativos que por pereza mental algunos rezagados siguen considerando lo esencial de la época»[16] se negarán a aceptar la filiación modernista de Machado en esta etapa, y aun más allá. Y es que el modernismo fue un complejo y dinámico movimiento sincrético, y su recta inteligencia se hace sólo posible a partir de esa misma y aun contradictoria complejidad. Dentro de ella, la orientación simbolista fue la más alta y honda de las estéticas que allí se dieron cita. Y no faltó tampoco en ese movimiento una inclinación léxica «natural» (la abre muy tempranamente el José Martí de los *Versos sencillos*), opuesta al oropel del lenguaje sólo exterior y brillante que ha pasado a ser (y no con justicia) su faz más identificadora. La combinación de una y otra de esas tensiones (simbolismo y palabra natural) es lo que define al primer Machado, como antes a Bécquer. Aquél, rehuyendo el vacuo regodeo esteticista, lo que persiguió y alcanzó aquí fue, como ha explicado Carlos Bousoño, «una lírica desnuda de artificio, en que, mágicamente, las palabras más simples se cargan de la más activa emoción.»[17] Le fue dado entonces un lenguaje misteriosamente sencillo, con que oponer «naturalidad» a «artificiosidad.» Y el gozne de ese mágico logro consiste, según Bousoño, en su peculiarísimo uso del símbolo disémico tanto como el eficaz manejo de otras técnicas de implicitación, propias de la poesía contemporánea, que le alejan de la grandilocuencia y le permiten llegar a «un compromiso con la objetivación, sin abandono del subjetivismo.»[18] Machado fue así, desde sus mismos inicios, un poeta «natural», un poeta de lenguaje voluntariamente «sencillo», con toda la profundidad que éste ocultase; y usando ambos términos sólo para por contraste distinguirlo del preciosismo retórico por el que se había encaminado la paralela y opuesta rama del modernismo.

Después, *Campos de Castilla* recoge, en sus poemas líricos, análoga disposición, mas con un obvio aumento en el grosor de realidad concreta que adensará a los símbolos manejados. Tiene allí también otros textos de diapasón retórico más levantado, con los riesgos poéticos ya aludidos, y los cuales fueron por su ineditez en la obra de Machado los que para muchos parecen dar más carácter al libro. Son sus mencionadas piezas cívicas y españolistas, con el paisaje castellano o sin él, donde el autor no se libra de lo que, con exactitud, Gustav Siebenmann ha llamado el «lastre de la tradición oratoria» en la moderna poesía española. Y está también, por primera vez, la poesía de pensamiento que busca apretarse en textos breves, sentenciosos o aforísticos: sus «Proverbios y cantares», que se continuarán en la homónima serie de *Nuevas canciones*, y en los cuales se va ya entrando por formas más afines a la poesía popular.[19] En principio, la sobrecarga de conceptualización y la concisión expresiva, que nacen de su voluntad por transmitir del modo menos digresivo posible una sólida verdad de pensamiento, parecerían reñidas con la fluencia natural de la lengua. Pero no ciertamente con la poesía popular, en su casi misteriosa aleación de brevedad, agudeza y aun toque lírico que aquélla alcanza en sus logros más auténticos. Descubrir esta solución, que progresivamente va ganando terreno en la poesía sentenciosa de Machado, no fue uno de sus hallazgos menores en esa decisión suya de un lenguaje abierto hacia un más amplio auditorio receptivo.

Frente al «realismo» y la denuncia cívica de vasto aliento verbal del libro anterior, *Nuevas canciones* destaca por la palabra justa, objetivada y tensa, a través de la cual retorna (por enunciarlo de algún modo) a la expresión de la intimidad, no abandonada ni siquiera en *Campos de Castilla*. Este equilibrio se evidencia mayormente en los sonetos, que aparecen por primera vez en Machado, y dentro de los cuales realiza otra importante conquista expresiva: paliar la servidumbre a tal clásica y rígida forma con un lenguaje cálido y en nada neoclasicista. Bien es verdad que algunos conservan aún cierto respeto por la «propiedad» poética (el que comienza, por ejemplo, con el verso *Las ascuas de un crepúsculo, señora...*); pero otros, los más, se desenvuelven en un lenguaje inmediato y natural: *Esta luz de Sevilla...*, *Huye del triste amor...* También en este libro lleva a su más perfecto desarrollo la asimilación entrañable del folklore andaluz, que hace dar la nota más alta de su verdadera poesía popular: los nuevos «Proverbios y cantares», artísticamente superiores a los de *Campos de Castilla*, las «Canciones», los otros grupos de canciones (las de «Tierras altas» y «del Alto Duero»), la serie «De mi cartera.»[20] Esta línea no desaparecerá en el *Cancionero apócrifo* —recuérdense allí los «Consejos, coplas, apuntes» de Abel Martín— al lado entonces de impulsos muy contrarios como ahora mismo se verá.

Porque también en *Nuevas canciones* hay otras «Galerías» cercanas a las de su libro primero. Tomemos casi al azar dos de ellas. Sea una la que se inicia así: *El iris y el balcón. / Las siete cuerdas / de la lira del sol vibran en sueños* (CLVI, iv). Y esta otra: *En el silencio sigue / la lira pitagórica vibrando, / el iris en la luz...* (ibid, vii) ¿Puede hablarse aquí de un lenguaje coloquial o popular? ¿Es válido, ante ello, admitir que al cabo Machado se desprendiera *totalmente* del modernismo? Valga esto sólo como advertencia frente a quienes nos proponen un avance ininterrumpido en Machado hacia una poesía de absoluta «objetividad realista». Más ratificadora de tal miopía crítica es la lectura de los grandes poemas de *De un cancionero apócrifo,* desde los profundos sonetos del cancionero de Abel Martín — «Primaveral», «Rosa de fuego», «Al gran cero»—hasta los más complejos textos del de Juan de Mairena: «Ultimas lamentaciones de Abel Martín»,

«Siesta», «Recuerdos de sueño, fiebre y duermivela», «Muerte de Abel Martín», «Otro clima.» Y ya se adelantó que estas composiciones fueron escritas más o menos por los mismos años de sus declaraciones ardorosas en favor de una poesía objetiva y fraterna. Un poeta tiene que ser valorado ante todo sobre lo que *desde* su obra nos dice, y no sólo (aunque sin esto menospreciar) en relación a las ideas generales de poética marginalmente expresadas. (¿Es cierto, como se nos afirma, que la «autenticidad» de Machado como poeta radica en su conformidad sin quiebras entre teoría y práctica?) De esos densos, enigmáticos y magníficos poemas, de pertur-badora ubicación al haber sido compuestos más de veinte años después de *Soledades* y después también del «realismo histórico» de *Campos de Castilla* (y los cuales tienen que ser convenientemente soslayados cuando se pretende elevar etiquetas como coloquialismo y popularismo a categorías genéricas y definitivas de Machado) ha escrito atinadamente José María Valverde:

> Sería muy fácil decretar que se trata de una «alienación tran-sitoria», pero entonces nuestra lectura total de Antonio Machado resultaría demasiado sencilla y —por así decirlo— edificante: también es suyo ese lado de misterio, ambivalencia y horror, no por nada potenciado, en este período, con los mismos recursos modernistas del primer estilo poético macha-diano, sólo que ahora exacerbados.[11]

A *todos* los tonos léxicos de Machado examinados aquí han vuelto, por individualidades o por grupos y tendencias, los poetas de la posguerra. Hubo así quienes supieron captar la sutil habilidad suya para religar las in-quietudes más íntimas con los soportes o correlatos simbólicos de la realidad, el paisaje principalmente incluido—manteniendo así la vigencia de los supuestos esenciales del simbolismo. Algunos le siguieron en la línea «menor» o popular; y se dieron a escribir coplas, canciones, cancioncillas, uniendo en ellas verdades objetivas con vislumbres líricas. Otros, los más comprometidos, echaron mano a sus profesiones de fe en el lenguaje hablado, de lo que se ha dado en llamar su lenguaje coloquial—aunque lo que con mayor frecuencia hicieron fue desviar ese posible temple expresivo hacia un lenguaje riesgosamente «directo», o incurrir en la inevitable modulación retórica de ese mismo acento. Esto último, ya se vio, estaba aun en el maestro, y ahora se imponía por la necesidad de convencer y con-mover: curiosa resurrección en nuestros tiempos del sentimentalismo neoclásico. Todo ello quede por ahora asentado de manera sólo general, y todavía sin las ejemplificaciones necesarias. No descuidaremos éstas sin embargo, y ya las veremos integrando los capítulos centrales de este libro.

* * *

La concentración, por los poetas y gran parte de la crítica, en un solo aspecto de Machado, y la erección de ese aspecto en efigie única, o al menos capital, de aquél, es lo que hemos venido señalando como desorientador en el entendimiento justo y cabal de su obra. Se nos confirma que todavía es ello un enfoque no superado al revisar una buena parte de la bibliografía última sobre nuestro autor, donde sin embargo hay ya algunos empeños por captar la totalidad de su trabajo siquiera desde las lógicas perspectivas personales de cada crítico. De la revisión de esa bibliografía ha surgido un tanto, y en algunos casos por parcial disentimiento, el punto de vista más comprensivo que nos hemos impuesto como únicamente válido para nuestro objetivo. Por tanto, y para acreditar, de paso, las aportaciones más valiosas de esos estudios cercanos, no creemos tampoco inoportuno el dar rápida cuenta aquí de algunos de ellos, aparecidos mayormente en la ocasión del centenario del poeta.

Uno de aquellos empeños totales aludidos, y el que tal vez por su mismo carácter resumidor rinde una mayor utilidad, es el *Antonio Machado* de José María Valverde, sobre el cual algo ya dijimos en el capítulo anterior. La única impaciencia que asalta al lector de este libro opera en un sentido inverso al que guió a su autor al redactarlo: impulsado de su avidez por llegar al momento en que, a su juicio, comienza para Machado «la hora de la verdad» (y que se situaría, de acuerdo a su tesis, hacia los años de *Nuevas canciones*), se siente algo así como un ritmo crítico-expositivo demasiado veloz sobre el primer Machado, o sea el de ambas *Soledades*. Y en éstas, para nosotros, Machado alcanza cumbres, casi insuperadas en su obra, de altura poética. Si pueden ellas ser consideradas como «preparatorias», pero sólo dentro de la dinámica concepción de una poesía cada vez más abierta al otro, no lo son de modo alguno en términos de un nada secundario acendramiento lírico, con todo lo que ello supone de hondura, penetración y misterio (valores que no son en absoluto menores si en poesía andamos). Cuando más se demora Valverde en esos volúmenes es precisamente para destacar, lo cual es en sí de gran interés, las vislumbres que ciertos momentos de los mismos arrojan hacia el porvenir de esa dinámica estética del poeta-pensador. Por ejemplo, el surgimiento de la «crisis de la sinceridad» en Machado, como la llama el crítico, y que dentro de *Soledades. Galerías. Otros poemas* apunta tempranamente en el poema XXXVII (*Oh dime, noche amiga, amada vieja...*) y en el VIII (*Yo escucho los cantos...*), originalmente titulado este último en 1902 «Los cantos de los niños», y donde se concretan «las dos bases de la poética machadiana»: la temporalidad y la comunidad. El análisis de estos dos textos que, en tal dirección, practica Valverde, es realmente iluminador.[22]

Esa misma etapa inicial, la más urgida de exégesis en Machado, es la sola que atienden, en cambio, otros dos libros publicados en estos años. Uno es el de Domingo Yndurain, *Ideas recurrentes en Antonio Machado (1898-1907)* (Madrid: Turner, 1975), centrado en un muy preciso examen de la evolución del poeta entre las fechas que el título delimita. Yndurain nos enseña, entre otras cosas, cómo ya dentro de esa misma fase auroral, el lenguaje de Machado exhibe una lúcida y creciente aproximación a una realidad verbal cada vez menos distanciada de la tangible realidad, proceso que se intensificará al superar de modo voluntario los ámbitos más vagarosos del simbolismo en las etapas subsiguientes. Y el segundo libro anunciado es el que ya se mencionó de J. M. Aguirre, *Antonio Machado, poeta simbolista* (véase nota 15). Con objeto de demostrar que aquél «pertenece por completo a las tendencias poéticas de su tiempo, es decir, las simbolistas y modernistas» (p. 373), Aguirre se ciñe a *Soledades. Galerías. Otros poemas,* considerando este libro (como lo hacía su autor) uno solo con las *Soledades* de cinco años atrás: aunque cuando le resulta conveniente, y procediendo así del más correcto modo, sus comentarios se extienden a la piezas «líricas» de *Campos de Castilla* y aun de *Nuevas canciones* y *De un cancionero apócrifo.* Para verificar el simbolismo en Machado, el crítico se vale de una distinción entre «lírica» y «poesía», aceptando que la última se da también en Machado y que ella «sí admite algunos aspectos no simbolistas» (p. 18). Con ello pareciera sugerirse algo que, aunque extendido como opinión general, es siempre inquietante y por lo mismo requerido de mayor clarificación: que las verdades de pensamiento y las inquietudes solidarias no suelen ir entrañadas a lo más genuino y visceral de la intimidad del poeta, al lirismo, y vividas así como urgencias intransferibles suyas. La cuestión es polémica en sí y no cabe mayor ahondamiento por ahora en ella. De todos modos, sobre este punto nuestra posición se inclina más hacia la advertencia, emitida en su día por José Angel Valente (y referida al contexto general de la poesía de posguerra, lo cual hace oportuno recordarla aquí), sobre la «esquizofrenia lírica» que resulta de admitir dos «voces» diferentes para la expresión respectiva de la experiencia personal y la experiencia colectiva. «Ya que los temas arrancados de la experiencia colectiva —aclara Valente— sólo pueden alcanzar auténtica expresión poética en la medida en que existan en la conciencia personal con la misma profundidad que los correspondientes a la expresión privada, tradicionalmente asignados al lírico como exclusiva parcela. No hay, por consiguiente, dos voces: si las hay, una sonará a falso cuando no

́ambas.»²³ Con independiencia de hacia dónde vayan nuestras individuales preferencias, Machado a nuestro parecer no suena nunca «a falso», ni en su «lírica» simbolista ni en su «poesía» no simbolista: prueba —creemos— de que en él hay *una sola* voz, aunque ésta se dirija hacia distintos y aun opuestos objetivos temáticos, modulando correspondientemente aquélla según los imperativos de éstos.

Es imposible, desde luego, regatearle a cada crítico su derecho a escoger aquel tema o campo —de un escritor, de una época— que desee alumbrar con su trabajo. Pero sobre Machado, como ya se planteó, se han producido reducciones harto extremosas, cuyas dos formulaciones más radicalmente opuestas nos lo presentan como un poeta soberanamente «simbolista» o como un poeta básicamente «del pueblo». No se ha dado con mayor frecuencia el enfoque equilibrador y totalizador, sólo factible si se atiende a la nada placentera tensión dialéctica que en él se operó entre unidad y contradicción, como nacida de un espíritu complejo, dividido y en pugna consigo mismo según él dijera de los personajes de Shakespeare. Y a partir de aquí es cómo de modo único podría llegarse a lo más conflictivamente humano de Machado (y éste exuda más humanidad que santidad, aunque otra cosa piense la «beatería»), y a la recta visión *total* del drama que definen su poesía y su pensamiento. Por ello habrá de recibirse con entusiasmo el libro de P. Cerezo Galán, que es un muy completo estudio sobre el tema que su título avisa (y en verdad sobre la obra toda del autor): *Palabra en el tiempo. Poesía y filosofía en Antonio Machado,* el cual nos compensa de tantas anteriores y fragmentadas versiones de nuestro autor. Y hay en él unas páginas, no muy numerosas pero sí suficientemente esclarecedoras (y esclarecidas en el resto del volumen) sobre un provechoso concepto sugerido por Machado: son las que el crítico agrupa en la sección denominada «Hacia una poesía integral.»²⁴ Nos parece de gran servicio observar algo de cerca este concepto por la razón de que los productos más sólidos y resistentes de la poesía de posguerra que se vinculan a Machado lo hacen por esta vía, sabiéndolo o no sus autores. Como tales productos entendemos aquellos librados tanto de «atomizaciones» en extremo subjetivistas (la valoración es del creador mismo de Juan de Mairena) como de la ciega o mecánica obediencia a exteriores consignas (políticas o no) asumidas *a priori*: o sea, aquellos momentos en que se sienten a estos poetas actuales en busca de esas *pocas palabras verdaderas* que el maestro fijó como fin de la poesía desde las páginas de *Soledades*, su libro simbolista por definición. Y también porque la aproximación a su obra que favorecemos, del mismo modo que a la proyección de ésta sobre la actividad poética posterior, trata de ser *integral,* abarcadora, y en todo lo posible sustraída a las parcializaciones que insistentemente vamos haciendo notar.

✳✳✳

No es la de *poesía integral* una noción que Machado desarrollara orgánicamente. No más la insinuó, pero con numerosas señas hacia su redondeamiento pues con ese mismo adjetivo calificó reiteradamente a varios sustantivos que designan factores inextricables en el quehacer poético: habló, así, de «conciencia integral» y de «palabra integral», tanto como ya directamente de «poesía integral.» Ni podemos decir que a ésta arribara de una vez en un solo nivel —composición o libro— de su obra. Como no sea que, situándonos en una perspectiva lo necesariamente amplia, la veamos en tanto que suma contrastada de sus diversos temples expresivos, con lo que éstos suponen de exploración verbal en los correspondientes ámbitos de aquella básica ecuación *alma-mundo* (o del *yo* y el *otro*) que esa misma obra revela.

De otra parte, tampoco los poetas de la posguerra se impusieron, crítica o teóricamente, tal meta; aunque, como recién se indicó, algunos se han beneficiado de ella en sus realizaciones mayores. Si junto a otros principios y designios machadianos, en general más tendientes a preocupaciones de índole ética o social, hubieran todos reparado, y de modo consistente, en los valores con que él adensaba el concepto de poesía integral, de más vigorosa sustantividad hubiese sido la historia total de la poesía de la época. Por lo menos, mucho más positiva de lo que dio por resultado la práctica de revalorar superfluamente el contenido, como ya hemos tenido ocasión de destacar.

Siguiendo en lo fundamental a Cerezo Galán —y añadiendo de nuestra cuenta algunos comentarios e ilustraciones— veamos el proceso por el cual se va fraguando en Machado este concepto. Ya sabemos de sus nada ambiguas reservas ante una estética regida por la tentación del *solus ipse* y por la de la música, esa gran disolvedora de la palabra. Machado llegó a ver la poesía nacida de tales tentaciones como «enferma de subjetividad», por haber pretendido expresar «lo inmediato psíquico, el fluir de la conciencia individual, lo anterior al lenguaje, al pensamiento conceptual y la construcción imaginativa» (810). A consecuencia de esto, y sin que le estorbe en su defensa de la intuición y la temporalidad (sino más bien como complemento de ello), aboga por lo indispensable que resulta el atender a la estructura interna del poema y por la ayuda que en esto ha de venir de la lógica. Incluso llega a considerar como «conclusión bárbara» aquélla que prohíbe de la lírica «todo empleo lógico, conceptual de la palabra» (822-823), asunto al que dedica muy afiladas consideraciones en sus «Reflexiones sobre la lírica.» Y en la «Poética» escrita en 1931 para la Antología de Gerardo Diego, apunta hacia la más elevada y última justificación del intelecto, así ya literalmente nombrado, al afirmar que si bien éste «no ha cantado jamás» pues no es tal su misión, «sirve, no obstante, a la poesía, señalándole el imperativo de su esencialidad» (50).

Y otra idea, la del pensar genérico —por ello fraterno y comunal— encuentra ancha cabida en sus teorizaciones. En el citado ensayo («Reflexiones sobre la lírica») sostiene que el poema «carecería en absoluto de *existencia [*el subrayado es suyo*]* si no estuviese construido sobre el esquema del pensar genérico»; y, pocas líneas después, que tal poema sería aun «ininteligible, inexistente para su propio autor sin esas mismas leyes del pensar genérico, pues sólo merced a ellas puede el poeta captar el íntimo fluir de su conciencia, para convertirlo en objeto de su propio recreo.» ¿Pero se mantendrá Machado únicamente en este plano exaltador de ese pensar genérico? No, y muy a continuación precisa lo que el poema, para ser tal, requiere de manera insoslayable: «los elementos fluidos, temporales, intuitivos del alma del poeta, como si dijéramos la carne y sangre de su propio espíritu» (823). Otra vez, cuando pareciera inclinar su ideación teórico-poética hacia el polo de la objetividad, sólo conquistable en virtud de lo genérico o universalizador del pensamiento, su atención vuelve en seguida al eje central de lo que para él la poesía es: intuición, plasmación de la temporalidad, expresión del alma, intimidad. Mas nunca descuidará tampoco esa objetividad a la que, por la razón y el pensar, la poesía debe siempre tender como puente hacia el otro. Y años más tarde hará decir a Juan de Mairena: «La razón humana es pensamiento genérico. Quien razona afirma la existencia de un prójimo, la necesidad del diálogo, la posible comunión entre los hombres» (398). En suma, Machado lo que hace es ingresar el pensamiento genérico, con todo lo que éste aporta de fuerte virtualidad «comunicante», dentro del proceso poético, integrándolo así a las demandas del más estricto lirisimo, que sólo por aquél no corre el riesgo de terminar disolviéndose en una vaga, neblinosa impregnación. *Integrando*, se ha dicho: haciendo de ese proceso un acto *integral*.

Estamos, pues, ante un propósito de armonización, más que de excluyente dualidad oposicional; y el cual, bajo expresión entonces menos reducible a formulaciones de teoría poética, había manifestado ya en su misma juventud. En su comentario de 1904 al libro *Arias tristes* de Juan Ramón Jiménez (tenía menos de treinta anos y estaba aún en el corazón de su etapa simbolista) había yuxtapuesto estas dos instancias: «Lo más hondo es lo universal» y «Pero mientras nuestra alma no despierte para

elevarse, será en vano que ahondemos en nuestra alma» (763). Y un poco
más arriba, en la misma página, estampaba su añoranza de «soñar con los
ojos abiertos en la vida activa, en la vida militante.» De aquí su muy pronta
conciencia de la urgente abertura al otro y a la objetividad lírica. Pero,
podemos preguntarnos otra vez, ¿para quedarse indefinidamente en este
nivel de absoluta alteridad? Bastará recordar cómo el ya maduro Juan de
Mairena (maduro porque lo es su engendrador) sostiene comprensivamente
que ningún auténtico espíritu «en sus momentos realmente creadores pudo
pensar más que en el hombre que ve en sí mismo y que supone en su
vecino» (320). Lo que Machado nos propone, yendo hacia adelante y hacia
atrás en su obra, es un zigzagueante itinerario que nos toca a nosotros
enderezar. Si en ello nos empeñamos, el resultado será esa *poesía integral*,
que no es sino una poesía «totalmente humana» (811) como literalmente la
describe, y rehabilitadora de «la palabra en su valor integral» (899). Una
palabra, lo aclara él de inmediato, con la cual se puede hacer muchas cosas
(música, pintura, tantas otras), «pero sobre todo, se habla.» *Se habla*, mas
no se limita el alcance de aquello sobre lo que se puede hablar: no se restrin-
gen «contenidos», ni siquiera se sobrevalora a éstos por encima de lo fundamental en poesía, la «palabra» misma. Tal plenitud de la palabra
poética, definida por Abel Martín como «aspiración a conciencia integral»,
y en esto concluye Cerezo Galán, puede ser también «pensamiento
originario —antes de su reflexión sistemática». Al llegar a este punto, que
marca para el crítico «la indiscernible unidad entre poesía y filosofía en la
palabra integral humana», agrega aquél: «...y el pensamiento mismo se
abre poéticamente desde las intuiciones cordiales del sentimiento.»[25] Si nos
hemos demorado en examinar este fecundo concepto machadiano es porque nos explica en su obra el paso natural a la prosa, caracterizada en él por
su «poético» carácter asistemático e intuitivo, y que por ello algunos han
calificado erróneamente de «caótica.» Y explica este paso en términos más
justos y convincentes, al presentarnos esa prosa como de modo íntimo
unida a la poesía de su autor, que el suponer tal tránsito provocado por la
esterilización y sequedad del poeta, lo cual es la tesis más difundida como
se sabe. Y a nosotros nos importa, como se ha establecido desde un principio, registrar la presencia de Machado en la posguerra a partir de su
obra total —verso y prosa—, y no como la proyección de dos faces diferen-
ciadas, opuestas y aun negadoras entre sí de la misma.

***

Y es que de no incluir muy escrupulosamente a su prosa, nuestro
esfuerzo quedaría en resumen empobrecido; como también, de hecho, el

entendimiento del propio Machado. Pablo A. Cobos lo ha visto certeramente así:

> ...sin lectura y entendimiento suficiente de las prosas de Antonio Machado tampoco es posible una justa valoración de su poesía, cualquiera que sea la etapa, porque una característica esencial de nuestro gran poeta, nunca desmentida, es su autenticidad, por lo que le encontramos enterito y total en cualquiera de sus momentos. Así, pues, el intimismo, el objetivismo y la metafísica se han de entender como elementos integrantes, nunca excluyentes.[16]

Es lo anterior rotundamente cierto en lo que a la necesariedad de la prosa respecta: aunque a la vez nos parezca siempre indispensable, para abarcar al *entero* Machado, un esfuerzo previo de mirada integradora sobre el conjunto de *todos* sus momentos. De lo contrario, se corre el riesgo de dejarnos llevar por el particular matiz de su dialéctica sobre el que ha cargado la mano en este o aquel de esos momentos; ya que no costará trabajo admitir —pensamos— que nadie puede decir *toda* su verdad en cada uno de sus instantes, pues aquella verdad sólo emerge en su nitidez desde el acercamiento contrastado de todos éstos instantes. Ni se limita el interés de su prosa al sevicio ancilar de aclararnos su poesía. No es la suya una prosa de valor poético porque aquí y allí medite de poesía —o de filosofía, ya que poetas y filósofos son «hermanos gemelos si es que no son la misma cosa», como declarara Unamuno, y Machado parece confirmar. Es poética porque, en sus aproximaciones a cualquier tema procede desde una férrea disposición subjetiva y más intuitiva que metódicamente ordenadora de un cuerpo reflexivo sobre tal tema. Uno de los que mejor lo han entendido así es Rafael Gutiérrez-Girardot. Dejando sentado ante todo que «la superación de los límites entre poesía y prosa no consiste primariamente en la poetización de la prosa y la prosificación de la poesía o en la fusión de una y otra en el llamado 'poema en prosa'», llega dicho crítico a la etapa última de Machado, la de *Juan de Mairena,* donde ya el ejercicio del verso ha amainado de un modo casi definitivo. Y entonces escribe la siguiente clave, decisiva para entender el intrínseco sentido poético de esa fase:

> La prosa machadiana de *Juan de Mairena* está muy lejos de ser esa prosa artística o rítmica o de acercarse, siquiera en parte, a los poemas en prosa de Rubén Darío, o de Juan Ramón Jiménez. En Machado la superación de los límites entre prosa

> y poesía consiste en la anulación de los conceptos tradicionales
> de prosa y poesía, en el sentido de que para él tanto lo escrito
> en prosa como lo escrito en verso son poesía cuando expresan
> la subjetividad, cuando son la respuesta del alma al contacto
> animado del mundo. La expresión del mundo interiorizado es,
> pues, poesía, cualquiera que sea la forma en que está escrita.[27]

Mas no es esta correcta actitud de valoración integradora, sostenida por Gutiérrez-Girardot, la que en general ha prevalecido. Es cierto que en los últimos años se ha llegado a una más justa estimación de la prosa de Machado. Y hasta se ha producido un giro de noventa grados en lo tocante a este punto; pues ni faltan ya quienes afirmen que, en aquél, es precisamente su prosa lo que en rigor interesa y conserva una verdadera vigencia. No es difícil comprender que bajo tal posición sigue encubierto el preciso deslinde entre el pensador y el poeta, mantenido por la crítica tradicional. De otro modo: la consideración de su prosa como algo independiente y casi extraño a su poesía. Sendas llamadas de atención sobre estas creencias, y sobre los extravíos que ciertos disimulados esguinces de ellas pueden acarrear, han expresado dos poetas actuales. Y en nuestro intento de propiciar un ancha comprensión de Machado, resultará válido hacerlas escuchar aquí.

José Angel Valente ha venido en los últimos años emprendiendo una recta cruzada negativa contra una casi inflexible actitud literaria que, a despecho de lo que en la práctica se ha intentado desde el modernismo, parece todavía viva, con lo cual se fortalece la presencia aún del preceptivo siglo XVIII dentro del nuestro. Nos referimos a la estricta delimitación genérica, según la cual cada una de las supuestas modalidades literarias debe permanecer encuadrada dentro de sus rígidos moldes seculares. Al calor de las ideas por él defendidas, e igualmente por Octavio Paz desde la América hispana, la poesía debe ya desentenderse definitivamente de sus arcaicas fronteras aceptadas; puesto que aquélla, la poesía, es en esencia «cuestión de visión» y no de género, por lo cual es posible que nos aguarde en autores y textos donde una cerrada ortodoxia teórica la hicieran menos esperable.[28] En virtud de ello, al observar cómo lo común ha sido contemplar la prosa de Machado en tanto que consecuencia de la extinción (o extenuación) del poeta, Valente hace elevar tal erróneo juicio al rango lamentable de uno más entre los «falsos apócrifos» que aquél ha padecido. A éste, que considera surgido de los más elementales condicionamientos, lo explica así:

> Hay, por ejemplo, el Machado de la supuesta esterilización

creadora a partir de la estancia en Baeza, que es invención de profesores capaces de creer que la poesía se reduce a ciertas formas ya catalogadas, que se alimenta por ingestión de más poesía y que se reproduce por partenogénesis. Machado fue hacia formas no agotadas de creación, muy ajenas por cierto a la senectas y serializadas del poeta vestido, en el mejor de los casos, de harapos de sí mismo...[29]

De otro lado, recuperado el prosista, cabe entonces la nada remota posibilidad ya indicada: que a éste se le considere sólo como el escritor emergido de las cenizas del poeta. La conclusión sería desestimar a aquel extinto poeta, espécimen anacrónico que el mismo prosista ha superado. A esta posible falacia ha salido también al paso Angel González cuando advierte:

Parece que la crítica comienza a exaltar, ahora unánimemente, la prosa de pensamiento de Antonio Machado, actitud nueva, justa y sospechosa al mismo tiempo, pues, como es sabido, en nuestro país es prudente preguntarse contra quién van dirigidos los elogios. Es de desear que, al corregir tan injusto desdén hacia el prosista Antonio Machado, no se cometa otra arbitrariedad semejante: la de afirmar al pensador para negar al poeta; opinión que, por disparatada que parezca, comienza ya «casi» a oírse en este año del centenario machadiano.[30]

Por aquí arribaríamos a una parcialización más de las muchas que, por tandas, ha conocido Machado, y de algunas de las cuales ya se dejó constancia en el capítulo anterior. El peligro no reside en elegir este o aquel de sus rostros, para iluminarlo mediante la exégesis o el análisis desapasionado, sino en lo ya advertido: el erigir ese rostro seleccionado en imagen absoluta del poeta. He aquí, como un enérgico testimonio más en tal sentido, este preciso señalamiento del mismo Angel González:

A Antonio Machado le han llamado de todo: desde poeta simbolista hasta poeta civil, desde poeta mágico hasta poeta folklórico, desde poeta castellano hasta poeta japonés; en el ancho mapa físico, político o estilístico de la cultura, apenas queda una parcela en la que no se haya tratado de confinar, con mejor o peor intención y aun variable fortuna, al poeta Antonio Machado. Y aunque muchas de tales denominaciones sean, en cierto modo, justas, es evidente que, por contradictorias e incompatibles, o simplemente por parciales, perturban o lesionan su obra en un espacio mayor que el que definen, niegan más de lo que afirman —especialmente si se aplican con la pretensión de calificar con carácter exclusivo al, para cada quien, «único Machado valioso y verdadero.»[31]

Estas declaraciones últimas, fácilmente compartibles por su verdad, proceden de dos poetas de la segunda promoción surgida después de la guerra civil. Tuvieron ya sus componentes, desde su misma aparición, una mayor perspectiva que les permitió replantearse críticamente los problemas centrales de la creación literaria emergidos durante ese más amplio período histórico de la posguerra en el cual se alojan. Uno de esos problemas fue, naturalmente, lo que en Machado se debía buscar, lo que éste desde su obra podía ofrecer como magisterio, mas analizando tal magisterio desde un ángulo crítico serio y no como una simple plataforma política o censoria. Otro miembro de dicha promoción, Félix Grande, ha visto también de correcto modo lo esencial de las enseñanzas machadianas. Grande observa en esos mismos años la vigencia general de una nueva dicotomía, a la cual califica de «más ambiciosa, más pueril», que había dominado por algún tiempo: «el 'yo' debía ser expulsado; el 'otro' debía cubrir todo el campo de la actividad poética.» Ante ello, afirma, «Machado viene a restituir un poco de orden en ese caos.» Y basándose en un significativo pasaje suyo de *Los complementarios,* donde se propone la integración del *yo* y el *tú* en el *nosotros*, concluye:

> Con esta negativa a escamotear uno de los dos campos del vaivén de la existencia, Machado no proporciona una solución para el estado exasperado de la poesía espanola; le proporciona algo mejor: un arma. Un arma que es reflexión, exigencia, serenidad. Una oportunidad para aglutinar todos los elementos de la expresión poética y de la experiencia vital hasta transformarlos en un organismo dinámico.[32]

Por ello es motivo de satisfacción abrir otro libro relativamente cercano sobre Machado. Lo firma Leopoldo de Luis, un poeta algo anterior a los últimamente convocados, quien se fraguó en la vida literaria durante los años donde esa visión fragmentada de Machado conoció, bajo la égida de realismo social, su mayor radicalidad. Es el titulado: *Antonio Machado, ejemplo y lección.* Y al fijar los puntos capitales desde donde esa ejemplaridad se ejerció, acierta el autor a resumirlos así: «Lección de acendramiento lírico, de objetivación desde la subjetividad, de gravedad, de sinceridad, de calidad poética.»[33] No fuera fácil añadir otras nociones calificativas, por generales que parezcan, a las más permanentes proyecciones machadianas. De nuestra parte, sólo hubiéramos incorporado específicamente un valor señero más: el de la *verdad,* por él más buscada que la belleza y sin sugerir que a ésta en consecuencia desatendiera. Pero la gravedad y la sinceridad, sí señaladas, no pueden brotar sino desde la simiente misma de la verdad. Y así, en esta síntesis de Leopoldo de Luis, librada de amputadores partidismos, está concentrado todo lo que de Machado se recibió, y más: todo lo que de él siempre puede esperarse, por encima de los reclamos estéticos del día. En conjunto y resumen: si a lo largo de estas páginas se ha hecho sentir alguna vez nuestra voz disidente, alegra poder cerrarlas con estas valoraciones de Machado, ya rectificadoramente justicieras y comprensivas.

NOTAS

1. Cernuda, *Estudios sobre poesía española contemporánea* (Madrid: Guadarrama, 1957), pp. 105-106.
2. Ibid., p. 115.
3. José Hierro, «Prólogo» a Antonio Machado, *Antología poética,* 2a. ed. (Barcelona: Ediciones Marte, 1971), p. XVII. En esa edición se consigna el 1968 como año de la primera salida del libro, la cual llevaba el mismo prólogo de Hierro.
4. Ibid., pp. XVII-XVIII.
5. Ibid., p. XVIII.
6. Ibid., p. XX.
7. Castellet, *Veinte años de poesía española (1939-1959)* (Barcelona: Seix Barral, 1960), p. 104.
8. Ibid., p. 55.
9. Aleixandre, «Poesía, moral, público» *[1950],* *Obras completas* (Madrid: Aguilar, 1968), p. 1576.
10. Rodríguez, «Unas notas sobre poesía» en *Poesía última,* ed. Francisco Ribes (Madrid: Taurus, 1963), p. 91.
11. Valente, *Las palabras de la tribu,* p. 13. El artículo del autor que recoge estas declaraciones («Tendencia y estilo») se publicó originalmente en *Insula,* No. 180 (1961). Otros importantes trabajos teóricos suyos en la misma dirección pueden leerse en el volumen que se registra en esta nota.
12. Seguimos aquí las conocidas ideas al respecto de Octavio Paz formuladas en varios lugares de su labor crítica y ensayística. Véanse *El arco y la lira,* 2a. ed. (México: Fondo de Cultura Económica, 1967), pp. 95-96; y su ensayo «Una de cal...»,

Papeles de Son Armadans, 20. No. 140 (1967), 181. Paz coincide con el entendimiento generalizado de «coloquialismo» en todos los movimientos occidentales de la poesía contemporánea.

13.   Paz, *El arco y la lira,* p. 95.

14.   Gustav Siebenmann, *Los estilos poéticos en España desde 1900,* p. 133.

15.   Véase el útil libro de J. M. Aguirre dedicado a este tema: *Antonio Machado, poeta simbolista* (Madrid: Taurus, 1973).

16.   Ricardo Gullón, *Direcciones del modernismo* (Madrid: Gredos / Colección Campo Abierto, 1963), p. 128.

17.   Bousoño, *Teoría de la expresión poética,* 5a. ed. (Madrid: Gredos, 1970), I, 209.

18.   Ibid., II, 291.

19.   Esta poesía sentenciosa de Machado, la menos atendida por la crítica, ha sido muy bien clarificada por Gonzalo Sobejano en su estudio «La verdad en la poesía de Antonio Machado: De la rima al proverbio», publicado en *Journal of Spanish Studies: Twentieth Century,* 4, No. 1 (1976), 47-73. Esta poesía, para Sobejano, ocupa un punto crítico en la evolución del poeta que va de la «lírica pura» a la «novela *dramática*» (la de Abel Martín y Juan de Mairena). El crítico la ve como una suerte de *ética enunciativa,* dirigida a la expresión condensada de la comunitaria verdad: «una forma de entablar contacto con el tú esencial y salir del subjetivismo lírico hacia una objetividad anchurosamente humana» (p. 70).

20.   Sobre esta última ha escrito Aurora de Albornoz un interesante ensayo: «Antonio Machado: 'De mi cartera.' Teoría y creación», publicado en *Cuadernos Hispanoamericanos,* Nos. 304-307 (1975-1976), pp. 1014-1028. Aunque «De mi cartera» no se incluye en la serie de «proverbios y cantares», las formas allí usadas (soleares, coplas y romance) y la modalidad del acento expresivo son las mismas de aquéllos. En este estudio, al analizar dicha secuencia en tanto que teoría y poesía a la vez, hay una observación de la autora que merece ser destacada pues va en la dirección de un Machado que no puede ser desestimado como poeta moderno. Es cuando aquélla, al observar ese ejercicio simultáneo del sentido crítico y la intuición creadora, afirma que Machado es «en este aspecto —dentro de nuestro país— uno de los precursores, junto a Juan Ramón Jiménez, de la preocupación —que nos empeñamos en creer novísima— por crear una *poesía crítica de la poesía*» (p. 1018).

21.   Valverde, *Antonio Machado,* p. 263.

22.   Ibid., pp. 43-60. Otro de esos esfuerzos de examen total de la obra machadiana, aparecido en estos años, es, de Leopoldo de Luis, su libro *Antonio Machado, ejemplo y lección;* pero de él nos valdremos para cerrar las conclusiones de este mismo capítulo.

23.   Valente, Respuesta a «Encuestas de *Insula*», *Insula,* No. 205 (1963), p. 5.

24.   P. Cerezo Galán, *Palabra en el tiempo. Poesía y filosofía en Antonio Machado* (Madrid: Gredos, 1975), pp. 439-448.

25. Ibid., p. 448. Nuestra única disparidad con Cerezo Galán es el admitir (y aun cuando Machado hubiera podido con algo de obnubilación pensarlo así) que tal amplio y benéfico concepto de poesía integral quedara cubierto con «una vuelta temática y estilística hacia la lírica popular y el folklore» (p. 445). Consciente de lo controvertible (y controvertido) de esa postura, al referirse a ella dicho crítico aclara que es ésta «una cuestión de tanto litigio.»

26. Cobos, *Humor y pensamiento de Antonio Machado en sus apócrifos,* 2a. ed. (Madrid: Insula, 1972), p. 85.

27. Gutiérrez-Girardot, *Poesía y prosa en Antonio Machado* (Madrid: Guadarrama, 1969), pp. 85-86.

28. Valente, «La poesía. Conexiones y recuperaciones», *Cuadernos para el diálogo,* No. 22 (1970), pp. 42-44. Entendiendo la poesía como forma de visión, Valente señala como la primera de sus recuperaciones el abrir las recias compuertas genéricas a que ha estado confinada, e invita a los lectores a no desestimar «los deslumbrantes fragmentos de visión poética» que se alojan en los escritores en prosa.

29. Valente, *Las palabras de la tribu,* p. 105.

30. González, «Originalidad del pensamiento de Machado», *Peña Labra*, Pliegos de Poesía, No. 16 (1975), p. 27.

31. González, «Antonio Machado y la tradición romántica», *Cuadernos para el diálogo*, No. 49 (1975), p. 22.

32. Grande, *Apuntes sobre poesía española de posguerra* (Madrid: Taurus, 1970), p. 52.

33. Leopoldo de Luis, *Antonio Machado, ejemplo y lección* (Madrid: Sociedad General Española de Librería, 1975), p. 7. Con un espectro más amplio del que hemos tenido en cuenta dentro de este capítulo (pues abarca desde Jiménez y Darío), Leopoldo de Luis ha comentado también el tema de «Antonio Machado ante la crítica», en un estudio suyo así titulado y publicado en *Cuadernos Hispanoamericanos,* No. 304-307 (1975-1976), pp. 792-802.

III

MACHADO EN ALGUNAS ANTOLOGIAS POETICAS DEL PERIODO

Otra vía, bien que aún exterior, para ir verificando la presencia de Machado en la lírica española de posguerra nos la puede brindar la consulta de varias antologías que cubren todo aquella época o, en algún caso, un cierto sector del mismo. Claro es que acudiremos sólo a aquéllas en que las selecciones de los incluidos van precedidas de sus respectivas poéticas. Es el patrón establecido por Gerardo Diego en su ya clásica antología *Poesía española (1915-1931),* modelo del género; y el cual se ha venido repitiendo, en general de un modo útil, desde la *Antología consultada de la joven poesía española*, compilada en 1952 por Francisco Ribes. En ésta, inicial presentación colectiva de la primera generación surgida estrictamente en la posguerra, no abundan en las poéticas personales las referencias a Machado. Sólo se las encuentran, y más bien de manera incidental, en las de Carlos Bousoño, Eugenio de Nora y José María Valverde. Esto nos pone en la pista de un dato histórico de interés si se repara en lo temprano que, dentro de la década del 50, apareció dicha antología: la invocación de Antonio Machado, entendida como reconocimiento y homenaje, no vino a crecer de modo notorio y público sino a lo largo de esa misma década. Y ello hasta un punto que casi llegó a hacerse lo común, en un número abundante de poetas, el hecho de que éstos, al hablar por entonces de la poesía o de su poesía, se apoyaran normalmente en el nombre, la obra o el pensamiento del autor de *Campos de Castilla*, que fue entre los de aquél su libro más influyente en esos años. No significa lo anterior, desde luego, que hasta entonces Machado hubiera estado lejano o ajeno a la tarea de los poetas que habían ido sucesivamente apareciendo: ya se dijo que la proyección hacia aquél se había manifestado aún antes de 1936; y en su lugar hablaremos del «poeta rescatado» por Dionisio Ridruejo en 1941, del primer número-homenaje que la revista *Cuadernos Hispanoamericanos* le dedicara en 1949, y de otras manifestaciones de su presencia en el decenio del 40. Adviértase además que, en este último, no se dieron antologías del tipo de la *Consultada*.

Nos valdremos en principio, pues, y con más consistentes resultados, de las cuatro antologías de la poesía de posguerra publicadas por la editorial madrileña Alfaguara entre 1965 y 1969, aunque expresamente extendidas desde sus títulos al cuarto de siglo que va de 1939 a 1964. Tales antologías estuvieron más bien presididas por un criterio abarcador y panorámico que por uno rigurosamente selectivo; y esto las convierte en colecciones o centones más que en verdaderos recuentos de los logros de mayor altura en la poesía de ese período. Por ello mismo arrojan algún beneficio, al considerar que, por tal motivo, nos permiten una contemplación de toda la actividad poética del mismo, estrictamente notariada en ellas. Hay que observar también que, con alguna excepción, no incluyen a los poetas de la generación de 1936: teniendo en cuenta que el trienio bélico del 36 al 39 interrumpió el que de otro modo hubiera sido su natural momento de cohesión y que por tanto la obra mayor y más resistente de esa generación vino a producirse ya en la posguerra, se hace insoslayable el no prescindir de la misma si se quiere documentar el ejercicio lírico global de la etapa que venimos considerando.

De todos modos, y debido en particular a las poéticas expresamente compuestas para ellas por los autores agrupados, tales antologías ofrecen al estudioso de la poesía española una visión útil sobre el estado poético de tiempo que —en sus variadas direcciones— cristalizó en esa época. Fueron cuatro esas direcciones seguidas y los respectivos libros en que, con mayor o menor acierto en la titulación, quedaron las mismas representadas: *Poesía social*, edición de Leopoldo de Luis (1965); *Poesía cotidiana,* edición de Antonio Molina (1966); *Poesía amorosa,* edición de Jacinto López Gorgé (1967); y *Poesía religiosa,* edición de Leopoldo de Luis (1969). Nos es válido, pues, servirnos de ellas en busca de manifestaciones explícitas de la vigencia de Machado al revisar sus prólogos (en los que casi siempre sus realizadores rastrearon las orígenes de la correspondiente categoría temática atendida) tanto como las declaraciones de los mismos poetas.[1]

La primera en aparecer fue la destinada a la *Poesía social*. En la introducción se remonta Leopoldo de Luis a los antecedentes de esta tendencia hasta llegar a la poesía española de principios del siglo y a sus tres nombres mayores: Jiménez, Unamuno y Machado. De éste, en particular, nos dice:

Si la influencia de Unamuno ha sido grande en muchos de los aspectos de nuestra actual poesía y es un antecedente de la poesía social, mayor aún es la de Antonio Machado, el cual defendió siempre, en prosa y verso, un sentido *temporal* y un contenido *humano*, para la lírica, llevando a ella preocupaciones inmediatas del mundo exterior. El «piensa el sentimiento, siente el pensamiento», de Unamuno, y el «quien no habla a un hombre no habla al hombre, quien no habla al hombre no habla a nadie», de Machado, son dos postulados esenciales para la concepción de la nueva poesía social.

Machado vaticinó (véase el borrador de su discurso de ingreso en la Academia Española y otros escritos afines) la actual postura rehumanizada y objetiva de la poesía, así como dio con su sencillez y claridad lecciones y preceptos conformadores de la poética que en nuestros días obtiene mayor atención. (31-32)

Salta a la vista que la otra valoración de Machado propuesta por Leopoldo de Luis, y transcripta en el capítulo anterior, es más amplia y matizada; pero hay que recordar que aquí lo está caracterizando ante todo como un «precursor» de la poesía social, y naturalmente se atiene a lo que dentro de tal aspecto descubre en aquél. Y entre los reclutados, Gabriel Celaya, al abjurar de «la miserable tentación de hacer perdurable nuestro ser ensimismado», y proponer como modelos aquellos «que hablan en nosotros, hablan por nosotros, hablan como si fuéramos nosotros», (105), está desarrollando afines conceptos a los por él desplegados en la *Antología consultada* de 1952, donde casi literalmente glosa, entre otras páginas machadianas, el oportuno «Diálogo entre Juan de Mairena y Jorge Meneses» del *Cancionero apócrifo*. Como se recordará, allí su autor ponía en la voz de este último un acta de defunción del cerrado mundo solipsista implícito en la sentimentalidad romántica y en la ideología burguesa sustentante, a todo lo cual habrá ya ocasión de volver con mayor detenimiento.

A su vez, Ramón de Garciasol, al intentar definir lo que es el poeta social, lleva expresamente a su palabra el pensamiento de Machado. Porque ese poeta social, en relación directa a la altura que alcance, «denuncia la existencia de un cáncer moral cuya medicina es *ama al prójimo como a ti mismo*, aunque sin olvidar que es *otro*, como dijo Antonio Machado» (124). Blas de Otero, por su cuenta, somete como «nota» sobre poética tres poemas suyos: el tercero de ellos (143), centrado en la familiar imagen machadiana de la fuente, sugiere la voluntad de una poesía basada en la

aprehensión inmediata de lo que siempre es a la vez lo mismo y diferente y, por tanto, de la verdad expresada en la palabra común. Y tal sugerencia, modulada con un acento más oblicuo y simbólico que realmente directo, arranca como lema casi inesperado de estos dos versos del Machado más íntimo: *Di, por qué acequia escondida, / agua, vienes hacia mí*? (*S*, LIX). Menciones de Machado aparecen también en esta antología en las poéticas de Manuel Pacheco (205) y José L. Martín Descalzo (393).

Antonio Molina, que escribe el menos desarrollado de los prólogos de esta serie, no cita a Machado al presentarnos el volumen dedicado a la *Poesía cotidiana*. Y hubiera podido hacerlo con toda verdad a partir, por ejemplo, de una pieza suya tan ejemplar en esa dirección como la titulada «Poema de un día. Meditaciones rurales», transcripción casi literal de las incidencias exteriores y de pensamiento en la cotidiana vida del poeta durante sus monótonos años de Baeza. Como este concepto, el de la una «poesía cotidiana», por vago que sea, puede sin forzarlo demasiado ser asimilable a la de una «poesía de la existencia», rubro aproximado bajo el cual José Luis Aranguren se ha acercado a la obra de algunos poetas de la generación del 36,[2] aquí sí funcionó el buen acuerdo de dar entrada a algunos de sus más importantes miembros que, entre los que permanecieron en España al finalizar la guerra, llegaron a integrar un grupo entrañable de amistad y poesía. Y no es casual que tres de ellos no puedan prescindir del nombre de Machado al hablar de sí mismos. Luis Felipe Vivanco lo asocia a Leopardi en un ocasional comentario (28). Más detenido es Leopoldo Panero cuando, aludiendo a sus «Versos al Guadarrama», reconoce que en éstos se transparentaba claramente su «inequívoca devoción a la obra y al sentir lírico del gran don Antonio Machado» (63); aunque conviene advertir que, por la fecha de aparición de esta antología y muerto ya entonces Panero, se usó allí como poética algunos fragmentos de una conferencia suya de 1962. Y José Antonio Muñoz Rojas, en la más breve declaración de todas las del libro, reduce la evocación machadiana a la de «esa ola humilde de unas pocas palabras verdaderas» (*S*, LXXXVIII), la conocida intuición del maestro que para Muñoz Rojas resume también su idea de la poesía (99). Luis Rosales, tan imbuido de fervor hacia Machado a lo largo de toda su obra, se limita a sugerirlo cuando ve la poesía como «este esfuerzo humano por detener el tiempo vivo» (125), afirmación cuya raíz no necesitará ya de mayor documentación dentro de las teorizaciones de aquél.

Gabriel Celaya combina ahora los impulsos hacia el intimismo y la alteridad que batallaron tan dramáticamente en Machado. Volviendo a su tesitura más sostenida dirá que «ser poeta es vivir como propio lo ajeno, traspasar lo individual, vivir y hablar 'en' lo otro» (163); y sólo un poco más adelante: «Quisiera escribir para el hombre cualquiera, pero sin renunciar a nada de lo que me dicta mi imperativo personal, por difícil que parezca», abogando así también por una poesía que se logre «sin dimitir de sí mismo» (164). Tampoco se requerirá buscar ahora pronunciamientos de Machado que confirmen, en uno y otro sentido, las vinculaciones que con su pensamiento exhiben las declaraciones acotadas de Celaya. Eugenio de Nora sostiene, al tratar de definir lo cotidiano, que tal puede concebirse, en una de sus posiblidades, como una captación de «la esencia misma de la vida, lo universal humano de Machado» (436). Y José María Valverde verá en la poesía suya que «tenía entre manos» por entonces «una tendencia creciente a considerar que la poesía no ha de ser sólo un desahogo de estados de ánimo personal, sino que sirve para todo (relatos, explicaciones, dramatizaciones, etc.)» (475). Esta gradación reproduciría el recorrido de Machado desde sus más interiores «galerías» y el relato romanceado de «La tierra de Alvargonzález» hasta las aforísticas «explicaciones» de sus proverbios y la «novela dramática» en que para Gonzalo Sobejano consiste en lo esencial las conflictivas biografías inventadas por Machado para Abel Martín y Juan de Mairena.[5] Citas incidentales del poeta se dan también, dentro de este libro, en Enrique Azcoaga (197) y Claudio Rodríguez (509).

Al llegar a la consagrada a la *Poesía amorosa* podríamos experimentar una sorpresa, que tan pronto reflexionemos sobre el hecho se disipa un tanto: es aquélla, entre estas antologías, la que contiene un mayor número de menciones de Machado. Mas sucede que, respecto a éste, una verdad de tan grueso calibre como es la de apreciarlo sobre todo en tanto que el máximo poeta temporal de nuestro siglo, ha nublado algo la atención sobre otros temas que en su obra se han ganado también una grande y sostenida significación: el del amor, uno de ellos.[4] No hay realmente un aceptable motivo para justificar este desenfoque crítico: el tiempo no es sólo en Machado lo que específicamente llamanos un *tema* poético, por más que haya meditado en verso y prosa sobre él. Se trata, más bien, de algo de mucha mayor amplitud: la última realidad humana que emerge en el momento mismo en que nuestra vida coincide con la conciencia, glosándole casi puntualmente. Dentro de esa realidad caben, pues, todas las concreciones vividas o sufridas por el hombre, y la del amor es sin duda una de las más agudas entre ellas. Tal viene a ser ratificado cuando comprobamos, en *Poesía amorosa*, el número de veces que los autores allí reunidos tienen que volverse hacia Machado al elaborar sus poéticas, y no tanto para definir el amor y su proyección en la poesía sino esa otra realidad suprema y envolvente en la que aquél se inscribe: el tiempo. De entrada, el responsable de la edición, Jacinto López Gorgé, que ya tenía en su haber otras aventuras editoriales anteriores sobre el tema, señala de nuevo como «precursores» del mismo a los tres que en rigor lo son de toda la moderna poesía española, pues los vimos ya calificados también como tales en *Poesía social*: Unamuno, Machado y Jiménez. López Gorgé hace, en relación al segundo, una precisa distinción: inicialmente habría que considerar la poesía amorosa del primer Machado, asociándola entonces a la de la misma temática en Juan Ramón, y contemplando a ambas como reflejo de la sensibilidad de la época, que se movía aún «bajo la órbita sentimental de un Becquer»; después, la poesía amorosa del Machado posterior, sobre la cual, como sobre la de Unamuno, «no ha pasado el tiempo». Su afirmación en ese sentido se amplía y se hace rotunda: «Machado y Unamuno —y no sólo en su poesía amorosa— tienen hoy más vigencia que Juan Ramón» (11).

También un ligero asombro pudiera causar que uno de los poetas que allí encontramos, Manuel Alvarez Ortega, quien pasa por paradigma de rigor esteticista en su obra (valoración en extremo opuesta a la que emplearíamos para describir a Machado) recuerde a éste en dos ocasiones a lo largo de su poética. Una, para afirmar que «Un hombre atento sólo a sí mismo y auscultándose siempre —decía Machado— termina ahogando su propia voz en los ruidos extraños» (328). Y después: «Yo sigo fiel al postulado de Machado: 'La misión del poeta es inventar nuevos poemas del eterno humano'. A este eterno humano me remito de continuo» (329). Camilo José Cela, quien más que explicar su poesía amorosa se empeña en penetrar el misterio general de lo poético, se adscribe a la repetida definición machadiana de la poesía como «palabra esencial en el tiempo» (151). Otra de las preocupaciones básicas de su pensamiento es la que sirve a José M. Caballero Bonald para su convicción de que la poesía «viene medida por el intercambiable rasero cotidiano, donde lo íntimo de cada uno puede identificarse, desede la profundidad de la conciencia, con el 'tú esencial' de que hablaba Machado» (354). Y Félix Grande encuentra los fundamentos de lo que para él es el fenómeno poético en tres juicios de Machado, sobre uno de los cuales, «*Poesía, cosa cordial*» (*CC*, CXXVIII), se detiene particularmente para subrayar el carácter de la poesía como «cosa del corazón» y, con mayor nitidez, como una forma cordial de conocimientos» (499). Es fácil observar que, en los tres últimos casos vistos y tal como se apuntó, los autores han desviado sus propósitos aclaratorios hacia una amplia indagación sobre la poesía en su sentido absoluto, el cual incluye comprensiva pero no específicamente la lírica amorosa. Análoga voluntad, aunque sin nombrar a Machado pero teniéndole textualmente en la conciencia, descubrimos en José Luis Cano cuando nos dice: «Hoy preferimos la relación radical y entrañable entre vida temporal y poesía, entre poema y tiempo» (95). En Ramón de Garciasol (110), Fernando Quiñones (448),

Leopoldo de Luis (186) y José María Fernández Nieto (163) volvemos a hallar referencias ocasionales de Antonio Machado.

Y, finalmente, en *Poesía religiosa,* de nuevo encomendada a Leopoldo de Luis, éste concede varias páginas de su introducción a analizar el particular sentimiento religioso de «ese menesteroso buscador de Dios» como le ha llamado Pedro Laín Entralgo. El antólogo acepta la verdad de esa búsqueda, testimoniada en numerosísimos pasajes del Machado primero, y de los cuales el más convincente es aquel cierre de uno de sus mas conocidos poemas:

> así voy yo, borracho melancólico,
> guitarrista, lunático, poeta,
> y pobre hombre en sueños,
> siempre buscando a Dios entre la niebla (*S,* LXXVII).

Mas insinúa que «si leemos otros poemas, acaso lleguemos a la conclusión de que la búsqueda menesterosa a través del sueño por las galerías del alma, fue resuelta y superada en los últimos años, hasta el escepticismo» (23); conclusión sobre la cual mucho podría decirse —y se ha dicho— en un sentido y en el contrario. A su vez precisa Leopoldo de Luis cómo, en cualquier caso, pudo separar Machado su íntima e incierta religiosidad (o su apetencia de fe: su amargura de *querer y no poder / creer, creer y creer!, CC,* CXXVIII), de su decidido e irónico rechazo de los externos tópicos del culto fabricados para consumo de la España inferior *de cerrado y sacristía, / devota de Frascuelo y de María* (*CC,* CXXXV), los nada equívocos versos que definen su posición crítica al respecto y que aún siguen provocando mas de un estremecimiento o irritación. A más de algunas pocas alusiones a Machado en este libro —de Juan Ruiz Peña (130), Francisco Garfias (255), Rafael Montesinos (231) y Manuel Mantero (468)— la más extensa y merecedora de ser destacada es la de Jacinto López Gorgé, basada directamente en el verso último de la estrofa arriba reproducida. Sobre su propia poesía escribe el autor al efecto: «Hay un poema de *La soledad y el recuerdo* —el único religioso de aquel primerizo libro— que ya comienza a denunciarme: 'Dios en la niebla.' 'Siempre buscando a Dios entre la niebla', como dijo Antonio Machado y yo cité al frente de mi poema» (345). Y al cabo concluye confesando que, en lo religioso, se siente más cerca de Machado que de Miguel de Unamuno. Es una observación interesante, pues en toda la posguerra la línea de más intensa y dramática religiosidad que en ella fuera hacedero rastrear (dejando aparte la de los poetas de serena o confiada creencia) se inclina más hacia lo que Dámaso Alonso ha llamado *poesía desarraigada.* Y sobre ésta, es bien conocido que gravitó más el temple de esa lírica de agónica vibración religiosa que distingue a Unamuno—lo probaría el primer Blas de Otero, por ejemplo—que la melancólica y resignada búsqueda de Machado.

Al cabo de este recorrido por las cuatro colecciones antológicas de Alfaguara es posible ratificar cuán presente estaba Antonio Machado en las profesiones poéticas de una gran proporción de los autores allí representados, y ello en las diferentes tendencias temáticas seguidas en aquellas colecciones. Debe observarse, sin embargo, que con la sola excepción de unos pocos nombres de la generación del 36 —principalmente, como se ha visto, en *Poesía cotidiana*— la mayoría de los muy abundantes poetas sobre los que ha operado nuestro escrutinio pertenecen a la primera y la segunda promoción de posguerra. Y aunque escriben sus poéticas en la segunda mitad del decenio del 60, siguen aún asidos a los generales principios poéticos de los años anteriores, en que su obra se inició y marchó hacia la plenitud: los mismos años sobre los cuales, como se anunció desde un principio, rigió con casi unánime conformidad la presencia de Machado.

***

De lo acabado de afirmar deriva la utilidad mayor de que nos provee el siguiente y último de los esfuerzos de esta índole que revisamos en el presente capítulo. Se trata de la *Antología de la nueva poesía española* (Madrid: El Bardo, 1968), cuidadosamente preparada por José Batlló. Su interés mayor proviene de haber sumado ya aquí su realizador algunas de las voces más valiosas y primeras entre los jóvenes del día: el conjunto nos ofrece así una panorámica, siquiera parcial, de esas dos promociones de la poesía española, y en el momento mismo de su eslabonamiento histórico. Por su fecha se habrá advertido que estamos ya en los inicios de esa crisis en la general estimación de que antes había gozado tan mayoritariamente Machado, y tal circunstancia aparecerá en este libro de muy concreto modo registrada. Batlló había distribuido entre sus poetas, para recoger sus respuestas y añadirlas en complemento a la selección compilada, un grupo de seis preguntas, que iban desde lo más general (los objetivos e innovaciones de «una nueva poesía española» si de ella podía hablarse bajo tal advocación) hasta la definición de la poética personal del consultado. La tercera de esas preguntas rezaba así: «A partir de la llamada generación del 98, ¿cuáles crees que han sido los escritores que más han influido en el actual panorama de la poesía española? ¿Cuáles son los que personalmente más te interesan a ti?» La interrogante, como puede apreciarse, reclamaba en su primera parte una apreciación objetiva; en la segunda, la explicitación de unas preferencias poéticas individuales.

Pues bien: positivas, en el sentido de reconocer prontamente la influencia de Machado, hubo 8, de entre los 17 poetas incluidos: las de Francisco Brines, Eladio Cabañero, Gloria Fuertes, Angel González, José Agustín Goytisolo, Félix Grande, Carlos Sahagún y Rafael Soto Vergés. Alguno, como José Angel Valente, dejó fuera la posibilidad de incluir en su opinión a Machado, tal como se desprende de su interpretación de lo cuestionado: «Excluidos por la pregunta Juan Ramón Jiménez, Unamuno y Machado, quedan los poetas del 27» (361). Pero quien lea el poema de Valente «Si supieras» (dirigido a Machado), así como otros textos poéticos y críticos suyos que rozan el tema, podría suponer que su respuesta, de haberse ampliado hasta los comienzos del siglo, hubiera sido también positiva hacia Machado. Los más de los que así contestaron, y que ya enumeramos, se limitan a la simple mención de su nombre, al lado de otros a quienes consideran también influyentes. Pero algunos lo incluyen aun dentro de sus particulares preferencias. Así, Carlos Sahagún lo sitúa entre los que «me interesan» (354) junto a Vallejo y Neruda; y Félix Grande califica altamente esa presencia machadiana al sostener que «han sido muy beneficiosos los magisterios de Antonio Machado y César Vallejo» (348). Y ya cayendo en el comentario fervorosamente entusiasta habría que resaltar el de Eladio Cabañero: «El poeta que más me importa, no *interesa* solamente, es Antonio Machado, que es de la Generación del 98» (335). Más detenido y rigurosamente crítico es lo sustentado por Angel González, y merece por ello ser reproducido en su totalidad:

> Por entonces /los tiempos primeros de la generación del veintisiete/ Antonio Machado había escrito ya gran parte de su obra, pero su influencia no se manifestó hasta muchos años después: una influencia que fue decisiva en las dos últimas décadas, y que se deriva tanto de su forma de abordar los problemas estrictamente poéticos como de su manera de interpretar la realidad y de integrarla en su obra. (343)

Es interesante hacer notar que casi todos los que señalan a Machado, añaden también a Cernuda y Vallejo: demostración del talante ético-crítico, o ampliamente existencial, predominante en grandes zonas de la poesía de posguerra, y que puede continuar hoy en natural convivencia con la postura esteticista y experimental de los más jóvenes. De otra parte, los signos de una ruptura con la genérica modulación realista de las dos primeras promociones de posguerra, aparecieron ya, más o menos claramente, en algunas respuestas. Y, lo que es de mayor interés para nuestras pesquisas, asomó también allí un definido cuestionamiento sobre el valor o sentido de la presencia de Machado en esa poesía. Tres de tales respuestas fueron dubitativas o, con más propiedad, se pretendían rectificadoras sobre lo que en sí pudo consistir aquella presencia. La de Carlos Barral: «Casi todos los poetas modernos se pretenden de la familia literaria de Machado. Yo creo que eso es más producto del exceso de admiración y que la influencia de don Antonio es menos de lo que se presume» (351). La de Joaquín Marco, más matizada:

> To'do el mundo habla de la influencia de Antonio Machado. Creo que ha influido más como prosista que como poeta; es decir, que han influido más sus ideas que sus poemas y especialmente su actitud vital, tan admirable. Sobre la poesía de la posguerra ha influido más la política que la literatura. Nuestra poesía desde 1939 era política por uno u otro lado. Que conste que ello no debe ser considerado forzosamente como negativo, pero creo que esta situación debe cambiar. (350-351)

Y la resumidora, por su carácter lapidario, de Pedro Gimferrer: «De Machado creo que influyó más su ejemplo personal que su poesía» (340). Correcto es el énfasis puesto en su ejemplaridad moral, que es lo que estos tres últimos juicios vienen en suma a subrayar. Mas innegable es también la otra ejemplaridad, la de su obra misma, aunque haya alguien que piense que ésta ha procedido más de su prosa —la cual no es en Machado sino otro modo complementario de encarar los problemas de la exploración y la expresión poéticas, cuestión que ya hemos ventilado páginas atrás. Y aun algunas de las juveniles voces disidentes, en la ocasión de su centenario, se han acercado de nuevo a la obra de Machado, y les ha sido posible —ya libres de las prisas de la hora primera— encontrar el aspecto o faz de esa obra que aún les puede interesar o que juzgan todavía de validez en nuestros años. Ya se hizo constar que de ello nos ocuparemos en su lugar oportuno.

Si en las reticencias, dudas o silencios de los jóvenes — y de algunos que ya no lo son tanto— sobre Machado se encubre la voluntad de superar su magisterio, y buscar distintos estímulos más acordes a sus nuevos derroteros artísticos, están en su pleno derecho. Y nadie podrá tildar de incorrecto lo que, en uso de tal derecho, proclamen y practiquen: ya se sabe que la historia del arte y de las letras está tejida a base de estas superaciones y sustituciones. Más cuestionable es que se niegue de plano la acción que aquel gran poeta —quien no fue sólo el autor de *Campos de Castilla* y del borrador del famoso discurso— ejerció de hecho durante la nada breve etapa que a esos jóvenes les precede; aunque también les sea legítimo, si la admiten, pronunciarse sobre el carácter benéfico o no de esa acción. Algunas de las mismas puntualizaciones nuestras que hemos ya adelantado en el capítulo anterior, y que no quedaron aún completas allí, van por el camino supuestamente bien intencionado de evitar la ciega y nunca fecunda adhesión del beato.

Mas habrá de tenerse siempre en cuenta que, cuando a partir de Machado se hubiere producido—y de hecho se produjo—algún descarrío poético, la causa habrá que buscarla mayormente en los nada estimulantes condicionamentos históricos que precipitaron unas coordenadas expresivas de índole estéticamente perturbadora. O también, y de modo paralelo, en la poca suerte de los discípulos para descubrir en el maestro lo que hubieran podido ser sus mejores enseñanzas, sospecha que no supone de nuestra parte una sugerencia de que en los seguidores mayores de Machado del período no se encuentren auténticos y excelentes poetas. La historia —a veces en la más peligrosa de sus formas: la historia política— se alza con frecuencia en el camino de la poesía, y tiende a desviar a esta sin que ello pueda evitarse. A desviarla y aun a empobrecerla artísticamente: nunca a degradarla. Cuando ocurre esta coincidencia, hay que levantar una firma pero serena voz admonitoria contra esos posibles peligros y evitar su mecanización. Todo se puede y se debe hacer en tal sentido, menos pronunciarse con ligereza o gesto agrio sobre aquéllos que, en la honestidad inquebrantable de su conciencia, decidieron ser fieles, de una manera inmediata, a su responsabilidad ante la historia— para lo cual incidieron en una urgente pero frágil simbiosis de poesía y política que, a su pesar naturalmente, ni a una ni a otra de hecho beneficiara. Y esta misma advertencia debe aplicarse también al juicio lúcido que aun se quiera verter—y es justo que se haga así—sobre ciertas zonas de la obra misma de Machado. Se trata de corregir la pasión, sin detrimento del rigor crítico, en favor siempre de la verdad tanto como de la comprensión.

NOTAS

1.   Para abreviar, cuando citamos de estas varias antologías, indicamos, después de lo reproducido, la página correspondiente en aquel específico volumen que en ese momento estamos examinando.

2.   Véanse los ensayos iniciales de José Luis Aranguren en su libro *Crítica y meditación* (Madrid: Taurus, 1957).

3.   Sobejano, «La verdad en la poesía de Machado», p. 48.

4.   Entre los estudios críticos que dedican al tema del amor en la obra machadiana una atención suficiente, destaca el casi pionero de Ramón de Zubiría, *La poesía de Antonio Machado* (Madrid: Gredos, 1955); y el de J. M. Aguirre, *Antonio Machado, poeta simbolista,* especialmente en su sustanciosa segunda parte, «El canto de amor y muerte de Antonio Machado.»

IV

EL TIEMPO: CENTRO DE COHESION EN LA OBRA DE MACHADO Y EN LA POESIA DE POSGUERRA

Las consideraciones que darán base a este capítulo proceden, en principio, de ciertas experiencias críticas personales que conformaron un libro anterior mío. Las actualizo y amplío ahora, con vistas a nuestro tema de hoy, pues creo que lo allí dicho muy en síntesis conserva su posible verdad, y nos ayuda a trazar un arco preciso—en el que quedan integrados los varios matices posibles—entre Antonio Machado y la poesía de posguerra.

Hacia principios de los años 60 preparaba yo una serie de estudios sobre la presencia central del tiempo en la obra de algunos poetas españoles, todos ellos vivos en aquel momento, y los cuales pertenecían, con la excepción de la del 36, a las varias generaciones que entonces y aún coexisten en la lírica peninsular: Vicente Aleixandre y Luis Cernuda, de la del 27; José Hierro y Carlos Bousoño, de la primera promoción de posguerra; y Francisco Brines, de la más joven en dicho momento. Los tomaba como casos muy representativos de una conciencia poética enérgicamente temporalista, si bien con singularísimas motivaciones y modalidades expresivas en cada uno de ellos. Pero era bien resaltante el hecho de que en tal camino no estaban solos: que a los demás poetas que les acompañaban en aquella etapa histórica se les sentía animados por un móvil análogo; y que los resultados, todo lo estilísticamente diferenciables con que en realidad se ofrecían, arrojaban una común y bien marcada sugestión temporal. Al descubrir tal coherente panorama, irrebatible en 1963—fecha en que escribí el prólogo o introducción del libro que iba a contener tales estudios— se me impuso recorrer críticamente esa dominante preocupación sobre el tiempo a todo lo largo de la lírica española moderna, desde los mismos comienzos del siglo. Me propuse en dicha introducción, pues, retrotraerme hasta las raíces anteriores de lo observado, rastrear sus momentos de intensificación y también de crisis, y explicarme los condicionamientos históricos que lo habían hecho casi fatal en los dos decenios primeros de la posguerra, que era el período en que se iba a concentrar mi libro.[1]

A una conclusión había llegado ya, aún antes de redactar las citadas páginas prologales: que la conciencia y el sentimiento del tiempo, al devenir poesía, habían tomado, en los años posteriores a la guerra civil, tres cauces a la vez diversos, interrelacionados y paralelos. Y que éstos exhibían una gradación donde se iba desde lo personalmente vivido por el poeta en su existencia propia, hasta la asunción crítica del tiempo histórico-social en que estaban situados, y, en última instancia, favorecían una meditación más objetiva y universal en torno a la raíz de esa comprensiva inquietud, o sea sobre el tiempo mismo. Pero al proyectar mi mirada hacia atrás, y detenerme en los poetas surgidos en los años del modernismo (o del 98 para entendernos, aunque no crea demasiado válida esta etiqueta a los efectos de una estricta catalogación estético-literaria), me tuve que encontrar allí con una obra que comprendía, y en un grado mucho mayor al de un simple esbozo o germen potenciador, esas tres vías; las cuales, mucho después, al integrarse de nuevo entre sí, irían a definir también el centro de cohesión espiritual de toda la poesía de posguerra. Tal obra, ya se habrá advertido, era la de Antonio Machado.

Sobre éste y su interés en el tiempo se ha escrito mucho y muy clarificadoramente.[2] Sabido es que en él, además de la profunda impresión de temporalidad «esencializada» que emana de sus versos, se añade un continuo asedio teórico sobre el fundamento temporal de la poesía, desplegado en prólogos, poéticas y artículos y, de modo ya más sistemático, en las disquisiciones atribuidas a sus heterónimos (principalmente en las de Juan de Mairena). No habrá que volver ahora sobre éstas, porque algo se ha adelantado ya por su inevitabilidad y también porque la bibliografía sobre este asunto es, como se ha visto, muy abundante. Más útil será observar y delimitar —global y aproximadamente— lo que en ese sentido hizo desde su obra misma. Y lo que hizo, para resumirlo de modo previo, fue expresarse siempre desde una agudísima vivencia del tiempo, en sus diferentes canalizaciones, y tanto en su poesía en verso como en su labor en prosa. Veamos someramente, aun a riesgo de fraccionar algo que en sí no es reducible a una tan nítida diferenciación, ese triple encauzamiento de la vivencia temporal —interior o existencial, histórica y especulativa— que su obra total descubre.

Cantó Machado primero—aunque sin considerar excluyente esta prioridad cronológica, como diré muy pronto— las incidencias del personal tiempo humano, del vivido y el soñado, del real y el apócrifo, en equiparación de lo actual y lo mítico que es una de las riquezas mayores de su poesía intimista. Es lo prevalente en sus primeras *Soledades* de 1902, y en el definitivo libro *Soledades. Galerías. Otros poemas,* de 1907. Tal voluntad no muere por cierto aquí; y reaparecerá todavía—y sin que la enumeración sea exhaustiva—en numerosos poemas amorosos y elegíacos de la segunda edición de su libro más «objetivo» (*Campos de Castilla*), en «Los sueños dialogados» de *Nuevas canciones* y en otros apartados de esta colección, en las canciones a Guiomar, y en los poemas más intensos que, bajo la máscara de Juan de Mairena (de modo particular en aquéllos cuya anécdota descansa en la muerte de Abel Martín) escribirá mucho después, y casi como el testamento lírico de su intimidad. Ello equivale a afirmar que esta disposición, la de atender siempre a las pulsaciones de su tiempo interior, no desaparecerá nunca de modo total en su poesía, por más que cierto sector interesado de la crítica sobre Machado haya tratado de presentarlo así.

No menos verdadero es, sin embargo, que muy pronto se descubre en él la necesidad de reconocer y rebasar su subjetivismo inicial, cuando siente a éste abocado a la posibilidad de precipitarse en un radical solipsismo.[3] Y al lanzarse en la búsqueda del *tú esencial,* encontró una forma de esa alteridad posible en la dolorosa realidad colectiva de su tierra, de su entorno histórico y social: España, con sus yermos paisajes castellanos, su agria melancolía, sus «ciudades decrépitas» y, sobre todo, con la problematica crítico-moral de una inercia y un vacío históricos que la habían lentamente depauperado y carcomido. No como Unamuno en su poesía, exaltador de lo intemporal y eterno de su «España de ensueño», a Machado sólo le es factible diagnosticar esas candentes y amargas realidades como concreciones factuales del tiempo, y en el inexorable encadenamiento que liga sin rupturas el presente al pasado, y proyecta aquél hacia el futuro. Es la revelación nueva de *Campos de Castilla,* donde ya hay incluso poemas cuyos títulos mismos sugieren ese prima temporal desde donde miraba a su España de entonces. Títulos como «Del pasado efímero», «El mañana efímero», «Una España joven», y los cuales han permitido crear la aceptada imagen del poeta —en esta zona de su obra— en calidad de un «rezagado del 98» (bien, como ello se verá en este mismo capítulo, le corresponda mejor a Machado otra valoración: la del superador del 98).[4] Tampoco termina en *Campos de Castilla* esta preocupación españolista, regida por un designio ético de implicaciones solidarias: por el contrario, irá creciendo y perfilándose de más comprometida y «realista» manera en los textos en prosa de Juan de Mairena escritos antes y durante la guerra civil, y aun en algunas poesías de esos años.

Y, por fin, miró ya más reflexivamente hacia el sentido útlimo del tiempo, o, mejor, de la realidad temporal: ese proceso, siempre inescrutable para el hombre, que induce a éste a la observación escrupulosa e inquieta de cómo en la supuesta rotundidad del ser el tiempo va abriendo fisuras cada vez mayores. Y ello hasta configurar un hueco absorbente y triunfante: el «gran cero integral» de la nada, al cual el mismo Abel Martín oponía, en inversión positiva, la voluntad de borrar esas formas del cero para hacer brotar de su venero *las vivas aguas del ser* (Recuérdense los poemas «Al gran cero» y «Al gran pleno o conciencia integral» del *Cancionero apócrifo*, CLXVII).[5] Desde luego que intuiciones de esta naturaleza subyacían ya en los poemas más penetradores de *Soledades:* intimismo y metafísica no están reñidos en Machado sino que se vivifican mutuamente; y ni de uno ni de la otra se librará jamás por entero, a pesar de lo alguna vez afirmado en contra de esta verdad. Pero esa volición meditativa sobre la realidad sometida al tiempo, naturalmente cargada de filosofismo en su raíz, va llenando de modo progresivo los textos más breves y sentenciosos que, aunque aparecidos ya en *Campos de Castilla*, encontraremos de modo más abundante y frecuente en *Nuevas canciones* («Proverbios y cantares», «De mi cartera», etc.), así como en posteriores poemas más reflexivos y en grandes tramos de la prosa de Martín y Mairena. La vena estrictamente intimista parecería entonces debilitada. Lo que de cierto ha ocurrido es que su palabra se adensa ahora de mayor pensamiento, mas ello no supone el dejar de expresar urgencias muy vivas de un yo —personal y universal a la vez— que se sabe en precario estado de asalto y destrucción por un enemigo invasor y poderoso: el tiempo mismo.

La distribución anterior reproduce, en sus líneas generales, las tres —o cuatro— etapas o fases comúnmente señaladas por los estudiosos de la obra machadiana. No es posible negar que, aun tratando de evitar el acotamiento de zonas cerradas y compactas dentro de esa obra, en nuestro ordenaniento anterior se ha podido apuntar sólo de pasada algunas de las muchas recurrencias—a veces inesperadas—que obstaculizan una inexistente demarcación cronológica absoluta entre aquellas vetas del pensamiento poético-temporal de Machado. Asentada esta salvedad, lo que más interesa es retener en la memoria esas tres modulaciones anotadas: el tiempo interior, el tiempo histórico y la reflexión sobre el tiempo. Y es que habremos de verlas muy en seguida, ya al entrar en la poesía de posguerra, reproducidas, amplificadas—y aun a veces parcializadas muy extremosamente—según las más imperiosas posibilidades y necesidades de cada momento o autor. Pues lo que ahora pasamos a examinar es ya la relación entre esas actitudes de Machado ante el tiempo (más que de los connaturales acentos expresivos, aunque de modo ocasional esto también pueda surgir) y los correspondientes poetas del período posbélico que en cada una de aquellas vertientes le podemos aproximar. De otro modo: intentaremos comprobar cómo de hecho se corporiza en éstos, y con renovada vigencia, lo que en Antonio Machado vemos desde nuestro hoy como puertas de acceso a una lírica de impregnación definitiva y comprensivamente temporalista. Se notará así, en las indagaciones que siguen, que no nos preocupa de manera rigurosa la sucesión cronológica en que, por generación o edad, habrían de ser situados los poetas cuyos textos se someten al análisis. Nos apoyaremos en ellos, exclusivamente, por la oportunidad de sus analogías con las diversas motivaciones temporales vistas en Machado y que, en ese mismo orden, trataremos ahora de esclarecer.

El tiempo interior

Dígase de entrada, y ya colocados en la posguerra, que no vamos a alinear a las poetas como cultivadores en sentido excluyente de cada una de esas motivaciones indicadas; puesto que a veces uno solo de ellos, y aun dentro de un mismo libro, puede pasar sin esfuerzo de una a otra de las tres actitudes que vamos describiendo. En consecuencia; sería más certero decir que distinguimos, ante todo, *poemas* donde el autor parece limitarse a contemplar el paso del tiempo, la temporalidad, a través de su propia existencia personal. Es el momento en que el poeta siente que el vivir del hombre—aunque comparta experiencias históricas o epocales, y aun metafísicamente universales, y así incluso lo declare—es, sobre otra cosa, *su* vivir. No puede entonces hablar sino desde el *yo*, percibiendo que el tiempo es una dimensión fantasmagorizadora que lo desvanece; y su inestable presente se le aparece entonces mecido entre el ayer irrecuperable y un futuro que, si asoma, será por modo igual como sombra y evanescencia. El pasado se le hace así, aún con toda la pérdida que entraña, la única forma (engañosa) de eternidad; y su palabra se modulará por tanto con un tono naturalmente elegíaco y melancólico. En esos instantes, el Machado hacia el que se volverán será el *intimista*, aunque no sea hacedero vincularles de manera absoluta con el autor de la desanecdotizada poesía de las *Soledades.* No se olvide cómo el propio Machado se jactaba —cosa poco frecuente en él, lo cual ya ha advertido más de un crítico— de haber conseguido allí el primer libro moderno de la lírica española donde había quedado totalmente desterrada la anécdota, la historia: libro en que principalmente se «contaba la melodía» de esa historia, algo más hondamente lírico que relatar de modo más o menos veraz los sucesos en rigor vividos. De otra manera: una poesía que, como en el canto de los niños, *borrada la historia / contaba la pena (S, VIII).*

Y es que, de la otra parte, los tiempos de la posguerra están marcados por una fuerte impronta existencial: el hombre delimitado por unas circunstancias, el hombre *situado.* Difícil les sería a estos poetas, en su faena creadora, sustraerse con toda radicalidad de tal imposición: despojar al poema de una viva inmediatez referencial, aislar de un modo plenamente lírico a la entidad vagarosa—romántico-simbolista al cabo—de un *yo* a medio camino entre el sueño y la realidad. Sin embargo, tampoco iba por aquí, aun en esta dimensión interior de Machado, su enseñanza más positiva. Se afirmó antes que mirada introspectiva y vislumbre metafísica se hermanan estrechamente ya en esta poesía primera de Machado, sin todavía inclinarse a esa auto-objetivación reflexiva a que llegará en años posteriores. Tal reflexión va aún ligada indisolublemente a la persona que medita; pero aquella misma proyección metafísica, por lo que de universal tiene, le trasciende como individuo y abraza así a la pluralidad humana general, que incluye por tanto al *tú,* al *nosotros,* al todos los hombres que cada hombre es. Machado condensó el alcance metafísico supremo que encubre la problematicidad del ser acosado por la muerte —y el sentimiento correspondiente tiene un nombre: la angustia— en aquel poema que comienza con el verso ¿*Y ha de morir contigo el mundo mago...* (S, LXX-VIII) donde, según Francisco Ayala, «culmina la excelencia poética» del autor. Ayala aclara la razón de su juicio: «De la experiencia humana lo más profundo, lo más valioso, será sin duda aquello que conduzca al enfrentamiento con las cuestiones últimas del ser, a la meditación metafísica. Cuando ésta alcanza expresión lírica *[....],* entonces nos aproximamos al ápice de la poesía.» Y considera que Machado se acerca a él en sus mejores momentos y que, entre estos, hay que colocar a dicho poema.[6] Su análisis del mismo concluye concentrándose en las dos preguntas breves de su estrofa final: preguntas sobre el ser, sobre el sentido de la existencia:

> ¿Y ha de morir contigo el mundo tuyo,
> la vida vieja en orden tuyo y nuevo?
> ¿Los yunques y crisoles de tu alma
> trabajan para el polvo y para el viento?

Esta interrogante tremenda, serenada a pesar de ello por la tersa aunque siempre emocionada sobriedad de su dicción, sostiene grandes áreas de la labor de José Hierro, como primer ejemplo. No sabríamos cuáles poemas escoger, dentro de su obra, como más meridianamente reveladores en tal dirección de una espiritual afinidad machadiana, de este Machado a quien vemos vinculando a su *yo* inquietudes y temores de validez universal.

Tomaremos sólo dos de ellos. Uno sea «Cumbre», del primer libro de Hierro: *Tierra sin nosotros* (1947). Y recordemos de Machado el titulado «Otra clima», último de la serie póstuma dedicada a Abel Martín, donde también el autor hace escalar a su protagonista la cima de una cumbre, desde la cual ve aquél *un nihil de fuego escrito* (*CA*, CLXXVI), que, por otra parte, puede admitir una distinta interpretación a la de la absoluta nada metafísica. [7]. El poeta de *Tierra sin nosotros,* ascenderá también su cumbre, para desde ella imprecar igualmente por el sentido de su existencia temporal, vuelta ceniza, nada: *Señor, Señor, Señor: todo lo mismo. / Pero, ¿qué has hecho de mi tiempo?* Esto, para rubricar el poema. Pero ya antes había enunciado la única suerte de continuidad alcanzable por el hombre: *Haces eternidad de mi pasado*, personal modo suyo de dar forma al *Hoy es siempre todavía* que Machado repitiera varias veces en su obra, unas veces aislado en «proverbio» de verso único (*NC,* CLXI, viii), y otras en respuesta o solución conectada a un breve desarrollo anterior. El ayer implicado en el «todavía», y hecho definitiva presencia, porque ocurre «siempre» y así se proyecta al futuro, revela una intuición análoga a esa *eternidad del pasado* de Hierro en su poema «Cumbre.»

Machado nos devela la angustia ante la nada y, a un tiempo y de secreto modo, destila el consuelo—¿o la nostalgia?—de alguna forma de resistente permanencia. Así, bajo la acción de algo que en nuestras almas *por misteriosa mano se gobierna*, en «Renacimiento» (*S,* LXXVII), a pesar de que *incomprensibles, mudas, / nada sabemos de las almas nuestras,* se proclama la esperanza de una alegría de vida nueva, de volver a nacer, de poder perpetuar. Sin que sean necesarias las palabras, por recodos de *sueños, recuerdos* y *misterio* —voces que son clave en los dos textos de Machado y de Hierro que ahora parangonamos— puede tejerse un profundo y oculto hilo de comunión y de continuidad que actúe como exorcismo contra la mudez y la finitud a que en su último reducto está el hombre condenado. Al escribir el siguiente poema, «Aunque el tiempo me borre de vosotros», de su libro *Alegría* (1947), Hierro aún recuerda que sentía percibir, y también de misterioso modo, el fluir lejano de la voz interior de Machado como «renaciendo» de nuevo en sus versos:

> Aunque el tiempo me borre de vosotros
> mi juventud dará la muerte al tiempo.
>
> Y entonces, sin hablarme, sin hablarnos,
> qué claramente nos comprenderemos,
> y qué hermoso vivir entre vosotros
> soñando vuestros sueños.

Pasaréis ante el árbol, en el río
mojaréis vuestro cuerpo
y os colmará una vieja y honda gracia,
un remoto misterio,
como si el árbol o como si el agua
flotasen antes en vuestro recuerdo,
como si alguien hubiese antes vivido
la vida que lleváis en vuestros cuerpos.

Así compartiremos nuestros mundos
en el fondo de vuestros pensamientos.

Unas veces será, como en el texto anterior de Hierro, el anhelo de continuidad dentro de un plural *vosotros* que se hace por ello un *nosotros* abiertamente compartido. En otras ocasiones, es el personal e intransferible rescate de su propio vivir perdido lo que el poeta pretenda, siguiendo en esto también a Machado. Fijar el tiempo («eternizarlo», como alguna vez dijo que podría afirmarse «con toda pompa») mediante la palabra poética: tal empeño señala la dialéctica entre los dos imperativos, temporalidad y esencialidad, que se reúnen y concilian en su ya clásica concepción de la poesía, y que no le es ciertamente privativa. Se trata de recobrar así, por el ejercicio de esa palabra, el tiempo vivido y desvanecido. Y *El tiempo recobrado* (1950) es el libro tal vez más machadiano, desde su título mismo, de la entrañada y serena poesía de Ildefonso-Manuel Gil. El poema que lo introduce, en calidad de «Prólogo» y destacado con letra cursiva como índice del carácter resumidor que se le otorga en tanto que expresión de la poética y la cosmovisión de todo el conjunto, despliega un imaginativo encuentro del autor, ya en su madurez, con la presencia inesperada de la infancia, personificada ésta es *una extranjera* que inquieta a aquél *por su vago parecido / con no se quién que alienta en mi recuerdo*. La pieza recoge un diálogo entre esa extraña—su niñez—, que le saluda con su nombre familiar, y la realidad actual del poeta. El encuentro y su desarrollo evocan, en dicha pieza de Gil, aquella misma circustancia que, con mayor esquematismo, preside dos de los poemas más emocionantes del Machado apócrifo. «Ultimas lamentaciones de Abel Martín» *(CA, CLXIX)* comienza con un escueto coloquio entre el poeta ya viejo y aquel «galgo de ayer»: cuerpo juvenil que, coincidiendo con la llegada de la primavera, le sorprende y le hace soñar nuevas *galerías,* a la vez que le trae *la mágica angustia de la infancia.* Y «Muerte de Abel Martín» (*CA,* CLXXV), reproduce esa misma superposición de tiempos, más impersonal pero no menos expresivamente:

En su rincón, Martín el solitario.
¡La tarde, casi noche, polvorienta,
la algazara infantil, y el vocerío,
a la par, de sus doce en sus cincuenta!

Gil, en su poema, incorpora su fabulada conversación con palabras
—y conceptos— que no disimulan su claro linaje machadiano. En labios
del hombre ya hecho se ponen frases que así lo evidencian: *Estoy soñando y
solo, / buscando, entre verdades y quimeras...* Y más adelante: *Estoy cansado y triste...* ¿Habrá que recordar ahora el *voy caminando solo / triste,
cansado, pensativo y viejo* del Machado también maduro de *Campos de
Castilla* (CXXI)? Y la respuesta de la infancia, en el texto de Gil, es una
llamada al ejercicio del *recuerdo* y el *sueño,* que Machado sintiera como sus
únicos instrumentos de reconquistar la vida, aun la no experimentada: bien
las alegrías lejanas de *Tarde tranquila...* (LXXIV); bien, ya en la mitad de la
vida, la «juventud nunca vivida» de *La primavera besaba...* (LXXXV),
ambos de *Soledades.* Hay la misma melancólica—pero no
negativa—resignación en las palabras finales que Gil pone en boca de la
personificada niñez, quien, también hacia la mitad de su vida, le calma y la
conmina a esa recuperación de su existencia que podrán obrar aquellos
milagrosos instrumentos. Todo ello ceñido, particularmente, en el verso
último de Gil de los que aquí se leerán:

—Nada vine a buscar, yo ya sabía
cómo te encontraría
a la orilla del tiempo. Nadie alcanza
en su vuelo incesante la esperanza.
Sueña con tus recuerdos lo vivido...

Antonio Sánchez Barbudo ha explicado con lucidez la profunda identificación que en Machado se daba entre poesía *temporal* y poesía *emocional.* Bastaría recordar lo por éste escrito en su poética de 1931, donde
hace girar muy escrupulosamente toda la variadísima gama de los más intensos sentimientos humanos en torno a la intuición del tiempo. Más aún,
los ve como manifestaciones de ella: «Inquietud, angustia, temores,
resignación, esperanza, impaciencia que el poeta canta, son signos del tiempo, y al par, revelaciones del ser en la conciencia humana» (50). Signos del
tiempo y revelaciones del ser: Machado une en esta afirmación, otra vez,
aquellas dos imposiciones recién aludidas, la de la temporalidad y la de la
esencialidad, cuya relación viene a sintetizar «el gran problema» de toda la
poesía moderna que arranca de Edgar A. Poe, según reconoce en ese

mismo texto suyo enviado a la antología de Gerardo Diego. Por ello le es
posible escribir a Sánchez Barbudo:

> No puede caber duda de que Machado, en sus últimos
> años, pensaba que la intuición de la nada, y la consiguiente
> emoción ante el paso del tiempo, era lo que determinaba la
> poesía(...)

> Hay «temporalidad» en los poemas de Machado no como
> pudiera creerse, y el propio Machado parece indicar, sólo por-
> que se aluda en ella al paso del tiempo; ni tampoco por el
> carácter rítmico, melódico, de sus mejores versos(...)

> Temporalidad es emotividad. Poesía temporal quiere
> decir en Machado en último término poesía emotiva. Poesía
> escrita con una emoción cuya raíz se halla en el sentimiento del
> tiempo o, si se prefiere, de la nada. [8]

Y cuando se empeña en contarnos (con mayor o menor sostén
anecdótico) su historia personal, la por él vivida o la soñada, y la
domeñada angustia a que ello conducía, cedía continuamente a la antigua
metáfora emocional del corazón. Asomarse al tiempo, a su tiempo, era sólo
posible si antes quedaba desvelado el mirador hacia los sentimientos que el
corazón ofrece. Una vez lo grabó casi con didáctica precisión:

> Se abrió la puerta que tiene
> gonces en el corazón,
> y otra vez la galería
> de mi historia apareció (*NC*, CLVIII, iii)

Al llegar a este punto, y por inevitable asociación, se nos acerca otro
poeta actual, Francisco Brines, en quien se da en un mismo acorde una alta
conciencia temporalista y un acento tembloroamente emocionado, unido
ello muy expresamente al mundo del corazón. El largo poema «El barranco
de los pájaros», de su libro *Las brasas* (1960), nos presenta en su fragmento
final la imagen de un hombre viejo, fatigado y solo; el típico hombre que
tenazmente se pasea, representándolo, por tantos versos de Machado.
Todos los datos que de él se nos dan aluden, en el poema de Brines, a su
apariencia exterior y al escenario de la propicia y *honda noche* que le
acomoda. La única referencia al dolor de su vida, de su tiempo, apunta sin
embargo ya abiertamente al órgano poético de la emoción:

> y el anciano
> se toca al corazón, y allí le duele
> mucho...

Los «Poemas de la vida vieja», sección inicial de dicho libro de Brines, incorporan y mantienen como protagonista poemático a ese mismo hombre cansado y viejo que, con talante también sereno, rememora las incidencias espirituales más que las aventuras externas del paso del tiempo en su existir. Apenas falta en ningún poema la imagen del corazón; ni las constantes referencias a la vejez, tristeza, fatiga y soledad de ese personaje, a su lento andar, a su *meditación inútil*, a su *rito / de desmontar el tiempo cada día:* rito que condensaría, como es posible pensarlo ante Machado, su invocación—su necesidad—de la poesía. Puede hasta imaginarse que el arquetipo seguido por Brines para dar cuerpo a este protagonista objetivador de sus poemas le vino ofrecida por aquel hombre *solo, triste, cansado, pensativo* y *viejo* de Machado, que recordamos à otro propósito sólo unas páginas atrás.

Se trataba, como allí se indicó, del hombre de *Campos de Castilla,* pero en su versión más compleja de 1917, en el que su autor evoca en sueños las tierras altas del Duero y su juventud ya abolida. Vale decir: la misma disposición de cronología espiritual concebida por Brines, con precoz sabiduría, para el personaje poemático de su juvenil libro *Las brasas.* No terminaría aquí la sutil sombra machadiana que es posible rastrear en la poesía de aquél. En otro libro posterior suyo, *Palabras a la oscuridad* (1966), hay un hermoso poema donde todo el léxico, la atmósfera de la tarde en que se inscribe y hasta el ritmo lento de su andadura, nos remiten al acento más puro de *Soledades.* Ni se regatea aun la indicación precisa que inclina hacia el corazón todo el movimiento emocional de la meditación y del poema. Es el titulado «Otro vivir», del que se transcriben las estrofas primeras y últimas:

> Lento voy con la tarde
> meditando un recuerdo
> de mi vida, ya sólo
> y para siempre mío.

> Y en el ciprés, que es muerte,
> reclino el cuerpo, miro
> la superficie blanca
> de los muros, y sueño.

....

En la pared anida
la tarde oscura. Nada
visible late, rueda.
Callan el mar y el campo.

Muy despacio se mueve
el corazón, señala
las horas de la noche.
Lucen altas estrellas.

Vive por él un muerto
que ya no tiene rostro;
bajo la tierra yace,
como el vivo, esperando.

En *Aún no* (1971), libro que sigue al último mencionado de los suyos, Francisco Brines accede a una poesía reflexiva de tono «más seco y definitorio», como él mismo ha señalado. Uno de los más punzantes poemas de este libro, «Métodos de conocimiento», concluye con unos versos que nos traen la inminente evocación del estremedor final de «Muerte de Abel Martín», hasta el punto que pareciera innecesario reproducirlo. Pero con el propósito de que quede más explícita la cercanía, recordemos cómo destacaba allí Machado el sorbo último de la nada en calidad de acto supremo y culminador de la existencia:

Ciego, pidió la luz que no veía.
Luego llevó, sereno,
el limpio vaso, hasta su boca fría,
de pura sombra — ¡oh pura sombra!— lleno.

Machado alude a esa nada aún simbólicamente, en términos de *sombra,* pura y rebosante. El nihilismo más radical de Brines no teme a su directa invocación nominal, ni escatima su admiración hacia quien a la nada se encamina voluntariamente. La relación de ambos finales de poema —en intuición y aun en modalidad léxica— es, sin embargo, evidente. Este es el de Brines:

Fijé mis ojos lúcidos
en quien supo escoger con tino más certero:

aquel que en un rincón, dando a todos la espalda,
llevó a sus frescos labios
una taza de barro con veneno.
                              Y brindando a la nada
se apresuró en las sombras.

¿Quién ha punzado el corazón del tiempo?, se preguntaba Machado en sus «Galerías» de *Nuevas canciones* (CLVI). Ese punzar y pulsar el tiempo, o más bien la temporalidad, y hacerlo apoyado de la mano segura y oportuna del propio Machado, alcanza una de sus más fieles expresiones poéticas en un texto de Félix Grande incluido en su libro *Música amenazada* (1966). Como título lleva sencillamente un verso de aquél: *Hoy buscarás en vano..* de un breve poema de *Soledades* (LXIX). Y su dístico inicial (*Hoy buscarás en vano / a tu dolor consuelo*) se repite como tema en cinco ocasiones. Lo demás, el desarrollo poemático en sí, ni parco ni extenso, va en amplios paréntesis continuados que encierran la reflexión cruda y sincera del poeta sobre el vivir, y su saldo de oscuridad, vergüenza y angustia; y tal reflexión se declara como explícitamente nacida de *aquellos magos versos* evocados. Se trata, otra vez, de un poema que nos devuelve el recuento personal de un hombre situado en el mundo. El lenguaje es ya el distintivo de Félix Grande; pero en la elaboración de ese recuento se apela a vivencias muy cercanas a las del gran poeta:

(Te ha rodeado la vida,
o la muerte, o el tiempo...
...y estás inerme, estás perdido, estás sumado;
encanecido; viejo.)

                    ******

—Te hiere ya el amor como te hiere el tiempo—.

                    ******

ya el labio inferior tienes sumegido en la nada,
ya el olvido se acerca descomunal y lento
como una densa niebla...

Y los versos últimos asimilan, de manera entrañable, palabras y sentimientos de Machado, a aquello que el poeta de hoy extrae libremente de su dura experiencia personal:

Hoy buscarás en vano consuelo a tu dolor
y a tu vergüenza. Hoy tienes cerrado ya el silencio...

No extrañará que procedamos ahora, dentro de esta modalidad del tiempo asumido y expresado como realidad básicamente interior, a la inclusión de poemas que tienden a Machado por la vía de un paisajismo íntimo o espiritualizado. Ya sabemos que es casi imposible dar conformación verbal a la fluencia lírica en su estado de absoluta pureza, y que el poeta necesita de recursos más o menos visibles de objetivación para tal fin. Uno de esos recursos es el empleo del paisaje como «estado de alma», que nos retrotrae a la larga y rica tradición de la poesía romántico-simbolista. En el Machado de *Soledades. Galerías. Otros poemas* apuntan ya algunos momentos de esa fusión cordial de alma y paisaje. Hay allí, incluso, esbozos paisajistas que resultan sólo de una combinatoria virtual ejercida por la imaginación o la fantasía: en tales casos se trata, con justicia, de paisajes «literarios», y no son éstos los que nos interesa recordar ahora. En otros, y ellos sí son los que nos importan, los elementos de la naturaleza alcanzan una entidad más fuerte o real; y, siendo esto cierto, tales elementos son sentidos a la vez como correlatos simbólicos de sentimientos muy íntimos, o al menos muy trasvasados por esos sentimientos. Vuelven a darse, ya de manera más resaltada, en *Campos de Castilla,* hasta llegar en este libro, con la mirada cada vez más abierta sobre la realidad exterior, al concreto y característico paisaje castellano de Machado, histórico y genéricamente humanizado, que le acompañará en esa otra más amplia preocupación que es España y su destino (pero aquí caemos ya también en algo distinto, y por ello se verá aparte e inmediatamente después). Con razón observa Azorín la identificación sustancial que entre el paisaje tangible y el espíritu del poeta se produce de modo ejemplar en Machado: «Se ha dicho que todo paisaje es un estado de alma y a esta objetivación del lírico se alude en dicha frase. Al grado máximo de esta objetivación llega Antonio Machado en sus poemas.»[9]

En esta dirección se le encuentran aproximaciones también en los poetas de la etapa que venimos recorriendo. Sin embargo, ninguno dentro de ellos, en tal aspecto, más notable que el Leopoldo Panero de los «Versos al Guadarrama», compuestos entre 1930 y 1939. Su autor mismo confiesa que en esos poemas se siente la presencia de Machado «casi en bulto de alma», y no esconde la honda emoción temporal con que recrea el querido paisaje, vinculado por él elegíacamente a «una juvenil experiencia amorosa idealizada por el recuerdo y el dolor.»[10] Entrañamiento del paisaje y el espíritu, pues, y en función expresiva de una vivencia de tiempo personal: evocación, desesperanza, introspección elegíaca ante un amor perdido.

Todo ello se da, como en síntesis, en el poema titulado «Camino del Guadarrama», que fue el primero de los leídos por Panero en la conferencia referida y como ilustración precisamente de esa presencia machadiana que él mismo advertía en todos los agrupados en dicha serie. Celia Zapata, que lo ha estudiado particularmente, hace notar las máximas virtudes de este poema, con palabras que parecerían describir los mejores momentos del paisajismo interior de Machado. Tales virtudes residirían, según aquélla, en «la fluida compenetración de sentimiento corporeizado en la imagen del paisaje, y la correspondencia entre el dinamismo propio del paisaje, la marcha del caminante y el andar interior de los recuerdos.»" El deliberado tono popular, buscado ya en principio desde la forma misma —se trata, en rigor, de un romance estrófico, fragmentado en cuartetas—, ciertos rasgos léxicos prontamente identificables, y esa penetrante sugestión de un movimiento como soñado (*camino largo del sueño*) le rodean de un casi palpable aire machadiano. Y la profunda emoción temporal de un doloroso pasado consumado se define y concentra en los afilados pretéritos de la quinta estrofilla. He aquí el poema:

CAMINO DEL GUADARRAMA

Camino del Guadarrama,
nieve fina de febrero,
y a la orilla de la tarde
el pino verde en el viento.

¡Nieve delgada del monte,
rodeada en los ventisqueros;
mi amiga, mi dulce amiga,
te ve con sus ojos negros!

Te ve con sus ojos claros;
te ve como yo te veo,
camino del Guadarrama,
siempre tan cerca y tan lejos.

Camino del Guadarrama,
la flor azul del romero,
y en la penumbra del bosque
las aguas claras corriendo.

¡Las aguas claras de un día
se volvieron turbias luego,
y el viento cortó los tallos
silenciosos del recuerdo!

Camino del Guadarrama,
camino largo del sueño,
entre el frescor de la nieve
te busco, mas no te encuentro.

El viento cortó los tallos
de la esperanza en silencio,
y van mis pies caminando
sin encontrar el sendero.

Camino del Guadarrama,
la triste altura del cielo,
y entre el rumor de las hojas
la soledad de mi pecho.

¡El viento cortó los tallos
y brota tu aroma dentro!
Camino del Guadarrama
tengo esta pena que tengo.

Ildefonso-Manuel Gil, que se ha ocupado también del tema del paisaje en el autor de «Versos al Guadarrama», ha señalado por su parte las afinidades que se dan entre ambos poetas, y aun las resonancias acendradas de Machado en la voz ya totalmente personal de Panero. Como de «grave y serena meditación del paisaje, a lo Antonio Machado» tilda al poema «Sostenida en la brisa», donde se pueden descubrir versos tan elocuentes al efecto como estos: ¡*Altos sitios que ha visto* / *el corazón en sueños, y nosotros* / *ya no veremos más!* La *sierra blanca,* / *ciega de sol al fondo,* / *levantada en la brisa,* / *hundida frescamente en lo remoto...* Y anota algunas más de esas resonancias en otros poemas de la misma colección: «Por donde van las águilas», «Pino a pino», «Juntos.» Puede aun Gil indicar un momento de Panero en que, como más sostenidamente ocurriera en una ancha zona de Machado, «la presencia de los otros, la solidaridad del poeta con los demás hombres, llegará a alzarse una vez sobre la pura contemplación de la Naturaleza.»[12] Es este pasaje del poema «El peso del mundo», ya perteneciente al libro *Escrito a cada instante* (1949):

Respiro, y el pie zahonda
aún la nocturna humedad
de la tierra, que es trabajo
más que paisaje, y frugal
esperanza cotidiana
del hombre que amasa el pan
con el sudor de su frente
y hace adobes de su hogar.

Mas por aquí nos precipitaríamos en esa otra proyección del poeta sobre el tiempo histórico o colectivo, el cual incluye muy acentuadamente al otro y a los otros que integran el *todos* de la realidad social. Si nos hemos detenido en este fragmento «solidario» de Panero ha sido, además de por su clara filiación machadiana, para aprovecharnos de él como aviso concreto sobre el error de intentar muy precisos encasillamientos dentro de estos poetas, como ya se sugirió. Por esa misma razón, y antes de llegar a aquella modalidad histórica de la preocupación temporal ya anunciada, cabe ahora proceder ilustrativamente en sentido contrario. Por ello será oportuno verificar aquí cómo uno de los poetas de la posguerra que más leal y firmemente siguen a Machado en esta otra modalidad, la del tiempo histórico, también supo utilizar su captación del paisaje como vehículo de objetivar de adecuado modo las emociones y estados interiores del alma. Nos referimos a Blas de Otero y, como del mismo modo sucede a veces en aquél, no es ahora el paisaje rural sino el urbano quien levemente le sirve de marco para encuadrar el básico sentimiento temporal —la soledad— que domina su breve «Canción cinco.» Pues la soledad no es sino la emoción naturalmente dolorosa ante un tiempo no compartido —que puede incluso durar toda una existencia— y sentido por ello como un vacío o una ausencia de plenitud; tanto más, como en Machado, cuando el impulso erótico hacia el otro se va haciendo progresiva y lucidamente imperioso.[13] Ritmo lento —el general en nuestro poeta— es también de manera explícita el del alma caminante sobre los puentes de Zamora, en este poemilla de Otero. Y está aquí, de igual modo, ese tono natural que el poeta culto puede extraer a veces del más fino hondón de lo popular, y en el cual el autor de *Nuevas canciones* supo alcanzar tan hermosos instantes. Es todo ello lo que da su más delicada sugestión poética a esta composición de Blas de Otero en su libro *Que trata de España* (1964):

CANCION CINCO

Por los puentes de Zamora,
sola y lenta iba mi alma.

No por el puente de hierro,
el de piedra es el que amaba.

A ratos miraba al cielo,
a ratos miraba el agua.

Por los puentes de Zamora,
lenta y sola iba mi alma.

Y es hora ya de que, como en la trayectoria misma de Machado, pasemos de la expresión del tiempo personal, hasta aquí examinado, a la del tiempo histórico. No sorprenderá si anticipamos que, basándonos sólo en esta otra perpectiva temporal, podría reunirse en la posguerra material abundante para todo un libro. Sin embargo, y para no desnivelar nuestra exposición, mantendremos en lo posible el mismo criterio selectivo hasta ahora seguido; y trataremos de limitarnos a una ponderada ilustración ratificadora.

El tiempo histórico

En efecto: todo un definido período de la posguerra —que se centra en torno a la década del 50 y, durante ella, en una proporción indudablemente mayoritaria— presenció el brotar masivo de una poesía nacida, por parte de quienes la escriben, de su voluntad por contemplar, no ya su personal existencia, sino las onerosas concreciones histórico-sociales del tiempo que a todos les tocó vivir y sufrir —en una disposicón que da su sentido a lo que conocemos bajo el término algo difuso pero aceptado de poesía social. No se implica con ello que la orientación crítico-social en la poesía sea exclusiva de esa década, sino que entonces alcanzó su maduración y coherencia al emerger como una tendencia defendida con pasión y necesariedad por sus cultivadores. Pues es sabido que dicha actitud había cristalizado ya, antes del conflicto bélico, en la *Elegía cívica* (1930) de Rafael Alberti, para señalar el «kilómetro cero» de esa orientación, tal como a dicha pieza de Alberti considera Leopoldo de Luis en el prólogo a su citada antología *Poesía social* (p. 33). Y Juan Cano Ballesta ha seguido, muy de cerca, la plasmación de la misma durante los años inmedatamente anteriores a 1936 en su libro también mencionado *La poesía española entre pureza y revolución (1930-1936).* Y aunque después, de manera especial en los tiempos más cercanos a nuestro hoy, se haya practicado un serio replanteamiento crítico de los peligros a que puede llegarse (y que no fueron ciertamente sorteados) en el entendimiento de lo social como «tendencia», tampoco es posible negar, de ningún modo, la validez o legitimidad de esa inquietud dentro del vasto campo de las incitaciones poéticas. Pero es incontrovertible que lo que en ella se denuncia es también *tiempo*, bajo la dimensión ahora colectiva de un presente sombrío que estigmatiza a toda una sociedad, la cual continuaba —como en los años de Machado: acaso más— en agudo estado de marasmo y de crisis. Son poemas cargados de anticonformismo, rebeldía y protesta; pero también —y aquí del mismo modo que en el pensamiento de aquél— de esperanza en un mañana mejor, donde ese proyecto de vida en común en que, según Ortega, consiste la patria, pudiera configurarse en un clima de más abiertos y hermosos horizontes.

Cabría decir, simplificando las cosas, que, dentro de su obra en verso, el Machado que de un modo particular interesará ahora es el poeta fraternal, crítico y realista de *Campos de Castilla.* Sin embargo, y como ya se sugirió, no debe olvidarse a este respecto que, a partir de un cierto momento (desde su época de Baeza, para ser precisos) la clarividencia y penetración de su reflexión histórico-social sobre España fue haciéndose más sostenida e incisiva, hasta alcanzar su culminación —al hilo de la coyuntura política de la República— en las prosas de aquel resurgimiento de Juan de Mairena que arranca de 1934.[11] Una y otra faz de la total labor de Machado obran de nerviosa manera sobre estos poetas sociales para quienes pasado y presente, en su nada placentera continuidad de vacío y carcoma moral, no pueden ser sentidos sino como trampolines o espuelas para lanzarse, mediante la palabra, a la conquista —a la esperanza siquiera— de un futuro donde quedara redimida España de su tan prolongado signo de frustración histórica. Por ello cabe, dentro de esta dirección, perseguir esa presencia machadiana en dos campos, paralelos y complementarios entre sí. Uno sería el de las profesiones de una nueva fe poética expresadas por los mismos autores de la posguerra en sus marginales declaraciones en prosa sobre la intencionalidad que les ha animado. El otro: su propia obra en verso, donde alientan más vivamente los ecos de *Campos de Castilla.*

Para el primero de estos aspectos, y puestos ya a restringir la ejemplificación, nos serán útiles los testimonios de dos poetas de estos años: Gabriel Celaya y Eugenio de Nora. Como punto de partida, tendremos que recordar, entre otros muchos textos posibles, aquél en que Machado pareció tender una honda más afilada hacia el porvenir de la poesía, al menos desde sus más avanzadas creencias ético-estéticas: su «Diálogo entre Juan de Mairena y Jorge Meneses.» Aun obligándonos a repetir algunas afirmaciones suyas ya conocidas de ese diálogo, conviene aquí leer (en todo su parcial contexto) uno de los pasajes de mayor oportunidad en relación a esta posterior poesía social de la España de posguerra. Habla Meneses; y obsérvese como, ni siquiera aquí, cuando hace entonar a éste el más radical *de profundis* a la lírica estrictamente intimista, puede Machado dejar de sentir la poesía como forma expresiva de la emoción, como esa «cosa cordial» que ya vimos en su momento:

> ...La lírica moderna, desde el declive romántico hasta nuestros días (los del simbolismo), es acaso un lujo, un tanto abusivo, del hombre manchesteriano, del individualismo burgués, basado en la propiedad privada. El poeta exhibe su corazón con la jactancia del burgués enriquecido que ostenta sus palacios, sus coches, sus caballos, sus queridas. El corazón del poeta, tan rico en sonoridades, es casi un insulto a la afonía cordial de la masa, esclavizada por el trabajo mecánico. La poesía lírica se engendra siempre en la zona central de nuestra *psique*, que es la del sentimiento; no hay lírica que no sea sentimental. Pero el sentimiento ha de tener tanto de individual como de genérico porque aunque no existe un corazón en general, que sienta por todos, sino que cada hombre lleva el suyo y siente con él, todo sentimiento se orienta hacia los valores universales o que pretenden serlo. Cuando el sentimiento acorta su radio y no trasciende del yo aislado, acotado, vedado al prójimo, acaba por empobrecerse y, al fin, canta de falsete. Tal es el sentimiento burgués, que a mí me parece fracasado; tal es el fin de la sentimentalidad romántica. (324-325).

Y algo que es como el eco personal de estas ideas-clave del Machado-Meneses, en apoyo de su concepto de la poesía guiada por un firme sentido de responsabilidad moral ante la historia y el designio de un alcance mayoritario, es lo que desarrolla Gabriel Celaya en las secciones finales de su poética incluida en la *Antología consultada de la joven poesía española* (1952). De ella reiterará el autor posteriormente, y en varias oportunidades, algunas de sus más esenciales postulaciones. Escribe allí Celaya:

> Nuestra poesía no es nuestra. La hacen a través nuestro mil asistencias, unas veces agradecidas, otras, inadvertidas. Nuestra deuda —la deuda de todos y de cada uno— es tan inmensa que mueve a rubor. Aunque nuestro señor yo tiende a olvidarlo, trabajamos en equipo con cuantos nos precedieron y nos acompañan.

Estamos «obligados» a los otros. Y no sólo porque hemos recibido en depósito un legado que nos trasciende, sino también porque el poeta siente como suya la palpitación de cuanto calla, y la hace ser —debe hacerla ser— diciéndola. No expresarse a sí mismo, sino mantenerse fiel a esas voces más vastas que buscan en él la articulación y el verso, la expresión que les dé a luz.

***

Nuestros hermanos mayores escribían para «la inmensa minoría». Pero hoy estamos ante un nuevo tipo de receptores. Y nada me parece tan importante en la lírica reciente como ese desentenderse de las minorías, y siempre de espaldas a la pequeña burguesía semiculta, ese buscar contacto con unas desatendidas capas sociales que golpean urgentemente nuestra conciencia llamando a vida... [15]

Ya derechamente referido a Machado —y en un artículo suyo, «Machado ante el futuro de la poesía lírica», aparecido en 1949— Eugenio de Nora sostiene que el poeta de aquellos años (los del 40) «se ha replegado hacia su propia intimidad» y que «la poesía actual es más o menos 'autobiográfica'.» Ve en ello una situación aproximadamente igual a los tiempos primeros del autor de *Soledades,* y se vuelve a observar las sucesivas manifestaciones donde éste va proponiendo y perfilando una modalidad poética superadora de «la atomización y el subjetivismo artístico» que marcaron aquellos inicios suyos. Trae a examen algunas de esas manifestaciones; y dedica su mayor atención al «Diálogo» mencionado, de cual reproduce y comenta varias instancias. Huelga decir que no se le escapan a Nora las diferentes variantes antitéticas que, a través de su obra, se dieron cita en el propio Machado: antítesis entre lírica y épica, entre sujeto y pueblo, entre el arte cerrado en sí que fue característico del fin de siglo y las «nuevas y más robustas primaveras» de la lírica española, para las cuales aquél, en el prólogo a sus *Páginas escogidas,* se enorgullecía de haber trabajado «con sincero amor.» Y se pregunta entonces dónde vio Machado la solución a tantas antítesis; y, al darnos su respuesta, adelanta Nora (recuérdese la fecha de su ensayo: 1949) todo el brote de la por entonces naciente poesía social, que vendría a corregir —o completar— la continuidad *unilateral* del Machado interior que hasta entonces — y no se hace necesario indicar por qué circunstancias históricas— les había sido sólo *posible* practicar a los poetas españoles en los primeros años de la posguerra. Termina así Nora:

> En la profundización de ese «hombre esencial» está el
> mérito mayor y la lección perenne de Machado. Para que en la
> medida de unas pocas líneas dispersas en su obra, pero sin
> duda hondamente meditadas, podamos tenerlo presente como
> hombre y poeta total, he tratado de mostrar esto: que junto o
> contra el machadismo de los seguidores de su voz lírica,
> autobiográfica, nostálgica y «existencialista», que ahora
> parece prevalecer, es posible también que otros seguidores no
> menos auténticos del gran maestro se esfuercen en sentidos por
> completo diversos. Para ellos dejó escrito el que me parece su
> más cariñoso y conmovedor saludo: «Pero amo mucho más la
> edad que se avecina y a los poetas que han de surgir, cuando
> una tarea común apasione las almas.» [16]

Y podemos proceder ya a algunas constataciones poéticas, relacionán-
dolas con lo que nos ofrece Machado en *Campos de Castilla*. Es éste —en
su ampliada versión segunda de 1917, que es la que en general manejamos— un libro heterogéneo y complejo, al incluir varias y aun opuestas
tensiones. Convendrá enumerarlas brevemente. La voluntad del autor por
«inventar nuevos poemas de lo eterno humano», empeño sobre el que se
alza de modo específico «La tierra de Alvargonzález»; y a lo cual, siendo una
experiencia que él mismo no pudo o no quiso repetir, sería difícil buscarle
repercusiones posteriores. Los poemas de suave pero dramática evocación
elegíaca de Leonor, escritos ya en Andalucía, pero con el corazón fijo aún
en las tierras queridas de Soria. Su inicial ensayo de una poesía enunciativa,
objetivadora y sentenciosa que cuaja en la primera tirada de los «Proverbios y cantares»: verdades de pensamiento apretadas en formas breves y
por lo común «populares.» Y, por último, pero no por su menor importancia sino porque son los que nos conviene tener ahora más presentes, los
poemas de recreación del paisaje castellano (aunque esto no falte en los
dedicados al recuerdo de Leonor) y aquellos cuyo tema más ostensible es su
grave meditación ante la dura realidad histórica de España.

No cabe aquí un mayor detenimiento en los contenidos y las
características expresivas de este libro, pues no es ello nuestro objetivo, y
hay además muy abundante bibliografía al respecto. Sí es necesario decir
que las dos últimas líneas indicadas (los «cuadros» paisajistas y los poemas
«críticos») no siempre se dan de una manera nítidamente demarcable en
esta o aquella composición. Hay, es cierto, poemas donde lo que
podríamos llamar «el tema de España» parece articular de modo sustancial

el desarrollo poemático; y otros en que el paisaje es quien semeja ocupar mayormente ese desarrollo. Lo que con más frecuencia ocurre será, sin embargo, que uno y otro se fundan; y esto, sobre todo, en atención al matiz diferenciador y característico del tratamiento que Machado da al paisaje castellano en los textos más representativos y singulares dedicados a aquél dentro de *Campos de Castilla*. [17]

Y es que, en principio, ese paisaje no es ya aquí el soñado o simbólico de *Soledades*, sino un paisaje muy denso de realidad por contener, en su más viva y humilde inmediatez, a los muy concretos seres humanos que lo habitan. *¡Las figuras del campo sobre el cielo!*, exclama en *Campos de Soria* (CXIII), y en la línea que abre su sección IV. Pero no para idealizar estéticamente esas figuras, sino para verlas en su muy estrechísima vinculación con el trabajo y la pobreza. Por ello, a continuación próxima de aquel verso, se personaliza la identidad de lo hasta allí evocado aún genéricamente: *un hombre que se inclina hacia la tierra, / y una mujer que en las abiertas zanjas / arroja la semilla.* Esa misma contigüidad e identificación entre mundo natural y mundo humano se ejemplariza también en el poema CIII, «Las encinas», de esa misma colección. Los apuntes descriptivos de los típicos árboles del campo castellano —encinas, robles, pinos, hayas, chopos— concluyen con un apóstrofe a las primeras, las encinas, en que quedan éstas enlazadas directamente con la realidad modesta y trabajadora del hombre que también mora en esas tierras:

> mas sois el campo y el lar
> y la sombra tutelar
> de los buenos aldeanos
> que visten parda estameña,
> y que cortan vuestra leña
> con sus manos.

Naturaleza, historia y criticismo parecen presidir así esta su más realista visión del paisaje castellano, por lo cual esos poemas se insertan muy directamente dentro del cuadro general del tiempo histórico que en ese paisaje se enmarca. [18]

Y en lo que se refiere al más amplio motivo de España, ya conocemos con exactitud su posición: incidir con el aguijón crítico de su dolor en el presente de esa *España inferior que ora y bosteza* (*CC*, CXXXV), para apreciar tal cerril inferioridad en su relación de inextricable consecuencia respecto a un pasado igualmente vacío, ya que ese presente no es más que *una fruta vana / de aquella España que pasó y no ha sido*. (*CC*, CXXXI). Y no para quedarse tampoco, melancólico y resignado, en la sublimación casi metafísica de este supuesto mal eterno e intemporal de la patria (su diferencia más radical con los otros hombres del 98, como ha señalado Tuñón de Lara y veremos dentro de poco con mayor oportunidad), sino para anunciar muy encendidamente la redención de todo ese cúmulo de miseria y oquedad en un mañana venturoso de plenitud: el final de «Campos de Soria» —aquí aún como la expresión de un íntimo deseo proyectado hacia la divinidad—, y en esos otros más firmes de «El mañana efímero» y «Una España joven.» También, y casi de modo paradigmático, en el «Envío» que remata su poema «De mi rincón» (CXLIII), escrito en elogio a Azorín por su libro *Castilla*. Entre los dos movimientos polares en que se nos presenta generalmente escindida el alma de Machado, el del escepticismo y el de la esperanza, es hacia ésta —pero no entendida tampoco como un «don» divino, sino como el resultado de un esfuerzo que el hombre ha de emprender con tenacidad— adonde Machado se inclina fervorosamente, en verso y prosa, a lo largo de todo su pensamiento histórico. Habrá que reproducir ahora dos de los más conocidos pasajes del último poema mencionado, pues algunas de sus líneas se han prestado (como se irá comprobando) a continuas glosas y aun a textuales incrustaciones en sus piezas por numerosos poetas de la posguerra. Inmediatamente antes del «Envío», se leen estos versos:

> Desde un pueblo que ayuna y se divierte,
> ora y eructa, desde un pueblo impío
> que juega al mus, de espaldas a la muerte,
> creo en la libertad y la esperanza,
> y en una fe que nace
> cuando se busca a Dios y no se alcanza,
> y en el Dios que se lleva y que se hace.

Y clausurando el «Envío», este mensaje que, dirigido a Azorín, siguió y sigue sonando con fatal actualidad en cada hora de esa España futura de Machado. Y de la cual no se podría decir, unamunescamente, que se haya por ventura convertido ya en un «ex-futuro»:

> ¡Oh, tú, *Azorín,* escucha: España quiere
> surgir, brotar, toda una España empieza!
> ¿Y ha de helarse en la España que se muere?
> ¿Ha de ahogarse en la España que bosteza?
> Para salvar la nueva epifanía
> hay que acudir, ya es hora,
> con el hacha y el fuego al nuevo día,
> oye cantar los gallos de la aurora.

La esperanza que lanza con indefectibilidad la lobreguez del presente hacia un luminoso mañana, tan fuerte en Machado, llegó a convertirse, al reiterarse de sistemático y análogo modo en la expresión, en noble pero inevitable clisé retórico dentro de esta línea histórico-temporal de los años que estamos considerando. No es tampoco de menor matización retórica el acento enfático puesto por esos poetas en las airadas reflexiones y admoniciones a que sus posiciones cívicas les impulsaban en el verso. Ni es esto patrimonio único de ellos: ya estaba, como se dijo, en la voz levantada del mismo Machado en los momentos cuando vertía afines dicterios, imprecaciones y esperanzas. Y aparece, por fuerza, en la poesía social de todas las latitudes. Señalar los riesgos poéticos de ese tono, condicionado por la justiciera prisa del ánimo exaltado, no es menoscabar su valor y obligatoriedad en tanto que enseñanza o actitud ética legítima —más: inexorable— en quienes así lo han sentido desde su más vigilante conciencia moral. Se lo indica sólo para también desde aquí justificar las no menos válidas razones por las que, al cabo de muchos años de alzados alegatos cívicos, la misma poesía española de los tiempos siguientes se viera urgida a corregir los excesos de ese retoricismo, y aun por aquellos poetas que todavía se mueven e inclinan a la denuncia y la crítica de las estructuras sociales. Y una vez esto asentado, en términos generales, nos eximimos de ir verificando particularmente tal tono retórico en algunos de los textos que en esta sección brindaremos, ya que el lector menos avisado podrá detectarlo por sí mismo.

Entre todos los poetas de esta etapa, quien de un modo más consciente y mantenido hizo suya la doble atención machadiana al paisaje y al destino histórico de España, fue tal vez Blas de Otero. Una buena vía para ratificar esto puede serlo la consulta de la antología temática de su obra que, con el título por él mismo propuesto de *País* (1971), ha realizado José Luis Cano. Aparecen allí muestras de sus libros publicados entre 1955 y 1970, y las cuales giran en torno al tema de España, a través de sus diversas motivaciones particulares. La relación fundamental entre la actitud de este poeta y la del precursor frente al mismo tema, queda explicada por Cano en su introducción: «Otero cree, como creía Machado, en la España del mañana, en que la justicia, la libertad y la paz sean reales, vividas por el pueblo.»[19] Cuando el poema oteriano se ciñe más específicamente al paisaje, no es de esperar el detallismo descriptivo y las interpolaciones de pensamiento que resultan en las maneras por lo general discursivas de los «cuadros» poemáticos donde Machado nos dejara su visión meditativa de la tierra castellana. Por el contrario, la economía de medidos y la concisión del lenguaje que distinguen esta llamada segunda época en la poesía de Otero, le conducen más bien a delinear el paisaje a base de una suerte de estilización enumerativa, ascéticamente realizada sobre los elementos mismos y más característicos de *Campos de Castilla* (para lo cual cuenta Otero también con la memoria del lector de Machado, quien apenas necesita más que esa sencilla enumeración). Así, por ejemplo, en el breve poema «Arboles abolidos», de *Pido la paz y la palabra* (1955). Como se verá en su final, se sugiere allí la ecuación presente-futuro que ya hemos señalado como tan propia del maestro:

ARBOLES ABOLIDOS

Arboles abolidos,
volveréis a brillar
al sol. Olmos sonoros, altos
álamos, lentas encinas,
olivo
en paz,
árboles de una patria árida y triste,
entrad
a pie desnudo en el arroyo claro,
fuente serena de la libertad.

Son los árboles que se nos han llegado a hacer muy familiares en *Campos de Castilla*: son ya tan machadianos, y los conocemos tan bien, que al poeta le resulta ahora suficiente, como se dijo, la estricta mención nominal. Que Otero lo ejecuta con una gran lucidez de esa procedencia lo comprueba el hecho siguiente. Más tarde, en su libro *En castellano* (1960), publicó un poema-homenaje que titula «Palabras reunidas para Antonio Machado.» Sus dos estrofas centrales están todas trenzadas a base de alusiones de filiación clarísima: los surcos de Berceo, nacidos de aquellos *renglones como surcos de pardas sementeras* de «Mis poetas» (*CC,* CL) y las *pocas palabras verdaderas* del nunca olvidado texto (*Tal vez la mano en sueños...*) de *Soledades* (LXXXVIII), a más de muy obvias menciones retrospectivas de su propia poesía. He aquí dichas estrofas de Otero:

Ahora,
removidos los surcos (el primero
es llamado Gonzalo de Berceo),
pronuncio
unas pocas palabras verdaderas.

Aquellas
con que pedí la paz y la palabra:

Y las palabras pronunciadas, y que anuncia el signo gráfico de los dos puntos, no son otras que las de todos los versos literalmente desplazados desde el poema transcripto antes, «Arboles abolidos», y ahora destacados en letra cursiva dentro de la nueva composición, como señal de la auto-cita. Otra estilización acumulativa aunque escueta del pasiaje, y elaborada con el mismo procedimiento, se ofrece en «Oigo, patria», de *Que trata de España* (1964). Y aquí asistiremos aun a la inscripción obligada del nombre del poeta, al sentirse Otero reproduciéndolo textualmente:

OIGO, PATRIA

Patria lejana, dónde
tus torres de poniente,
las ramas de los olmos
altos, grandilocuentes,
tus pardos altozanos
que el viento azul envuelve,
las hojas de tus chopos
sortijeando verdes,
tus ciudades decrépitas
(como en sentencia breve
dijo Antonio Machado),
tus tristes, lentos trenes
que vienen y no van
a parte alguna, dónde
la rosa de tus nieves
bellas, el encarnado
cruel de tus claveles,
el rostro de tus hombres
que hablan como les vienen
las palabras, oh patria
muda, oh silenciosa
meseta donde siempre
enterraré mis ojos
por lejos que te sueñe.

El mismo esquema machadiano de religar, casi siempre en los finales, la observación del agrio presente (que el desarollo del poema nos ha ofrecido como en síntesis) y su proyección alzada hacia un hermoso y justiciero mañana, se repite incansablemente en casi todos los textos que podemos alinear en esta dirección de la poesía de Otero. «Vencer juntos», de *Pido la paz y la palabra*, nos exhibe de modo arquetípico la aplicación de ese mismo esquema. Véanse, por ello, sólo los versos últimos:

> Oh patria, árbol de sangre, lóbrega
> España.
>
> *Abramos juntos*
> *el último capullo del futuro.*

Y así en incontables ocasiones. Este *hoy* cercenado quedará trascendido siempre por la alegría, la libertad, la paz, la esperanza. En todos los casos, el nombre específico de este sentimiento o de esta realidad aspirada queda incorporado, con su explícita mención, al texto. En otros, la referencia se hace metafórica y oblicuamente, induciéndonos como clave hacia tal actitud la alusión a algún pasaje conocido de la obra machadiana. Como en el colofón de «No te aduermas», de *Que trata de España*:

> Oh derramada España,
> rota guitarra vieja,
> levanta,
> los párpados
> (canta
> un gallo) que viene,
> llena de vida,
> la madrugada.

Han vuelto a escucharse aquí, como se ve, *los gallos de la aurora* del poema de Machado a Azorín. Continuar la ejemplificación, en Otero, abrumaría en exceso; y la consideramos, por tanto, suficiente.

Como ya se vio que él mismo había presentado, otro escritor de estos años que encauza su dolor español bajo la sombra de Machado es Eugenio de Nora, ahora en su libro poético *España, pasión de vida* (1953). Ya desde la «Nota del autor», que lo precede, se advierte esa voluntad. Habla aquél de su intención, que no considera lograda, de «formar verso a verso un vasto poema en el que la historia viva, el presente y la apetencia del futuro de España se reflejaran, a través de una conciencia joven de español de la posguerra.» Un libro, pues, de emoción ante el tiempo histórico, en las tres extensiones de esa temporalidad colectiva. Y el primer texto, «Presencia», declara su *amor amargo* por España, valiéndose de la misma calificación que Pedro Laín Entralgo ha señalado como lema resumidor de la actitud de los espíritus del 98 frente a la postración de su país. Ni puede faltar, en ese texto, la sugestión de la *aurora* anhelada:

> ¡España, España!
> ¡Pasión de sangre! Amor de vida,
> amor de libertad te canta
> en una aurora del destino.
> Amor amargo de la patria.

Más conectado de intrínseco modo con el sentir machadiano al respecto, es el titulado «Canto.» Se desarrolla allí una imprecación dolidamente rebelde ante la historia pretérita y actual —historia siempre sellada por el fracaso— de esa patria, que por ello se percibe como algo perdido:

> España, España, España.
> Dos mil años de historia no acabaron de hacerte.
> ¡Cómo no amar, sufriendo, tu perdido pasado,
> y amar, con ira y odio, el perdido presente!

Sin embargo, la última estrofa levanta el animo y la tensión; y los encamina hacia ese futuro de esperanza que, como en Machado, es vislumbrado como una realidad alcanzable y segura:

> ¡Violadores del Tiempo: la patria no está hecha!
> ¿Quién traicionará el signo de engendrar del presente
> un futuro más bello?
> ¡Ardiente, clara España!:
> Tu ancha vida en tus hombres. Tu libertad por siempre.

La patria no está hecha, exclama Nora. ¿No hay aquí una configuración casi tangible de la conocida intuición machadiana del pasado apócrifo, tan necesario éste en esa voluntad de constituir ahincadamente nuestra vida, o la vida de la comunidad histórica a que se pertenece? Y esa intuición había plasmado, poéticamente ya y relacionada de manera directa con la misma patria, en estos significativos versos de Machado: *hombres de España, ni el pasado ha muerto, / ni está el mañana —ni el ayer— escrito.* (*CC*, CI). «Pueblos de la meseta», del libro de Nora, se detiene más morosa y discursivamente en el paisaje, con menos exaltada prisa que en los otros pasajes suyos antes comentados. Mas concluye igualmente afirmando el designio firme de eludir la resignación y el llanto (*¡Nadie rece su llanto! / Nadie gima su cruz contra el muro*) para magnificar, por el contrario, *la gana dura, / la gana hasta la sangre de vivir combatiendo.* En el verso último, como en tantos momentos del poeta, queda grabada la palabra suprema que habrá de coronar esa terca pasión de muerte o de vida: *la alegría.*

Más adelante dentro de la misma colección, y en «Poesía contemporánea», expresamente entrecomillado el título como advertencia irónica de que allí se trama —por oposición a lo anunciado y denunciado— una poética personal, nos provee Eugenio de Nora una definición de la poesía que no sólo habría convencido a Antonio Machado sino que, en justicia, podríamos devolvérsela con toda verdad a aquella más marcada por un trascendente eticismo dentro de la suya:

> La poesía es eso:
> gesto, mirada, abrazo
> de amor a la verdad profunda.

Y el libro todo se abandona, en el poema último («Un deber de alegría»), con la invocación otra vez de la indispensable imagen mañanera:

> Y enemigo, expulsado de la tristeza, siento
> cómo la aurora iza su bandera rociada.

A Machado también, con impecable pupila crítica, le fue dable inventariar los males y debilidades humanas de todo su pueblo y su tiempo histórico: recuérdese, a vía de un solo ejemplo, su índice acusador sobre la envidia hispánica, asolando aquellas tierras *por donde cruza errante la sombra de Caín* (*CC,* XCIX). Y para otorgarle un cuerpo más vigoroso aun, revivió narrativamente esas fragilidades en su único esfuerzo épico en tal sentido: «La tierra de Alvargonzález.» Son males que, a fuerza de continuidad, parecerían ya subsumidos en la *intrahistoria* de la nación; sólo que él pudo rebasar esta posible creencia, conducente sólo a la inercia, y trascender —se verá ello en seguida— la actitud más generalizada, y en algunos casos involutiva, del 98. Pero vio las *ciudades decrépitas,* que aparecen tan repetidamente en *Campos de Castilla* y siempre con una emoción dolorosa, y aun las *sórdidas callejas* de su amada Soria. Más implacable, vio también *los ojos siempre turbios de envidia o de tristeza,* y el *alma fea / esclava de los siete pecados capitales* que erraban, viciosos y malsanos, «Por tierras de España.» Esa penetrante mirada y el consecuente gesto indicativo que, sin mengua de la secreta esperanza del espíritu, en él se dieron, han podido continuarse también en nuestros años, y en la palabra de algunos de sus poetas más personales. Tal es el caso de Claudio Rodríguez, en varios de los más densos poemas de su libro *Alianza y condena* (1965). De uno de ellos, «Por tierras de lobos», tomamos un fragmento donde aun el léxico no vacila en recoger, con la mayor puntualidad expresiva, las voces que apuntan a la visión de decrepitud y derrumbe moral que se nos hizo habitual desde las páginas más críticas y menos autocomplacidas de los escritores del 98:

No me importó otras veces
la alta noche,
recordadlo. Sé que era lamentable
el trato aquel, el hueco
repertorio de gestos
desvencijados,
sobre cuerpos de vario
surtido y con tan poca
gracia para actuar. Y los misales,
y las iglesias parroquiales,
y la sotana y la badana. Y hombres
con diminutos ojos triangulares
como los de la abeja,
legitimando oficialmente el fraude,
la perfidia, y haciendo
la vida negociable. Y las mujeres
de honor pulimentado, liquidadas
por cese o por derribo,
su mocedad y su frescura
cristalizadas en
ansiedad, rutina
vitalicia, encogiendo
como algodón.

***

Vi la decrepitud, el mimbre negro.
Vi que eran dolorosas las campañas
a las claras del alba.
Es hora muy tardía
mas quiero entrar en la ciudad. Y sigo.
Va a amanecer. ¿Dónde hallaré vivienda?

Por aquí asoma uno de los aspectos ideológicos más importantes de Machado: lo que Manuel Tuñón de Lara ha llamado su «despegue» o superación del 98, que arraiga en él desde su estancia en Baeza y madura de modo incontrovertible en los años favorables y dramáticamente estimuladores de la República, tanto más firme en su actitud cuanto más acosada su esperanza se viere. Como se hizo notar, Tuñón de Lara ha registrado, con abundante acopio documental, ese proceso por el cual Machado se aleja de la vía estetizante y literaria, rebelde en sus principios pero en suma negativamente crítica, con que por lo común los demás miembros de su generación afrontaron la siempre crucial problemática de su país. Y cuando llega al final de la vida y obra de Machado, y descubre al escritor intelectual y ardorosamente solidarizado en sus últimos años con la amenazada causa de su pueblo, se pregunta el crítico, al contemplar esa posición socialista asumida por aquél en sus últimos años:

> En resumen, ¿qué ha quedado del 98 crítico y regenera-
> cionista, elitista y escéptico? ¿qué ha quedado del grupo
> generacional con su mitologización de un paisaje miserable e
> inmóvil, de una miseria que les parece eterna?[20]

Esa negación —que no es sino una forma auténtica de afirmar la verdad— de toda una mitología armada sobre el tópico de la miseria intemporal de España (tarea a la que Machado dedicara instantes muy plenos de abrasada pasión humanista en su pensamiento histórico-social), reaparece muy concretamente en uno de los textos que a su autor, Jaime Gil de Biedma, acaso contribuyera más en hacer fantasmal el libro suyo donde originalmente fue incorporado: «Apología y petición», de *Moralidades* (1966). Contiene toda una invectiva contra la leyenda de una miseria supuestamente eterna de España, esgrimida como evasiva solución por tantos que ven en ella una suerte de inescapable destino que sobre la patria pesara. Es uno de los poemas más rezumantes de conciencia cívica, y de dolor ante la historia, entre los que en tal dirección escribiera Gil de Biedma; y nos acerca al pensar y sentir de Machado en este punto. Van aquí algunas de las estrofas más incisivas de ese poema, incluida muy expresamente la que lo cierra:

> Y qué decir de nuestra madre España,
> este país de todos los demonios
> en donde el mal gobierno, la pobreza
> no son, sin más, pobreza y mal gobierno
> sino un estado místico del hombre,
> la absolución final de nuestra historia?

***

Nuestra famosa inmemorial pobreza,
cuyo origen se pierde en las historias
que dicen que no es culpa del gobierno
sino terrible maldición de España,
triste precio pagado a los demonios
con hambre y con trabajo de sus hombres.

***

Quiero creer que nuestro mal gobierno
es un vulgar negocio de los hombres
y no una metafísica, que España
debe y puede salir de la pobreza,
que es tiempo aún para cambiar su historia
antes que se la lleven los demonios.

***

Pido que España expulse a esos demonios.
Que la pobreza suba hasta el gobierno.
Que sea el hombre el dueño de su historia.

Que el hombre sea dueño de su historia no es pedir más que se corrija esa historia: que se enderece, al cabo, lo torcido por el tiempo. Aquí, como en los demás poemas o pasajes comentados en esta sección, debe —y sin error— verse ante todo un testimonio de censura del poeta sobre la realidad de su presente. También su esperanza—o su convencimiento, rectificaría aquí Angel González—en la salvación entrevista de una futura España *que alborea,* como en su momento precisó aquel poeta mayor de *Campos de Castilla.* Es por ello, y en suma, una poesía nacida de la urgencia en desbordar la pura subjetividad y, con el único instrumento que le es suyo, la palabra, situarse en la corriente misma del tiempo histórico dentro de la cual quien la escribe o hace no puede sentirse, de modo ilusorio, marginal o aislado. No se juzgan ahora valores y calidades de índole artística: se ha tratado, sencillamente, de describir el sentido último de esta poesía, y de integrarla en esa común y genérica conciencia temporalista por la que la lírica española de la posguerra se vincula de tan armónica manera con la obra y el pensamiento de Antonio Machado.

La reflexión sobre la realidad temporal

Nos corresponde ahora, siguiendo aquella misma disposición machadiana, trasladarnos a los poemas de este período de la posguerra donde el
autor, otra vez irguiéndose sobre su personal intimidad, desemboca en una
meditación inquisitiva de valor más objetivo y universal en torno al oculto
sentido de la realidad. Su meta y ámbito no será, pues, aquel personal
pasado elegíaco, si bien trascendido a única forma posible de eternidad,
que predomina en los poetas intimistas; ni tampoco, como en la poesía
social, la invocación de un futuro colectivo donde se rediman, para la
sociedad toda, los fallos y las quiebras de una vacua continuidad histórica.
Son, en medio de unos y de otros, poemas anclados en el presente; pero en
un presente al que no peligra calificarlo de metafísico (o, metafóricamente,
de cuasi-divino), ya que en ellos se *quisiera,* más allá de la movible circunstanciación temporal, penetrar el arcano del tiempo en su unidad
vastísima y esencial, para entregarnos en suma, de serles fructuosos sus
propósitos, unos pocos datos de validez permanente y general. Mas he aquí
que, en todos los casos, se topa con un insalvable obstáculo, al que
únicamente una acendrada fe religiosa—y no ya una amplia inquietud
metafísica— podría darle una solución esperanzada: para la mente in-
dagadora del hombre, la realidad es siempre percibida como materia continuamente deshecha (y, cuando más, de modo simultáneo rehecha) por el
tiempo, en las sucesivas concreciones de éste que aprehendemos bajo la forma más inmediata de la temporalidad.

Y esa identificación entre lo real y lo temporal fue ya, y de modo harto
preciso, proclamada por Juan de Mairena: «En cuanto nuestra vida coincide con nuestra conciencia, es el tiempo la realidad última, rebelde al con-
juro de la lógica, irreductible, inevitable, fatal» (373). Y tal conciencia se le
impuso muy pronto, ya desde sus mismas *Soledades;* y aun algunas veces la
expresó allí de manera más objetivada a lo que es común en ese libro. Por
ejemplo, al formular en el brevísimo poema XXXV—son sólo cuatro versos en la sección «Del camino»—aquel conocido *dictum* suyo, *Ya nuestra
vida es tiempo...,* del cual se ha dicho que merece añadirse a la lista de puntualizaciones filosóficas en las que el pensamiento existencial ha conden-
sado algunas de sus intuiciones básicas, al lado de otras como la conocida
de «Yo soy yo y mi circunstancia», de Ortega, y del concepto heideggeriano
del hombre como ser-para-la-muerte. De la asimilación consciente de este
destino nace, para Heidegger, la angustia, sentimiento para él cargado de
positiva autenticidad. Y de esa angustia, dirá Machado, nace a su vez la
poesía: «¿Por qué cantaría el poeta sin la angustia del tiempo, sin esa
fatalidad de que las cosas no sean para nosotros, como para Dios, todas a

la par sino dispuestas en serie y encartuchadas como balas de rifle, para ser disparadas una tras otra?» (373)

Conviene resumir ahora, ampliándolo a la vez ligeramente, el proceso de esta reflexión sobre el tiempo en la obra de Machado, de modo sucinto apuntado en el inicio de este capítulo, y aun a expensas de alguna necesaria repetición. Esa angustia temporal, como se dijo, permeaba ya los poemas de *Soledades,* aunque aún entrañada al temblor de un lirismo en alto grado subjetivo e interiorizado — no importa las excepciones que hacia una cierta objetividad podamos allí encontrarle: el «Ya nuestra vida es tiempo», que se acaba de recordar; o aquellas preguntas finales de *¿Y ha de morir contigo el mundo mago....,* en que, no obstante, las universales cuestiones quedan todavía ligadas indisolublemente a un *yo* siquiera desdoblado en un *tú.* Mas lo que de por sí es reflexión en su alcance más puro, y formulable o recibible por tanto como tal, comienza a concretarse en *Campos de Castilla.* Aunque embozada en configuraciones simbólicas monosémicas y continuadas —casi más bien armando entre sí una alegoría, menos asimilable a una dicción poética en rigor simbolista— ya aparece en «A Narciso Alonso Cortés, poeta de Castilla»:

> Al corazón del hombre con red sutil envuelve
> el tiempo, como niebla de río una arboleda.
> ¡No mires: todo pasa; olvida: nada vuelve!
> Y el corazón del hombre se angustia...¡Nada queda!

> El tiempo rompe el hierro y gasta los marfiles.
> Con limas y barrenas, buriles y tenazas,
> el tiempo lanza obreros a trabajar febriles,
> enanos con punzones, y cíclopes con mazas.

> El tiempo lame y roe y pule y mancha y muerde;
> socava el alto muro, la piedra agujerea;
> apaga la mejilla y abrasa la hoja verde;
> sobre la frente cava los surcos de la idea. (*CC,* CXLIX).

Pero no será hasta el primer grupo de los «Proverbios y cantares» (CXXXVI), de ese mismo libro, donde tal meditación —en las tres modulaciones posibles de la misma: la historicista o existencial (en el más personal sentido), la gnoseológica y la metafísica— va a dar ya materia para la idónea expresión objetiva, lograda a través de esa poesía gnómica y de pensamiento a que antes nos hemos referido. Bastaría recordar, dentro de tal grupo, y entre aquéllos que más específicamente se dirigen a la inquisición temporal, los que llevan los números ii (*¿Para qué llamar caminos...*), iv (*Nuestras horas son minutos...*), el tan conocido xxiv (*Caminantes, son tus huellas...*, que hoy hasta se canta), el xlv (*Todos pasa y todo queda...*) y otras muchos más que alargarían la ilustración. Volverán a afluir en la secuencia (CLXI) de los 99 poemillas acogidos al mismo título en *Nuevas canciones*, donde se incorpora un tema más absorbente y que asegura la mayor vigencia al pensamiento de Machado: el tema del otro, el de la búsqueda del *tú esencial* (xxxvi), en trágica tensión erótica porque su natural escepticismo parecerá hacerlo inasequible alguna vez: *busca el tú que nunca es tuyo / ni puede serlo jamás* (xliii). Pero este salto hacia el otro, accesible o no, es un modo de dar fuerza —en dirección inversa al de la soledad, antes destacado— a un impulso de raíz también originariamente temporal: la necesidad de completar el tiempo que nos ha sido dado: impulso que, en la contemplación narcisista del puro *yo*, queda amputado y sin esperanzas de ganarse nunca la deseada plenitud.[21]

La especulación poético-filosófica crecerá más en las dos colecciones apócrifas de Martín y de Mairena, y combinando ya aquí el verso con la prosa. Y aun mucho más en las pláticas «magisteriales» (poco magisteriales, en verdad) del posterior Mairena, y a las que, pasando de la publicación periódica al libro o quedándose sólo en aquélla, se entregará hasta poco antes de su muerte. Son siempre ideaciones de un pensador que, por duda innata y por consecuente desconfianza en las verdades rotundas, se ampara con frecuencia en la ironía tanto como en las visiones rigurosamente poético-imaginativas: sabedor de ello, alguna vez ese prudente maestro les recordaba a sus alumnos, a propósito de la parábola kantiana de la paloma, como «las imágenes de los grandes filósofos, aunque ejercen una función didáctica, tienen un valor poético indudable» (373).

De ese modo Machado cubrió —y en ocasiones adelantó— numerosos esguinces del pensamiento existencial contemporáneo, en una proyección ya universal: el del hombre en *situación*, que por fuerza debe colocarse a «la altura de las circunstancias» (como pudo él mismo practicar en vida y, especialmente, en sus últimos años); el de la afanosa demanda humana de la alteridad, de la esencial heterogeneidad del ser; el del hombre construyendo su propio vivir, sus propios caminos; y, por fin, el del hombre en su inexorable destino hacia la nada final, con el simultáneo sentimiento de aceptación y rechazo de tal destino. Tantos problemas, se diría, que por esa misma amplitud de sus numerosas vislumbres —donde muchos encuentran hoy la más irrebatible modernidad de Machado— se sitúa éste, al lado de Miguel de Unamuno, en las bases más sólidas de la poesía (y la literatura) españolas de la posguerra, de temple fuerte e imperativamente existencial.

Y, por lógica natural, el espigar poemas de este tiempo donde tal antelación machadiana se descubra, es algo a la vez más fácil y más arriesgado, ya que por ese carácter ubicuo y omnicomprensivo de sus pensares podríamos caer en la ligereza de excedernos en atribuciones, haciendo aparecer a aquél como único responsable de todo lo que verdaderamente emerge, en última instancia, del centro cosmovisionario existencial que nutre la poesía y el pensamiento de esta época.

Más que en las dos modalidades antes seguidas —las del tiempo interior y del tiempo histórico— habría ahora que poner el mayor énfasis en dos advertencias muy precisas. Una, que los poetas y textos que aquí traigamos a colación, no se presentan de modo alguno en calidad de réplicas voluntarias de Machado por parte de sus autores. Cuando más, sólo servirá para verificar cómo éstos, en aquella parcela que estamos considerando, vienen a colocarse naturalmente en un ámbito poético de pensamiento común al desbrozado por Machado (de otro modo: que con él comparten su inquietud reflexiva ante el tiempo); y que, por tanto, se trata de una forma muy distinta a la manera más deliberada de aproximación hacia él que vimos en los poetas sociales y cívicos. La segunda precaución: que, de acuerdo a lo desde un primer momento establecido, y aquí también con mayor razón que en los apartados anteriores, lo que se propone no es un cotejo de afinidades estilísticas; pues poco o absolutamente nada de la dicción característica de Machado, en ninguna de sus etapas, es lo que arrojarán los poemas o pasajes con que ahora nos habremos de enfrentar.

A causa, pues, de los peligros implícitos ya sugeridos—a la hora de los señalamientos—en tal amplitud de la meditación temporal de Machado, nos obligamos aquí a reducirnos a un solo tema y a dos poetas. El tema será el de la nada; y los poetas, Carlos Bousoño y Vicente Gaos. Y aun el motivo escogido nos impondría, *sensu strictu,* a un replanteamiento (siquiera ciñéndonos a lo más inteligente y útil de lo escrito sobre ello) del problema de las relaciones entre Dios y la nada en Machado. O, en formulación más matizada, de su intrincadísima y aguda dialéctica entre nihilismo y afirmación en un plano trascendente. De más está decir que esto nos alejaría de modo excesivo de nuestro camino, y sólo nos es posible remitir al lector interesado a los estudios de Antonio Sánchez Barbudo y Aurora de Albornoz sobre tan álgido asunto en el pensamiento de Machado. Del primero de los citados, conviene recordar cómo éste destaca, con razón, que «nadie podría a él *[*Machado*]* acusarle de haberse 'instalado' en la negación sin buscar a Dios.» Sólo que «era la nada lo que sentía en el fondo de sí, y no es extraño que de ese fondo se levantara en él con frecuencia una apasionada nostalgia de Dios.»[22] Pero en suma, y basándose en el análisis de las entrecruzadas ideas de Abel Martín y Juan de Mairena, concluye Sánchez Barbudo: «De la nada, pues, brota la metafísica, en su raíz, y brota la poesía temporal.»²³ Y esto es lo que por ahora nos interesa: poner de relieve esa posición germinal que ocupa la existencia de la nada en la poesía temporalista de Antonio Machado, y a la que se acercan —conscientes o no de ello— algunos de los poetas del presente.

Por su parte, esa lucha que entablan en el poeta su búsqueda de afirmación trascendente y su insoslayable y fundamental intuición de la nada, le conduce a «elaborar su teoría del 'Dios creador de la nada' o 'negra pizarra' que regala al hombre para que sobre esa nada y desde esa nada pueda pensar.»²⁴ Las conclusiones de los dos críticos antes mencionados, imposibles de seguir ahora de manera más detallada, se apoyan de modo principal — aunque no único— en el texto machadiano del *Cancionero apócrifo* titulado «La metafísica de Juan de Mairena.» Allí, entre uno de los tantos datos con que Machado pone en pie la «novela» (repito el término de Gonzalo Sobejano) de aquel heterónimo suyo, está la mención y explicación del contenido de *Los siete reversos*, que es

> el tratado filosófico en que Mairena pretende enseñarnos los siete caminos por donde puede el hombre llegar a comprender la obra divina: la pura nada. Partiendo del pensamiento mágico de Abel Martín, *de la esencial heterogeneidad del ser, de la inmanente otredad del ser que se es, de la sustancia única, quieta y en perpetuo cambio, de la conciencia integral, o gran ojo...*, etc., etc., es decir, *del pensamiento poético*, que acepta como principio evidente la realidad de todo contenido de conciencia, intenta Mairena la génesis del pensamiento lógico, de las formas homogéneas del pensar: la pura sustancia, el puro espacio, el puro tiempo, el puro movimiento, el puro reposo, el puro *ser que no es* y la *pura nada.* (323-324)

Nótese cómo la *pura nada* aparece, con notoria significatividad, colocada al final de la ascendente enumeración, como su ápice. Esa nada, sobre cuyo sostén puede el hombre pensar —como, explicando a Machado, sugiere oportunamente Aurora de Albornoz— ha tentado a Carlos Bousoño para emprender una aventurada exploración poética, que le permitirá, desde ella y a su través, meditar y transmitirnos su «Sensación de la nada», título de un poema suyo incluido en *Oda en la ceniza* (1967). No es en lo expresivo absolutamente machadiano —ya se anunció—, pero este texto reproduce, casi por mitades, el doble y polar movimiento espiritual del hombre frente a la gran acechanza del *no-ser*: reconocimiento y, a la vez, retraeción. Y aún más, Bousoño pareciera sumergirse aquí con mayor holgura en las aguas del más luminoso nihilismo: al principio se le siente casi gozoso en la experiencia de esa extrema sensación de la *nada pura* (obsérvese cómo la califica del mismo modo que Mairena), la cual llega a identificar en calidad de única forma de vivencia metáfisica posible para el hombre. Machado habla en abstracto *de* la nada, tanto en las prosas como en las poesías incluidas en los *Cancioneros;* y ni aun cuando Abel Martín apura su sorbo final en aquel vaso de *pura sombra lleno,* se nos dice lo que en ese trance experimentara y sintiera. Bousoño piensa y nos da sus palabras *desde ella:* incluso la describe en una sucesión de imágenes expresivísimas. Este poeta de hoy ha ido, así, más lejos que las teorizaciones del apócrifo Mairena. Por ello, también más acerado es cuando nos dicta su emocional juicio (*horrendo padecer*) sobre lo que en un principio se vio como un placentero descenso hacia la luz y la dulzura absolutas. En breve: la *pura nada* que Mairena sólo enunciara, se convierte ahora en la *nada pura,* visitada y experimentada por este poeta de la posguerra. Aun el desplazamiento del calificativo *pura,* de su posición genérica como epíteto en Machado, a esta otra connotación especificadora en Bousoño, es indicador de esa traslación de su alcance teórico, en aquél, al de una vivencia al cabo consumada en su facticidad por el hombre. Este es el poema:

SENSACION DE LA NADA

Tiene, después de todo, algo de dulce
caer tan bajo: en la pureza
metafísica, en la luz
sublime de la nada.
En el vacío cúbico, en el número
de fuego. Es la hoguera
que arde inanidad. En el centro
no sopla viento alguno. Es fuego
puro, nada pura. No habiendo fe
no hay extensión. La reducción del orbe a un punto,
a una cifra que sufre.
Porque es horrendo un padecer simbólico
sin la materia errátil que lo encarna.
Es la inmovilidad del sufrimiento
en sí... Como la noche
que nunca
amaneciese.

Machado veía en la nada, a través de Mairena, el tema de toda futura metafísica y de toda poesía temporal, ya se dijo. Y una de las líneas poéticas más sostenidas y altas de Vicente Gaos — tal vez la de mayor intensidad entre las suyas — es precisamente de índole metafísica y gira sobre la misma intuición, aunque en grandes trechos trascendida por una vibración húmedamente religiosa. En ella (del mismo modo en que, dentro de una de sus sugestiones posibles, arroja el pensamiento de Machado), Dios y la nada no aparecen como entidades que se excluyen; y en varios pasajes de Gaos se invoca a la nada como obra de Aquél, y como natural destino último así reservado a los hombres. No resulta extraño, pues, que algunos de sus poemas sobre esta tema lleven incluso precisas indicaciones hacia el autor de Juan de Mairena. Ya una breve y juvenil composición titulada «La muerte se pasea del brazo de la nada», de las *Primeras poesías* (1937-1939) de Gaos, va precedida como lema de un verso de Machado: *Para que no acertara la mano con la herida* (*CC*, CXLIV), aunque en un sentido muy alejado al que tiene dentro de su original contexto: el poema «Una España joven», de *Campos de Castilla*. Con una clara implicación religiosa (el poema va dirigido a un *Señor* en quien se cree), pero siempre más cerca del pensamiento maireniano que de cualquier estricta ortodoxia, Dios, la muerte y la nada son anudados allí como una trinidad inseparable. Y si la nada es sentida en tanto que sustancial creación divina —intuición que suscribe en varios pasajes de su prosa y que por boca de Abel Martín declara otra vez en el poema que narra su muerte: *sólo es creación tu pura nada*—, el hombre podrá reclamársela a Dios, como don suyo y que sólo a El le des dable otorgar. Escribe Gaos en su soneto «La nada», de *Arcángel de mi noche* (1939-1943): *Dame la muerte, oh Dios, dame tu Nada*, destacando con las comunes mayúsculas la análoga jerarquía suprema que a ambos —Dios y la Nada— les concede. Igual reconocimiento a esa nada nutricia, como única patria originaria y única verdad del hombre, se estampa en «La vida, engaño», de *Sobre la tierra* (1945). Y ello en un terceto cuyo primer verso —después de haberse dirigido antes a un «Dios ausente» — cede también alguna resonancia expresiva machadiana:

> Sé que estoy solo, en niebla espesa hundido,
> que he de encontrar dolor por dondequiera,
> que de la Nada fría aquí he venido.

Más sugerente concesión a la idea de que la nada —lo *que no es*— no ha de verse en tanto que oposición a lo *que es* —la vida—, se insinúa en «He visto morir a un hombre joven», de *Profecía del recuerdo* (1956):

> y si la Nada y la muerte no son la negación de la vida,

sino algo mas bien que tiene un puesto en la vida, dentro de ella...

Esa nada omnipresente —formas variadades del *cero* pero también, a la vez, *ciencia de lo creado,* como en su metafísica postulase Mairena— prestará a Vicente Gaos tanto interés poético y tanto servicio espiritual como cualquier manifestación de lo real o aparente. En «Tema y variaciones de la Nada», del mismo libro mencionado, se valdrá de ella para cerrar una larga introspección temporal y metafísica con esta serena voluntad de acogerse a su abrigo, ya en la hora de la noche y del sueño: *Arropándonos en la Nada.* O, en el poema siguiente, «En esta orilla de la nada...», para contemplar y definir la existencia tan sólo como la ladera de acá de esa nada universal y envolvente que se ha deslizado invasora en la realidad total. El tema de la nada, sólo recorrido aquí parcialmente en la obra poética de Gaos, es sustantivísimo dentro de ella; y siempre, cuando no aun con alguna precisa orientación textual, permite fáciles identificaciones en cuanto a su íntima articulación con el pensamiento filosófico-poético de Machado sobre esta última y definitiva cuestión metafísica del existir humano.

***

Se han visto ya las tres disposiciones poéticas ante la preocupación temporal, alrededor de la cuales hemos vertebrado este capítulo, con el propósito de mostrar la no fortuita analogía esencial entre la presencia del tiempo como centro mayor de cohesión en la obra de Machado y, en igual medida, en la poesía española de posguerra. Podríamos, pues, resumir ahora, y muy brevemente, todo lo hasta aquí expuesto. Se tendría, así, el tiempo vivido y percibido—aun con su aura de misterio, que no hay todavía por qué intentar cuestionar mediante la reflexión—en las dimensiones del propio y personal vivir del poeta: tiempo interior, existencial. Después, el tiempo contemplado desde un punto de mira colectivo y en sus muy concretas realizaciones dentro de una época dada —más o menos amplia— en la evolución del país o comunidad que apoya y engloba al poeta: tiempo histórico, social. Y finalmente, el enfrentamiento ante el enigma y condena de la temporalidad, pero ahora aprehendida en su absoluta y pura fluencia hacia la nada— o hacia la ambigua plenitud del ser, según se la sienta—,y en su obra socavadora de toda forma de lo real; sólo que ya ello asumido ahora con vistas a una inquisición de más universales proyecciones: tiempo en su alcance metafísico, y como estímulo para una actitud en que emoción y reflexión se han de conciliar armonizadoramente.

Henos, así, al cabo, ante las tres diversificaciones—no necesariamente sucesivas, tampoco obligadamente paralelas— que con más pronunciado relieve arroja ese eje central de la poesía producida en España desde la guerra civil. Y creemos haber demostrado cómo esas tres modulaciones habían sido insinuadas y abonadas, una a una, desde el triple canto temporal de Antonio Machado, el noble y oportuno precursor de tantas realidades. Se ha producido, pues, su acuerdo «con los poetas futuros de mi Antología», que la historia, como se dijo, encargose de organizarle para que quedase cumplida su premonición de 1931. Teniendo en cuenta, y esto lo vimos ya señalado por Rafael Gutiérrez-Girardot, que las ideas poético-doctrinales de Machado no siempre habían encontrado nítida correspondencia y rigurosa aplicación dentro de su propia labor en verso (una teoría es siempre más y, a la vez, menos que la práctica) casi cabría arriesgar esta intuición: lo total y compleja obra machadiana —poesía, y pensamiento poético, humanista, filosófico y social en prosa— sólo podría ser abarcada en su integral verdad al ratificar la potencial acción fecunda de esa obra misma sobre los tiempos que siguieron al ciclo vital de su desarrollo. Machado es hoy más un gran poeta, y más también una mente penetrante y zahorí, de lo que en su vida pudo llegar a ser reconocido. Y este *hoy* —que para él era su futuro— no puede tampoco entenderse integralmente sin mirar con pulcritud y honestidad a sus enseñanzas más validas y permanentes. *Ni está el mañana —ni el ayer— escrito.*

NOTAS

1. Me refiero a *Cinco poetas del tiempo* (Madrid: Insula, 1964); 2a. ed., aumentada (1972).

2. En el volumen indicado en la nota anterior (2a. ed., pp. 17-18), señalaba ya algunas de la primeras contribuciones críticas más importantes sobre el tema firmadas por Ramón de Zubiría, Pedro Laín Entralgo, Juan López-Morillas, Antonio Sánchez Barbudo y Dámaso Alonso. He tenido conocimiento después, o han aparecido en fechas más cercanas, el trabajo de Richard L. Predmore, «El tiempo en la poesía de Antonio Machado», *Publications of the Modern Languages Association*, 63 (1948); el de Eugenio Frutos, «El primer Bergson en Antonio Machado», *Revista de Filosofía*, No. 73-74 (1960); y del mismo autor, «Inserción de la filosofía en la poesía», en su libro *Creación poética* (Madrid: Ediciones José Porrúa Turanzos, 1976); el capítulo VI («Tiempo») en *Una poética para Antonio Machado* de Ricardo Gullón; todos los primeros apartados de Domingo Yndurain en *Ideas recurrentes en Antonio Machado*, ya consignados estos dos últimos libros en notas

anteriores; *La experiencia del tiempo en la poesía de Antonio Machado*, colección de interpretaciones lingüísticas dirigida por Vidal Lamíquiz (Publicaciones de la Universidad de Sevilla, 1975); y de María Embeita, «Tiempo y espacio en la poesía de Antonio Machado», *Cuadernos Hispanoamericanos,* Nos. 304-307 (1975-1976), pp. 716-728. Y, por fin, el que hemos indicado como el esfuerzo hasta hoy más completo sobe esta cuestión: el libro de P. Cerezo Galán, *Palabra en el tiempo. Poesía y filosofía en Antonio Machado.*

3. Recuérdese que esa «crisis de la sinceridad», entendida ésta a la manera romántica como apunta José María Valverde, se anuncia ya en los dos textos más cargados de futuridad de *Soledades. Galerías. Otros poemas,* comentados por el propio Valverde en su libro citado (Véase Cap. II, nota 22).

4. Para un acercamiento inmediato a los textos de *Campos de Castilla* que con mayor ardor expresan esta inquietud temporalista de alcance histórico-social en Machado, véase la sección encabezada bajo el título de «El paisaje, la historia y el hombre de Castilla», en Antonio Sánchez Barbudo, *Los poemas de Antonio Machado* (Barcelona: Editorial Lumen, 1967), pp. 167-289. Y de Carmen de Mora Valcárcel su estudio «En torno a 'Del pasado efímero' de Antonio Machado»; y de Rafael de Cózart Sievert, «Visión de un aspecto crítico en Antonio Machado: 'Una España joven'», ambos incluidos en *Antonio Machado, verso a verso,* edición prologada por Francisco López Estrada (Publicaciones de la Universidad de Sevilla, 1975).

5. Para este tema de la nada en el pensamiento poético machadiano, véase de Gustavo Correa su personal y aguda interpretación en «Mágica y poética de Antonio Machado», *Cuadernos Hispanoamericanos,* 1, Nos. 304-307 (1975-1976), 462-492. Y también el ensayo de Jorge Enjuto, «Sobre la metafísica de Machado» (basado en un lúcido comentario de dos textos del *Cancionero apócrifo:* «Al gran cero» y «Siesta») en *Cuadernos para el diálogo,* No. 49 (1975), pp. 47-52.

6. Ayala, «Un poema y la poesía de Antonio Machado», recogido en *Antonio Machado,* ed. Ricardo Gullón y Allen W. Phillips (Madrid: Taurus, 1973), p. 386.

7. Frente a la ambigua multivalencia posible de este «*nihil* de fuego», escribe José María Valverde: «¿Acaso es el *nihil* de la aniquilación final del mundo, o es un *nihil* revolucionario? El camino que cabe ver con figura de rayo por la montaña [alusión al verso último del poema: *y el rayo de un camino en la montaña]* quizá sea símbolo de esperanza y de misión en avance hacia el porvenir.» Mas inmediatamente se cura en salud el propio Valverde de cualquier interpretación supuestamente definitiva del pasaje, y añade: «Pero la verdad es que la oscuridad del poema, más intensa por sus fosforecencias visionarias, no se disipa con ninguna explicación ofrecida» (*Antonio Machado,* p. 262). Un lúcido acercamiento al tema de las relaciones entre estos dos poetas se contiene en el ensayo de Andrew P. Debicki, «José Hierro a la luz de Antonio Machado», *Sin nombre,* 9, No. 3 (1978), 41-52.

8. Sánchez Barbudo, *Estudios sobre Unamuno y Machado* (Madrid: Guadarra-

ma, 1959), p. 318.

9.   Azorín, *Clásicos y modernos* (Buenos Aires: Losada, 1959), p. 79.

10.   Panero, «Unas palabras sobre mi poesía», conferencia pronunciada en los cursos de verano de la Universidad de León y la cual se mantuvo inédita hasta que fue recogida por primera vez en el número— homenaje al poeta, después de su muerte, de la revista *Cuadernos Hispanoamericanos,* Nos. 187-188 (1965), pp. 5-19. (Las frases reproducidas del autor, en pp. 6-7).

11.   Zapata, «Ecos de Antonio Machado en Leopoldo Panero», *Cuadernos Hispanoamericanos,* No. 275 (1973), p. 391.

12.   Gil, «El paisaje en la poesía de Leopoldo Panero», *Cuadernos Hispanoamericanos,* No. 187-188 (1965), p. 85. El poema a que alude Gil, y del cual se reproduce aquí sólo un breve fragmento, recibió del propio autor una iluminadora exégesis precisamente sobre la definida impregnación temporal que allí intentó lograr. En su conferencia mencionada dice Panero que en ese texto poético («El peso del mundo»), «contemplo el suave transcurrir estival de la luz, desde que amanece hasta que cierra la noche, sobre un paisaje castellano: el que más entrañable me es y más dulcemente propio. En la contemplación, en la apasionada inmovilidad de la contemplación, las horas se deslizan y ruedan sobre alcores y pedregales, entre rastrojos requemados y verdes encinas solitarias, dominando una vega de húmeda inquietud y de lentas, azuladas lejanías. Dentro de ese ámbito tranquilo, maravillosamente limpio, el tiempo se remansa, como si se detuviera, y el alma ensancha y dilata su visión hasta trascender sus propios límites, abarcando, como con los brazos tanta silente hermosura, y quedándose y olvidándose en ella.» («Unas palabras sobre mi poesía», p. 14).

13.   La soledad es tan importante en la poesía de Machado que Rafael Gutiérrez Girardot no vacila en considerarla el «tema único» de toda ella, la «constante referencia» a que llevan «todos los demás temas de que se ha ocupado la bibliografía de Machado» (Véase *Poesía y prosa en Antonio Machado,* pp. 37-38). El crítico invita a los intérpretes de esa poesía a la lectura directa de sus textos poéticos mismos, y a no dejarse llevar ciegamente por las auto-interpretaciones retrospectivas contenidas en los tan conocidos prólogos machadianos. Nosotros, sin negarlo en absoluto, tratamos de integrar ese tema en la fundamental inquietud ante el tiempo sobre la que no menos fuertemente descansa también su obra. Dentro de un más general contexto existencial y sicológico, «La soledad como sino en Antonio Machado» ha sido estudiada por Rosario Rexach en un ensayo acogido al título destacado, y aparecido en *Cuadernos Hispanoamericanos,* Nos. 304-307 (1975-1976), pp. 629-646.

14.   Este tema ha sido ahondado con rotunda documentación, sacando a luz incluso textos poco difundidos de Machado, por Manuel Tuñón de Lara en su artículo «La superación del 98, por Antonio Machado», añadido a la segunda edición de su libro *Antonio Machado, poeta del pueblo* (Barcelona: Editorial Laia, 1975), pp.

315-358. Ese mismo artículo se publicó en la revista *Camp de l'arpa*, No. 25-26-27 (1975), pp. 11-22. De similar orientación, pero con muy personales apreciaciones, es el estudio de Carlos Blanco Aguinaga titulado «De poesía e historia: el realismo progresista de Antonio Machado» en *Estudios sobre Antonio Machado*, ed. José Angeles.

15.   Celaya, *Antología de la joven poesía española*, ed. Francisco Ribes (Santander, 1952), pp. 45-46.

16.   Nora, «Machado y el futuro de la poesía lírica», *Cuadernos Hispanoamericanos*, Nos. 11-12 (1949), pp. 591-592.

17.   El tema del paisaje castellano en este libro ha sido objeto de atención reciente por Luis Rosales en su ensayo, «Antonio Machado, poeta catedrático», publicado como prólogo al libro *Antonio Machado Ruiz. Expediente académico y profesional* (Madrid: Ministerio de Educación y Ciencias, 1976). Dentro de *Campos de Castilla*, Rosales considera certeramente al poema «Campos de Soria» como «bisagra» o «puente» entre la anterior poesía intimista de *Soledades* y la nueva poesía «objetiva» intentada en el libro a que pertenece. Como nos referiremos a ese poema en seguida, conviene aclarar que, debido a nuestro interés en este momento, pondremos mayor énfasis sobre lo que dicho texto arroja en esta última dirección.

18.   Cerezo Galán ha dedicado unas páginas de su libro varias veces citado (*Palabra en el tiempo...*) al paisajismo machadiano en *Campos de Castilla,* y lo ha visto en su profunda integración de naturaleza e historia. Sin dejar de reconocer que ese paisaje «sigue estando penetrado, animado, por la vivencia subjetiva...» (p. 505), resume así la nueva matización del tema en ese libro: «Del paisaje como estado de alma al paisaje como vía de penetración en la historia y de acceso a la realidad social» (p. 506). El autor recoge algunas formulaciones válidas de otros críticos que se han ocupado también de esta importante motivación en la lírica de Machado: «el paisaje como símbolo de la historia y la leyenda de un pueblo» (Pierre Darmangeat, p. 506); «una toma de posición decidida ante Castilla, una concepción de la tierra castellana en relación con el problema de España, que tanto inquietó a los hombres del 98» (Carlos Beceiro, p. 507); una vía de penetración metódica en la historia (Carlos Blanco Aguinaga, p. 510); un símbolo del alma interior de Castilla y, dentro de ella, de España (Aurora de Albornoz, p. 510).

19.   Cano, «Prólogo» a Blas de Otero, *País*. Antología 1955-1970 (Barcelona: Plaza & Janés, 1971), p. 15.

20.   Tuñón de Lara, *Antonio Machado, poeta del pueblo,* p. 355. Un serio aunque rápido replanteamiento crítico de esta tesis del radical «despegue» noventaiochista de Machado (con su secuela extremada y ya inadmisible: su asimilación al marxismo) ha sido realizada sutilmente por José Luis Valera en su artículo «Machado ante España», *Hispanic Review,* 45, No. 2 (1977), 117-147.

21.   Para este tema véase, de Antonio Carreño, su estudio «Antonio Machado o la poesía de la 'otredad'», *Cuadernos hispanoamericanos,* Nos. 304-307 (1975-1976),

pp. 527-536.

22. Sánchez Barbudo, *Estudios sobre Unamuno y Machado,* pp. 239-240.

23. *Ibid.,* p. 281.

24. Aurora de Albornoz, *La presencia de Miguel de Unamuno en Antonio Machado* (Madrid: Gredos, 1968), p. 253. En este libro, dedica la autora unas esclarecedoras páginas a «El Dios de 'Martín' y de 'Mairena'», que son muy recomendables junto a los más amplios desarrollos de Sánchez Barbudo sobre el tema, además de los estudios de Correa y de Enjuto indicados en la nota 5 de este capítulo.

V

PRESENCIA E IMAGEN DE ANTONIO MACHADO EN LAS PROMOCIONES DE POSGUERRA: TESTIMONIOS POETICOS Y DOCUMENTACION CRITICA

Una forma última y definitiva de constatar la presencia de Antonio Machado en los poetas de la posguerra puede proveerla un acopio documental de los testimonios ratificadores de aquella presencia, ofrecidos por los mismos poetas que esa presencia han sentido sobre ellos y de modo generoso no han escatimado el reconocerlo así. De un modo global este reconocimiento se nos ha presentado —puede haber otras— mediante tres vías. Una lo ha sido la composición de poemas en recordación y tributo a Machado; pues acaso sea éste, entre los grandes escritores de nuestro siglo, quien más haya recibido tales homenajes. Pero en todo caso, es ésa, entre las vías que comenzamos a enunciar, aquélla que, sin demeritar la noble voluntad que animara a sus autores al escribir dichos poemas-homenajes, nos parece más circunstanciada y limitada, por ello menos comprensiva: es aquí mayoritariamente, y casi excluyentemente, el ejemplo humano y cívico de Machado —su bondad (... *soy, en el buen sentido de la palabra, bueno*), el dolor crítico frente a una España en crisis de historia, su adhesión a los principios de la República y a sus supuestos éticos; y, complementándolo, los «tópicos» castellanistas (paisajistas, costumbristas, censorios) de una cierta vertiente de su poesía— lo que más sostenidamente ha entrado en la elaboración de esas alabanzas líricas. Se trata de piezas que, en una cierta proporción, no rebasan un visible rasero de escritura manida y sin originalidad o fuerza, como en general ocurre con los «poemas de encargo» (siquiera el responsable del «encargo» sea voluntariamente la buena conciencia del mismo autor). Esos poemas suelen por lo general precipitarse en ocasión de alguna efemérides accidental en la historia póstuma del homena-

jeado: en el caso de Machado, los 20 años de su muerte (1959) o el
centenario de su nacimiento (1975). Son «convocatorias» en las que nadie
quiere que se note su ausencia; y hay la esperanza de que el decir *presente*,
con alguna colaboración, baste. Lamentablemente no es así, y de este tipo
de bien intencionados textos está empedrado el infierno de la poesía.[1]

Otro modo de corporizar esa presencia de Machado y que nos parece
más confirmador, más válido también, es aquél que se produce cuando el
poeta, al enhebrar sus intransferibles intuiciones en palabras, acude a las de
Machado para valerse de ellas como lemas o epígrafes de sus composiciones
propias o aun para incrustarlas dentro de las mismas, porque le sirven para
reforzar con mayor nitidez la personal concepción que aspira a desarrollar
en su poema: ya en algunos ejemplos de Blas de Otero vimos el empleo
eficaz del procedimiento. Mas has sucedido también, y con frecuencia, que
algunos de esos creadores de la posguerra —y puesto que todo auténtico
poeta profesa una poética y una metafísica que deben subyacer en-
trelineadas en su obra, según postulase el mismo Machado— se han vuelto
a explorar críticamente bien al autor de *Soledades,* bien al de *Campos de
Castilla,* bien —por fin— al escritor total, tratando de iluminar aquellos
aspectos de su ideología estética hacia los que se sienten más afines: en esas
exploraciones, que por lo general tienen más de esbozos de poética que de
rigurosas exégesis críticas, funciona siempre, de un modo a veces quizás in-
consciente, un propósito, por parte de quienes las emprenden, de
esclarecerse en algo a sí mismos, y en ese esclarecimiento está actuando
también la vigencia de Machado. El resultado ha sido numerosísimas
páginas en prosa que van desde el ensayo extenso y abarcador hasta el
artículo volandero; y en su sucesión, además de cumplir ese objetivo personal sustentante, al alumbrarnos ciertas vetas (y en los últimos tiempos la
totalidad) del pensamiento machadiano, nos permiten hoy organizar
cabalmente la trayectoria de la *imagen* de Machado tal como ésta ha sido
contemplada y se ha proyectado a todo lo largo del período.

Estos dos últimos mecanismos aludidos —el de la apropiación de la
voz y el sentir de Machado en el entramado de la composición propia, y la
necesidad por parte de los poetas de la posguerra de observarle y analizarle
crítica o teóricamente— nos parecen las más idóneas formas de verificar su
presencia en la poesía posbélica. Aclaremos ahora con mayor insistencia
que es esa *presencia,* en bulto, lo que aquí pretendemos registrar; no su *influencia* específica (cosmovisionaria, temática o expresiva) en este o aquel
poeta. Sería ello una empresa de dimensiones más dilatadas de lo que nos
hemos propuesto ya que, de entrada, demandaría una relectura total y a
fondo de la lírica peninsular producida a partir de 1939 y, en consecuencia,
un volumen mayor. Sin embargo, cuando en alguno de esos poetas la pro-

yección machadiana ha llegado a convertirse en no disimulada influencia, y sobre todo cuando la crítica más seria sobre ese poeta así lo ha reconocido, accedemos también a alguna incidental observación en tal sentido. No de menor interés es el hacer notar que —y básicamente por análogas razones de tiempo y espacio— no hemos tratado tampoco de aventurarnos en una documentación *exhaustiva,* la cual de modo absoluto no dejase fuera a ningún poeta que eventualmente haya escrito un texto-homenaje sobre Machado, o algo positivo o de interés dijese sobre él aquí o allá. Más que aquello de que *no son todos los que están*, en este caso sería de mayor oportunidad el esperado complemento de la frase hecha: *no están todos los que son...* El designio nuestro ha sido el de componer un *índice* general de ratificación comentado o glosado además, con lo que ello supone de mayor detenimiento y extensión; y no un repertorio que cubriese *todas* las instancias donde, por una vía u otra, Machado se ha hecho sentir en la actividad literaria —creadora o crítica— de estos tiempos.[2]

En el recorrido que nos proponemos, algún orden se hace imperioso. Y éste no puede ser otro que el marcado por las oleadas de poetas entre sí coetáneos que desde la guerra civil se han sucedido en España: la ya aceptada generación de 1936; la primera promoción de posguerra, aparecida en la década del 40 e inclinada, en su línea más resaltante, hacia una estética de concreción y realismo en el ejercicio poético; la segunda, integrada por autores que surgen hacia los años 50 y que lleva a cabo una ampliación y superación temática y estilística de notable valor frente a un realismo de superficial y limitado alcance; y la nueva o más joven poesía de hoy, definida hacia 1966, en principio muy alejada ya de Machado pero desde la cual se han escuchado al cabo, aunque aisladamente, algunos pronunciamientos sobre la validez y la vigencia de aquél, no merecedores de un total desinterés.

Como simple base para movernos, se habrá notado que adoptamos aquí el esquema generacional «oficialmente» admitido para la lírica de la posguerra, aunque en su lugar alguna llamada de alerta formularemos sobre la rigidez o simplificación de ese esquema en tal o cual de sus estratificaciones. Muchos de los poetas que en lo adelante se han de considerar, han aparecido ya en las páginas anteriores: bien en sus declaraciones críticas sobre Machado, o en sus poéticas esbozadas por ellos mismos para las antologías donde su labor ha sido recogida (Caps. II y III); bien en las distintas formas de vinculación entre sus preocupaciones de índole temporalista y las de su precursor (Cap. IV). Nada de lo dicho en esas secciones será, como regla común, repetido ahora; y, sólo en calidad de guía al lector, destacaremos con un asterisco el nombre de los poetas a quienes alguna atención hemos dedicado ya antes. Con este aviso ese lector lo tendrá así presente; y, si lo desea o necesita, podrá reunir todo lo que, a nuestro juicio, merece ser tenido en cuenta al respecto sobre las relaciones de cada uno de esos particulares poetas con Machado.

La generación del 36

Los poetas de la República, o de la generación del 36, se incorporan a la vida literaria con una fuerte decisión de integrar a la poesía la experiencia temporal del existir humano, tanto como, congruentemente, de acometer una revaloración lírica de la variada gama de *todos* los sentimientos del hombre en su grado más cálido de inmediatez y comunicación. Ello configuraba, así, una básica testura ética que dialécticamente se oponía al esteticismo que la generación del 27 había extremado en sus inicios. Y, sin embargo, los jóvenes poetas de los años 30 no rechazan —incluso admiran— artísticamente la maestría estilística y la magia verbal de sus predecesores, que eran ya los maestros del día. Pero *experiencia* y *temporalismo*, que serían ahora sus nuevas metas, les inclinaban hacia otros modelos: respectivamente, a Rilke y a Machado, de especial manera. Podían, pues, reconocer esa maestría, en tal dirección insuperable, de Guillén, Lorca o Aleixandre (y hasta, en algunos, cierta afinidad parcial con aquéllos exhiben determinados tramos de su obra). Pero, y esto ya se indicó en el capítulo I para justificar allí cómo esta generación del 36 señala el acorde de entrada hacia la presencia de Machado en la posguerra, la verdad es que, en tanto que ideales estéticos a seguir, ni la pureza poética, a escala (en los primeros momentos del 27) de una muy apurada asepsia temática, ni la «rehumanización» que despúes impulsan ya algunos del mismo grupo mediante un irracionalismo expresivo antiformalista y hermetizante, podían ofrecer oportunas soluciones a quienes postulaban la limpia abertura del espíritu hacia la realidad vivida, el alto diapasón emocional y aun el amor a las maneras poéticas tradicionales. Fuerza ha sido repetir aquí algo de lo anticipado en el capítulo I.

Todas las fórmulas que se han empleado para describir resumidamente a ese grupo apuntan hacia lo que es su insoslayable sustrato común: «poesía de la existencia» (Aranguren); «poesía de la experiencia temporal» (Castellet) «realismo existencial» (Caballero Bonald). Y, excluido Miguel Hernández (por su muerte en 1942, y aun más por su radical distanciamiento ideológico respecto a los demás) sea tal vez la propuesta por uno de sus miembros, Luis Felipe Vivanco, la que mejor sintetice la fundamental polaridad entrañada en la mayoría de ellos: «realismo intimista trascendente.» Por este camino, es natural que nada lejos anduviesen del

Machado *esencial,* usando el calificativo aquí en su más absoluto sentido axiológico.

La integración definitoria de estos poetas se concreta en la década del 40, y su ejecutoria literaria ha continuado muy viva hasta nuestro exacto momento de hoy. Ante ello no debe vacilarse, aun a riesgo de repetición, en reconocer que su producción es, en general, más *poesía de posguerra* que de *anteguerra,* y tanto como la que más lo fuere; lo cual convierte en un acto de injusticia el escamotear la significativa presencia de esta generación al elaborar las representaciones antológicas y los diagramas panorámicos de la lírica de posguerra. Y uno de sus más íntimos enlaces con lo que esa lírica ofrece, hasta un cierto momento, es precisamente su filiación con Machado: los poetas del 36 son, así, tan «machadianos» como lo serán después los llamados poetas «sociales»; e incluso lo fueron, cronológicamente, antes. En el simposio organizado en la universidad norteamericana de Syracuse, en el otoño de 1967, sobre «La generación española de 1936», recogido después en la revista *Symposium* de dicha Universidad, uno de ellos, Ildefonso-Manuel Gil, precisa muy bien cómo «para apartarse de la brillante y gozosa tentación del juego poético y literario, para acercarnos a la integridad del hombre de carne y hueso»,[3] tuvieron que mirar hacia Unamuno, Antonio Machado y Ortega (aunque naturalmente que, sin especificar, sería más al Ortega para-existencialista de *Historia como sistema* y *El tema de nuestro tiempo* que al brillante pero menos profético de *La deshumanización del arte*). Y se enorgullece Gil de que fue su generación la que hizo que «nombres como el de Unamuno, Antonio Machado, Ortega, García Lorca, Miguel Hernández, así como los de otros escritores entonces en el exilio, emergieran desde el fondo de la condenación oficial hasta el conocimiento de los jóvenes.»[4]

Por su parte, Luis Felipe Vivanco, al abrir en 1957 su libro *Introducción a la poesía española contemporánea* con una exhortación de César Vallejo, «Hacedores de imágenes, devolved la palabra a los hombres», se detiene en sus páginas prologales a explicar cómo se había cumplido esta advertencia en la lírica de sus años. Después de referirse a la anterior «autonomía de las imágenes» del creacionismo, y al automatismo de la aventura vanguardista, dirige la vista al presente de su generación: «Pero otros poetas, más jóvenes, todavía, abandonan a su vez estos mundos para recobrar una palabra humana desnuda e inmediata a la vida, por debajo de las imágenes.»[5] Y es entonces cuando nos aclara por qué había recordado, al frente de su libro, el reclamo antes reproducido de Vallejo. Y añade al punto: «Sólo que entre nosotros, ya les habían devuelto las palabras a los hombres Miguel de Unamuno y Antonio Machado —sin olvidar a su hermano Manuel—, y volver a la palabra por debajo de la imagen ha sido, al mismo tiempo, volver a ellos.»⁶ No empece que Manuel Machado retorne a la palabra por derroteros éticos y artísticos tan dispares a los de los otros dos mencionados: lo que importa, a nuestros particulares efectos, es aceptar que la empresa mayor del 36 significaba, en juicio de Vivanco, una vuelta — que no suponía tajantes exclusiones — a Antonio Machado.

A la generación de Gil y de Vivanco, y ello hay que verlo como un explícito reconocimiento de esa «vuelta», hay que acreditarle casi en bloque la publicación, en *Cuadernos Hispanoamericanos* (y en su número de 1949 ya citado: véase la nota 1 de este capítulo), del primer homenaje al poeta que se produce en un revista literaria española después de la guerra civil. Una buena parte de los que allí colaboraron estaba formada por escritores (poetas, ensayistas y críticos) de esa generación: Pedro Laín Entralgo, Julián Marías, José Luis L. Aranguern, Luis Rosales, Luis Felipe Vivanco, Ricardo Gullón, José Luis Cano, Bartolomé Mostaza; y puede decirse que, en conjunto, la concepción de dicho homenaje se debe a integrantes de aquélla. La breve nota que lo introduce, firmada por Laín Entralgo bajo el título de «Desde el tú esencial», resume con valor casi de paradigma lo que esa generación oteaba y necesitaba de Machado. Tratato de que los accidentes de su estar histórico no nublaran lo más hondo y permanente de su ser real y de su pensamiento, Laín presenta el número como el esfuerzo de un grupo de hombres de buena voluntad que «no nos conformamos sino con el yo esencial de Machado», y quienes a su vez se acercaban a su memoria reciente como «el tú esencial» que aquél tanto se afanara en buscar. En uno de los pocos libros colectivos de que hoy disponemos para orientarnos en la poesía de ese grupo, la antología realizada por Luis Jiménez Martos bajo el título de *La generación poética de 1936* (Barcelona: Plaza & Janés, 1972), el antólogo, en su «Pórtico para una generación poética», coincide con Gil en cuanto al señalamiento de los maestros mayores de la misma, Miguel de Unamuno y Antonio Machado, a quienes ve como «sacralizados o cuasisacralizados a partir de 1939». Y anota la particular significación de dicho número de *Cuadernos Hispanoamericanos:* «Que este homenaje apareciese en una revista oficial acrecienta el mérito de la iniciativa y del logro, dada la actitud adoptada por el gran poeta sevillano durante la guerra civil» (p. 46).

Después, individualmente, en el *curriculum* de los mayores integrantes de esa generación, será, tanto en sentido cuantitativo como en intensidad, muy destacada la presencia de Machado. Seguidor entrañable suyo en el tratamiento lírico del paisaje, el primer artículo de Leopoldo Panero*, que abre el volumen II (dedicado a los trabajos en prosa) de la edición de sus *Obras completas,* preparadas por hijo Juan Luis Panero, es precisamente el que titulara «Antonio Machado en la lejanía», publicado originalmente en

El Sol (Madrid, octubre de 1931). Al describir allí una cierta línea de poesía en la cual «el alma, con su voz que espera, se atersa y enmudece», agrega Panero de inmediato: «Es el caso de Antonio Machado, poeta español, perdido ahora como en un lejanía.»[7] Muchos, muchísimos años después, reconocerá el escritor que al hacerlo así aludía a la distancia que iba mediando entre Machado y su época de juventud, e intentará un claro movimiento de rectificación. Ocurre esto en la citada conferencia suya, «Unas palabras sobre mi poesía» (véase Cap. IV, n. 10); y entonces escribe, refiriéndose a lo dicho (o sugerido) en aquel ensayo primerizo de 1931:

> Y, sin embargo, no era así, y mi artículo no decía enteramente la verdad. Lo que yo quería decir, o insinuar, era casi todo lo contrario; pero entonces no estaba bien visto hablar con elogio del tipo de poesía representado por Machado, y yo para poder hacerlo tuve que alejarlo en el tiempo y en el espacio, como si ya estuviese muerto, como si se tratara de un clásico, al que como tal, no era pecado de leso vanguardismo enaltecer y admirar.

Transitar por la obra poética de Panero es encontrarnos con frecuencia la explícita mención de don Antonio, y aun la glosa de temas y sugestiones del mismo. Es autor, y señalémoslo de entrada, de dos relativamente extensos poemas en respectivo homenaje a Antonio y Manuel Machado, publicados también en *Cuadernos Hispanoamericanos,* y agrupados bajo el título común de «Desde el umbral de un sueño...», el verso inicial de uno de los más misteriosos y sugerentes textos de *Soledades. Galerías. Otros poemas* (LXIV). Están esas composiciones incluidas hoy en el volumen I (Poesía) de las *Obras completas* de Panero; y el dedicado a Antonio lleva como lema unos versos del soneto en que éste rescata a través del tiempo la doble imagen del padre y el hijo (*Esta luz de Sevilla...*) de *Nuevas canciones* (CLXV, iv), lo cual pudiera interpretarse casi como una voluntad de reconocimiento filial por parte de Panero hacia Machado. Y uno de sus momentos más altos lo alcanza mediante ese modo tembloroso en que aquél supo combinar, en un pasaje de dicha pieza, el dato biográfico final de poeta sevillano, exiliado en Francia, donde muere, y unas de sus preocupaciones poético-filosóficas más resistentes:

> Ahora que ya en Colliure
> le cerca el mar (su otro,
> su otredad misteriosa),
> completando su ser.

En *Canto personal (Carta perdida a Pablo Neruda)*, publicado en 1953, hay también una incidental evocación de Machado, que discurre en los dos tercetos siguientes:

Con su propia palabra se socorre
el poeta de verdad: así Machado
que nunca se encerró en ninguna torre.
Ni se metió tampoco en fango o vado
(a propósito el pie de charca en charca)
para poder decir: yo lo he pisado.

Y en la sección IV del tomo de sus *Poesías* («Epístolas para mis amigos y enemigos mejores») aparecerá Machado dos veces. En «Ruiseñor sombrío», dirigido al poeta colombiano Eduardo Carranza, Panero recuerda a *aquel españolito que Machado cantó:* se trata de una alusión directa al españolito debatido *entre una España que muere / y otra España que bosteza* (y la sugerencia del trágico final inevitable: el corazón «helado» por una de ellas) que centra uno de los «Proverbios y cantares» de la primera serie (*CC*, CXXXVI, liii). Y «La esperanza, verdad de todos» (A Pedro Laín Entralgo) lleva como lema un verso machadiano muy repetido en tal función: *porque faltó mi voz en tu homenaje,* del soneto «A don Ramón del Valle Inclán» (*NC*, CLXIV). Y varios de sus poemas hasta entonces inéditos — «Tierra de campos», «Zamora», «Soria» — recogidos en el mismo volumen, no ocultan una clara raigambre en Machado, tanto en la temática castellanista como en el acento expresivo.

Este enraizamiento, proyectado en sus dimensiones generales, no ha pasado inadvertido a los críticos de la poesía de Leopoldo Panero, y así lo han señalado continuamente. Dámaso Alonso, hablando, a propósito de aquella, de la relación entre vida y poesía, y al observar cómo en ésta se da una modalidad en que la «experiencia» puede quedar oscurecida por la «invención», señala también que

hay otros poetas en los que el fanal, la atmósfera propia arrastrada por el ser individual vivo, como aérea envoltoria planetaria, es muy compacto y constante. Así son Unamuno y Machado. Y de éstos es también Leopoldo Panero.[8]

Estamos, pues, ante uno de esos poetas (a los cuales aludíamos en los comienzos de este capítulo) en quienes no sólo descubrimos las huellas, más o menos intermitentes, de algunos temas e inquietudes de Machado; sino algo más sustancial que —sin desmedro de la originalidad de su mundo poético y el acento de su voz, tan personales— cabe acercar a lo que, en general, entendemos por influencia, siquiera en el sentido de una profunda y continuada aproximación espiritual. Así, cuando Luis Felipe Vivanco define como «rezo» el tono poético más característico de Panero, indica igualmente cómo la raíz de esta voluntad peculiarísima se encuentra en la poesía de Antonio Machado, cuyo decir más significativo no fue nunca «cántico exaltado de realidades, ni siquiera cántico.»⁹ En consecuencia, el crítico sugiere la humilde y limitada palabra poética machadiana como manantío de ese hablar como callando de Panero; y, para verificarlo, llega a muy convincentes constataciones en los sonetos tanto como en el arte matizado de los retratos en ambos poetas. No es posible extendernos en el tema; pero el lector interesado podrá encontrar observaciones muy inteligentes sobre estos puntos en las páginas de Vivanco.¹⁰

Luis Rosales, en su ensayo «Leopoldo Panero, hacia un nuevo humanismo», y en la sección que dedica a examinar «la voz propia» del poeta, se concentra en el soneto «A mis hermanos» de *Escrito a cada instante* (1949). El primer cuarteto de esa pieza dice así:

> Estamos siempre solos. Cae el viento
> entre los encinares y la vega.
> A nuestro corazón el ruido llega
> del campo silencioso y polvoriento.

Y, en el lugar correspondiente de su análisis, comenta Rosales:

> El campo silencioso y polvoriento del cuarto verso tiene una clara reminiscencia: está escrito desde Machado. Panero, que tenía una lucidez crítica extraordinaria, no lo podía ignorar, y, en efecto, no lo ignoraba. Dejó la huella machadiana a pesar de ello. Tuvo interés en recordarnos algo; quiso expresar un reconocimiento. Hay ocasiones en que a un poeta le interesa dejar constancia de sus predilecciones, y marca sus poemas para legitimarlos, pagando al mismo tiempo una deuda de gratitud. Hay ocasiones en que se siente la necesidad de declarar públicamente nuestro origen, y Panero llevaba en aquel tiempo esa reminiscencia de Machado como se lleva un apellido.¹¹

Afinidades muy precisas entre Panero y Machado han sido de igual modo señaladas por Eillen Connolly en su estudio crítico de la poesía del primero. Entre ellas, y sólo como ilustración, la autora emparenta, y con razón, estos versos de Panero: *Hoy te miro lentamente / como un camino al andar* (de «Canción crédula de los ojos», en *Escrito a cada instante*) con los tan conocidos de «Proverbios y cantares»: *Caminante, no hay camino, / se hace camino al andar* (*CC*, CXXXVI, xxix). Tal vez mayor interés tengan las conclusiones a que Eillen Connolly arriba en el capítulo en que intenta trazar la «imagen del hombre» en Leopoldo Panero, donde se explaya en la observación de lo que, al respecto, acerca y separa a este último de la geneación del 98 y especialmente de Machado. Nos interesa, lógicamente, acentuar los paralelismos, que pueden quedar resumidos así: la búsqueda interior desde la ceguera y la oscuridad, la preocupación por el tiempo, el tratamiento personal y subjetivo de la naturaleza, la exaltación de la solidaridad, y el espíritu de la infancia como un aspecto importante de la actitud poética, aquí específicamente tanto de Machado como de Unamuno (o aun con mayor fuerza en Unamuno).[12]

Acaso no menor, en volumen y matices, es el interés hacia Machado que, en verso y atención crítica, revela la obra literaria de Luis Rosales. Su serie de sonetos *La estatua de sal,* escritos entre 1935 y 1939, e incorporada al libro suyo *Segundo Abril* (1972) se sitúa bajo la protección inaugural de una de las más breves «Canciones» de aquél: *La primavera ha venido. / Nadie sabe cómo ha sido.* (*NC*, CLIX, iii). Otra colección, *Rimas, 1937-1951* (1951), lo hace también, junto a otra cita de Unamuno, con ésta de Machado: *Lleva quien deja y vive el que ha vivido,* de su «Elogio» a don Francisco Giner de los Ríos (*CC*, CXXXIX). Y, dentro de esa colección, y en un texto fuertemente sellado por la emoción y la angustia del tiempo, «El desvivir del corazón», al sentir el poeta la llamada *de mi corazón de Dios dentro del pecho,* el discurso lírico se hace continuar con el calco literal de una frase decisiva de aquel mágico poemilla de *SGOP* (LXIV), cuando el hablante contesta así a *la buena voz, la voz querida* que le invita a ver el alma: *¡Contigo siempre!*

Y al frente de ese libro, el más personal e intenso de los suyos, que es *La casa encendida* (de 1949, con una nueva versión de 1967), coloca íntegramente otro poema machadiano, también de *SGOP* (LXXIV): *Tarde tranquila...,* de melancólico ahincamiento en el recuerdo dulce y lejano. Luego, la sección II de dicho libro de Rosales, que desarrolla como en un aire de sueño su estremecedor diálogo con el entrañable amigo muerto, Juan Panero, pudo sin dificultades ampararse otra vez en el verso inicial de aquel sugerente texto: *Desde el umbral del sueño me llamaron* ... Los críticos de *La casa encendida* no han podido pasar por alto su relación con el poeta de *Soledades.* Julián Marías ha escrito al afecto: «El argumento del poema *[La casa encendida* es un poema-libro*]* es un acontecer que en rigor 'no pasa'; más bien 'se queda'...» Y al sugerir que ese «no pasar» es positivamente un «quedarse», aclara, con verdad, que allí podría valer la fórmula de Antonio Machado: «confusa la historia y clara la pena (o la alegría).»[13] Y al referirse con especificidad al epígrafe general (la ya citada pieza, *Tarde tranquila*.... transcripta por Rosales en su totalidad) apunta Alicia María Rafucci de Lockwood que esa pieza expresa «dos ideas fundamentales en *La casa encendida*: la importancia de revivir los recuerdos, que es lo que hace Rosales en su libro, y la idea de que dependemos de la voluntad divina para nuestras alegrías y tristezas»,[14] y documenta su opinión con varios pasajes ilustrativos del mismo libro.

En *El contenido del corazón* (1969) hay un fragmento (el II, acogido al título de «El recuerdo») que intenta una atmósfera descriptiva de la primavera. El mecanismo de la memoria es riguroso; y el autor interrumpe, exteriormente sin justificación, el fluir discursivo de la prosa para introducir, de suave y abrupta manera a la vez, aquellos dos versos machadianos que ya, dentro de la misma obra de Rosales, nos son familiares pues los vimos abriendo los sonetos de *La estatua de sal*, y que tantos repiten sin a veces conocer exactamente su prodecencia: *La primavera ha venido. / Nadie sabe cómo ha sido.* Y los críticos han vuelto a tener que vincular al autor de *El contenido del corazón* con Machado; pues, como él mismo expresara de Panero, es ahora Rosales quien no oculta, si no su apellido, al menos su íntimo parentesco espiritual con aquél. Esta vez es José Hierro quien lo precisa con todo rigor:

> *El contenido del corazón* es, en rigor, un solo poema, una elegía por la que desfilan borrosamente los años de la infancia, los seres entrañables arracimados a la sombra de la figura materna, las decepciones y las nostalgias.
>
> Borrosamente: he aquí una palabra que no he utilizado caprichosamente. Porque la intención del poeta parece haber sido sumergir a los seres amados y sus actos en el tiempo. En la emoción del tiempo manriqueño, podría precisarse recordando a don Antonio Machado: otro nombre que traigo a estas líneas con deliberación. Pues conviene recordar que por los años en que Luis Rosales comienza a escribir estos poemas —1940— la poesía concebida como «palabra en el tiempo» no es frecuente. Esta inclinación de Rosales hacia Machado es, en él, cosa anterior, más o menos de hacia 1935. En esto también fue el granadino un anticipador, porque vio en Machado un poeta *vigente* cuando la mayoría de los poetas del 27 lo tenían sólo como un gran poeta que creció a contracorriente de su tiempo.[15]

Y en su libro *Canciones, 1968-1972* (1973), Rosales retoma una de las líneas más características de Machado, aquélla basada en la expresión popular y (supuestamente) directa. Y se entra por la canción breve y de metro corto, de instántánea sugestión misteriosa o melancólica a veces, y otras preñada de esa honda sabiduría que el pueblo, y no con menor misterio y plurivalencia de significaciones, sabe tan bien expresar. Son estas últimas las que Rosales gusta de llamar «coplas de pensamiento»; y de las cuales, entre las tantas que Machado escribiera, aquél parece con preferencia recordar siempre, y hasta casi la ha glosado como se verá, la que dice: *Por dar al viento trabajo / cosía con hilo doble / las hojas secas del árbol* (*NC,* CLXI, lxii). No en balde a este nuevo libro, *Canciones,* puso su autor la siguiente dedicatoria:

>   A Antonio Machado
>   y a Ramón Gómez de la Serna:
>   los fundadores.

Al poeta de los proverbios y cantares, y al escritor y creador de las greguerías, tenían que ir, forzosamente, encomendadas estas canciones ceñidas de Rosales, feliz continuador de esa dirección que ellos abrieron. Bastarán unas pocos muestras de las mismas para que el lector, sin necesidad de comentario alguno de nuestra parte, reconozca al punto la voluntaria afinidad. Sean éstas, del libro de Rosales:

>   El roble,
>   el roble tiene las hojas
>   atadas con hilo doble.

>   ******

>   En la primavera
>   el brote del roble
>   junto a la hoja seca;

>   en el corazón
>   la rama tronchada
>   con la rama en flor.

>   ******

>   Soñaba mi corazón,

cuando quise despertarlo
despertó.

******

Ayer era el día de ayer
y tú marchabas conmigo,
ahora me llevan tus huellas
¡tan solas! sobre el camino.

Críticamente se ha ocupado también Rosales de Machado. Ya en el número de *Cuadernos hispanoamericanos (1949)*, apareció, bajo el título de «Muerte y resurrección de Antonio Machado», un brillante trabajo de exégesis sobre la que aquél considera, con justicia, una de «las piezas más importantes, sorprendentes y extrañas en la lírica de Machado», o sea la extensa y fragmentaria composición «Recuerdos de sueño, fiebre y duermivela», del *Cancionero apócrifo* (trabajo que ha sido recogido por el mismo autor en su libro *Lírica española* —véase n. 11 de este mismo capítulo— y por Gullón y Phillips en su edición colectiva de estudios críticos sobre *Antonio Machado* a que hemos hecho anteriores referencias). Y en el otro homenaje de la misma revista —*Cuadernos hispanoamericanos (1975-76)*— ha aparecido su artículo «Un antecedente de *Yo voy soñando caminos*», en el que establece la filiación de la copla de la «aguda espina dorada» en un poema de las *Follas novas* de Rosalía de Castro, pero observando pulcramente las innovaciones introducidas por Machado y gracias a las cuales su poema se convierte en «una obra distinta, totalmente distinta y personal.» Reciente también, y de la mayor importancia a nuestro parecer, es su estudio «Antonio Machado: Un poeta catedrático», que se ha publicado como prólogo al libro *Antonio Machado y Ruiz. Expediente académico y profesional* (Madrid: Ministerio de Educación y Ciencias, 1976). En él se propone Rosales señalar varios aspectos de la poesía machadiana que le acreditan una segura modernidad a su obra lírica, aunque sólo desarrolla uno de esos aspectos: el referido al tratamiento del paisaje, para lo cual lleva a cabo un penetrante y original análisis de la heterogeneidad y riqueza al respecto de *Campos de Castilla*.

Rosales, como casi todos los miembros de su generación — lo vimos ya en Vivanco y en Gil— al tratar de marcar los propósitos y rumbos conque aquélla se definió, no puede sino recurrir a la manifiesta declaración de cuánto debieron y aprendieron en Unamuno y en Machado (tanto como en otro poeta extranjero: Rainer María Rilke, «el poeta del hombre» como le ha llamado Otto F. Bolnow). No otra cosa es lo que hace el autor de *La casa encendida,* y dentro de su ensayo más arriba mencionado sobre la poesía de Panero. Resume allí Rosales la tarea fundamental emprendida por su grupo —el retorno a la concepción de la poesía como experiencia de la realidad temporal— para lo cual, y sin desvalorar o malgastar la en otros sentidos magisterial y brillante labor inmediata del 27, se imponía una mirada hacia más atrás, que resulta en un itinerario descrito casi en los mismos términos con que lo hiciera Luis Felipe Vivanco. Escribe Rosales:

> La búsqueda de lo nuevo fue nuestro campo de experimentación durante muchos años, y en la búsqueda de lo nuevo se fundieron valores tramitados por dos generaciones de maestros. Para nosotros, los compañeros de generación de Leopoldo Panero, lo nuevo fue en principio lo original, entendiendo como originalidad la ampliación del mundo poético y la incorporación a la poesía de temas, técnicas, sentimientos, situaciones y sensibilizaciones que nunca se habían incorporado anteriormente a ella; ésta fue la lección de los poetas del 27. Pero la búsqueda de lo nuevo, ya lo hemos dicho, implicaba también algo más radical y metafísico. El hombre es un ser temporal e ininteligible. Su realidad es inestable y es preciso aprehenderla de una manera abierta, sucesiva, viviente. Lo nuevo, en este sentido, es la expresión de lo temporal, y atender a lo nuevo de la experiencia humana fue la lección que nos legaron Unamuno y Machado. Aunar ambar lecciones, la lección de la generación del 98 y la lección de la generación del 27, fue la labor emprendida, tesonera y abnegadamente, por la generación de Leopoldo Panero.[16]

«Magistral aprendiz de discípulo»: con ese calificativo, *magistral,* ha caracterizado Félix Grande a Luis Rosales, quien a sí mismo sólo se considera «un aprendiz de discípulo.» Y Grande ha señalado concretamente las tres grandes devociones de éste, los tres maestros de ese discípulo superior: Machado, Cervantes y Dostoyevski. Por ello no encontró aquél mejor medio, en y como homenaje a Rosales, que escribir tres «estampas» a cada uno de aquéllos dedicadas, y explica el por qué: «Rosales siempre ha dado fe de sus raíces, de sus maestros, —de un modo verdadero y permanente: haciéndose raíz.»[17] Y entre sus nada escondidas raíces, como creemos haber siquiera parcialmente demostrado, ha estado y sigue estando, de muy principal manera, su acendrada emoción ante voz lírica de Antonio Machado.

Sólo la palabra *fervor* hará justicia a la relación que, a través de la poesía y en sus más hondos sentires, establece Dionisio Ridruejo con el poeta de Soria, sin que falten las numerosas referencias con que, desde su acostumbrada lucidez, aclaró él mismo esa relación. Acaba de terminar la guerra civil, y Ridruejo —circunstancias políticas aparte— ha sido visto hasta entonces como un poeta de gran rigor formal y decantadísimo lenguaje. Mas algo decisivo le adviene entonces:

> —En 1940 se me quiebra voluntariamente la voz. Salgo del poema diamantino, cincelado —nunca tan cincelado como se ha dicho—, para empezar a hacer una poesía más o menos existencial, de formas opacas, de rimas asonantadas, muy decisivamente de vuelta a Machado. Este libro, que se gesta antes de mi salida para Rusia con la «División azul», se llama *En la soledad del tiempo.*[18]

Ese libro que, desde su título —elaborado a base de dos voces tan machadianas— anuncia su orientación, no se publicará hasta 1944. Los ecos del maestro brotan desde los mismos arranques de los poemas: soledad, cansancio, honda angustia temporal irán sellándolos, casi uno a uno. Serán suficientes unas cuantas ilustraciones. El inicio de *Ya solo en mi corazón....:*

> Ya solo en mi corazón
> desiertamente he quedado;
> el alma es como una nieve
> extendida sobre el campo,
> la tierra desaparece...

O el de *Cansado miro las piedras:*

> Cansado miro las piedras
> azules del Guadarrama
> que ayer en la lejanía
> escondieron la mirada...

Analizando la primera parte de este libro de Ridruejo, de rótulo ya más que expresivamente machadiano («Soledades»), Luis Felipe Vivanco se concentra en las cuartetas del poema «Paseo de la montaña y la ciudad», tan cercanas en ritmo y tono a los versos del Machado caminante, hasta llegar a advertir específicamente cómo «la presencia invisible y bienhechora del gran paseante don Antonio se hace cada vez más evidente.»[19] Y para ejemplificar esa presencia no necesita el crítico más que transcribir esta estrofilla de esa sección:

El corazón, un instante,
humilde y sobrecogido
es un niño caminante
dentro del bosque perdido.

Entre 1943 y 1945 Ridruejo compondrá *Elegías* (1948), y no es menos patente aquí la huella de Machado. El poema que tal vez más claramente lo manifiesta (y del cual el propio autor recuerda, en la citada entrevista, cómo Aranguren lo consideraba «el primer poema social que se escribió en España») es el titulado «Todavía», que comienza ya por llevar como lema dos versos de «A un olmo seco» (*CC,* CXV): *Antes que te derribe, olmo del Duero, / con su hacha el leñador.* También estas afiebradas exhortaciones de las «Ultimas lamentaciones de Abel Martín» (*CA,* CLXIX), parecieron estar presentes en el ánimo de Ridruejo al escribirlo:

¡Oh Tiempo, oh Todavía
preñado de inminencias!
Tú me acompañas en la senda fría,
tejedor de esperanzas e impaciencias.

Y aún más derechamente, pues el poema va dirigido en gran parte a los poetas, este otro aviso que se contiene en «A Narciso Alonso Cortés, poeta de Castilla» (*CC,* CXLIX): *Poeta, que declaras arrugas en tu frente, / tu musa es la más noble: se llama Todavía.* Ridruejo recogerá y dará expresión a esa misma conciencia de la urgencia temporal, y a la análoga abertura del espíritu hacia lo aún posible. Véanse estos versos del poema suyo que comentamos, y que reproducimos fragmentariamente:

Estos tiempos muertos. Todavía.

******

Todavía. ¡Qué molde esperanza!
Todavía. Y los trozos cargados de sentido
recomponen su imagen y restauran su gusto.

Como en el maestro: siempre frente a la incertidumbre, la esperanza. Es el mismo mensaje del cantor de la «España joven», que este hombre también entonces joven, y surgido de la guerra, quiere transmitir a los poetas —y a los hombres— de su momento. Hacia el final de la extensa composición, Ridruejo aprieta y condensa intuiciones líricas y trascendentes cuya vibración machadiana el oído descubre fácilmente. Merece la pena reproducir el pasaje que lo cierra:

Oh, creación mortal de la carne en el alma:
¿Te has despegado ya de tus cenizas?
Aún persiste el halago, el siempre halago
en la desgana de la primavera.
Exprime, exprime bien el viejo tronco
para que sólo quedan la savia y la forma,
el espíritu sólo,
y los poetas se lo entreguen a los hombre futuros.
Sí, es como un viejo árbol
cargado de reyes, banderas y mitos,
cargado de estatuas, lienzos y canciones,
cargado de jardines y costumbres de jardines,
de huertos y vergeles ricos en frutos,
de oraciones y sacrificios.
Cargado, cargado de nombres.
El árbol que canta mientras el vendaval lo sacude.
El árbol que me tuvo, que os tuvo, como pequeñísima
                                        simiente,
cuando nacíamos, entre sus hojas.
El árbol que me hizo en la tierra
cuando acaso esta tierra ya no era la suya.
Mi esbelto todavía.
Antes de que las hachas lo derriben,
antes de que los abismos lo carboneen y lo oculten,
antes de que la vida lo triture en sus muelas,
antes de que muera, ayudadme a cantarlo,
a quemarlo en las hogueras de mi voz,
para que luego, con los días, resucite de sus cenizas.
Porque todo árbol es igual a otro en la selva del tiempo,
ya sé que estoy temblando por lo que no puede perderse,
por lo que tiene que perderse.
Ya sé que sólo Dios es Siempre y Todavía.
Pero estoy en la tierra de este tiempo inseguro
y soy el hombre, todavía un hombre.

En *El Siglo* (Bogotá) aparecieron el 2 de junio de 1945 tres poemas de Ridruejo que son alusión y homenaje respectivamente a Juan Ramón Jiménez, Antonio Machado y Miguel de Unamuno. El dedicado al segundo (que comienza con el verso *Lo que dice la tierra*), incluido naturalmente en las dos colecciones de (parciales) poesías completas del autor —*En once años, 1935-1945* (1950) y *Hasta la fecha* (1961)— puede leerse hoy también en el reciente florilegio de *Peña Labra*.

Esta rápida exploración machadiana en Ridruejo ha de dar aún más. En la sección *Serranías y otras notas de España* (1942-1952), según la organización que a su trabajo poético diera el autor en la citada colección *Hasta la fecha,* encontramos dos inmediatas evocaciones paisajistas de Soria, la tierra tan querida de Machado y que es la misma nativa de este poeta: el soneto «Soria lejana», y el breve texto «Tierra de Soria», el cual concluye con el casi lema que aquél empleara para cifrar la esencia de esa región: *Soria pura*. En otra serie relativamente paralela, *Convivencias* (1941-1958), el tríptico de sonetos que agrupa bajo el título de «Poesía de Leopoldo Panero» se remata así:

> Tuyo o mío el ayer; niños que juegan
> juntos de pronto, hombres que se hallan
> en la fe o en el amor y resonando
>
> —Unamuno, Machado—, mientras ciegan
> allí, a la luz de Junio, y mientras callan
> y todo es cierto, y Dios lo va mirando.

Y el «Mensaje a Azorín en su generación», también de *Convivencias,* incrusta esta rápida pero aguda semblanza espiritualizada del cantor del tiempo y de la tierra:

> Antonio, triste, hilaba tiempo
> de humanidad sedimentada,
> tierra amasada en su memoria
> de pueblo en ciernes, resonada.

Casi en prosa (1972), una de sus últimas entregas poéticas, fuera acaso así titulada por recoger, en el más llano y natural de los lenguajes, la recreación de sus docentes experiencias en universidades de los Estados Unidos. Toda la sección II lleva el título general de «Heme aquí ya, profesor», frase que, como se recuerda, inicia el «Poema de un día. Meditaciones rurales», de *Campos de Castilla*, en que Machado comienza registrando vivencias similares. Y el apartado B, de esa sección, declara paladinamente el mecanismo entrañable de la evocación:

«Heme aquí ya, profesor.»
Cito una edición genuina
por la memoria en amor.

Y en el final del largo texto de Ridruejo se siente escuchar de nuevo aquel *tic-tic,* monótono y opresivo, del reloj que a Machado contaba las horas en sus días de Baeza. Este aludía, en su poema, al *tic-tic, tic-tic, el latido / de un corazón de metal.* Y Ridruejo lo hará suyo también, y develará su fatal sentido último, al cual su vida misma se acercaba: *Ahora sí: «tic-tic», siento el golpeo / del corazón mecánico y me gasto.* Aun en su siguiente y último libro, *En breve* (1975), seguirá al maestro en su línea menor de proverbios, sentenciosos y líricos a un tiempo, en los cuales la preocupación por España —constante en uno y otro— se adensa en formas reducidas donde la reflexión y la emoción se equilibran sin mutuamente anularse. He aquí dos de estos apuntes de Ridruejo:

España del corazón:
más paisaje que suceso,
más deseo que razón.

******

Español apagado,
ceniza de un fuego
¿dónde estás que te busco
y me busco y nos pierdo?

Que Dionisio Ridruejo llevaba la palabra y el ejemplo de Machado tan metidos en su sangre, en la sangre de su más alerta conciencia, lo refleja la lectura de su libro póstumo *Casi unas memorias.* Continuamente acude allí a decires y pensares de aquél para rubricar juicios propios, dar entidad veraz a retratos de personajes de la época o a descripciones de sucesos vividos y, en la cartas que reproduce, para rubricar la autenticidad de algún testimonio personal. El libro, en un pasaje dado, arroja una luz necesaria y conmovedora —por sincera— sobre uno de los episodios más dramáticos en sus relaciones con Machado. Como es sabido, y bajo el título de «El poeta rescatado», Ridruejo había prologado en 1941 la quinta edición de las *Poesías completas* de aquél, que era a su vez la primera aparecida después del final de la guerra y a sólo dos años de su muerte en Colliure. Dada esta circunstancia, y la bien conocida actitud política de Machàdo, la rapidez de esta edición no deja de ser sorprendente, y hay que atribuirla a la hermosa y firme pasión de sus devotos: Ridruejo, por su posición oficial de entonces, debió ser uno de los primeros.

El ensayo prologal había sido publicado el año anterior (1940) en la revista *Escorial,* fundada en esa misma fecha y dirigida originalmente por el propio Ridruejo y Pedro Laín Entralgo. No podían comenzar aquellas páginas de modo más delicado e intachable. Si prologaba ese libro, escribe allí, lo hace «por respeto, por ternura, por necesidad de elogio u homenaje, como del discípulo para el maestro.»[20] Pero sus ideas políticas de entonces —aún militaba activamente en la Falange— se filtraban inoportuna o equivocadamente aquí y allá, y le llevaban a afirmaciones tergiversadoras de la imagen cabal del hombre Machado, que no tenemos ahora que recordar por archiconocidas. Y porque el mismo Ridruejo abjuró de ellas —no de su voluntad de rescatar la obra poética de don Antonio para el «patrimonio de España»— y, aún más radicalmente, de la base ideológica desde donde a aquéllas afirmaciones había llegado. En el mencionado libro, *Casi unas memorias,* Ridruejo devela honestamente las entretelas de la aventura, y sus consecuencias sobre él mismo:

> ...La lectura del primer editorial de la revista *[Escorial]* y del prólogo a las obras de Machado, escrito bajo la vigilancia del propio hermano del poeta, me proporcionó en aquellos días la amistad de no pocas personas de las que en la España vencedora se encontraban perdidas. La misma lectura, en cambio, me valió la repulsa más viva de hombres que estaban lejos de España o de los que leyeron todo aquello muchos años después. Y la mía misma cuando volviera a leerlo pasados quince o veinte años. Y es que, visto desde fuera y desde lejos, todo aquello tenía que parecer una farsa, un falso testimonio, un ardid de gentes aprovechadas que querían sumar y, con la suma, legitimar la causa a la que servían y cuyo reverso era el terror.
>
> Unos y otros, en definitiva tenían razón.
>
> Por lo que a mí se refiere, confesaré que aquellos años —del 40 al 41— fueron los más contradictorios de mi vida. Los del disgusto interior más irritable. Terco en la esperanza y en las convicciones teóricas, vivía cada día su fracaso y me estrellaba cada día contra la realidad...[21]

El fracaso —su fracaso— no se hizo esperar. En octubre de 1942, tras su carta de renuncia a los cargos oficiales que ostentaba y las duras críticas al régimen imperante, que dirigiera al mismo general Franco, es detenido por la policía y enviado, en calidad de confinamiento, a Ronda. Comienza entonces su larga cadena de destierros interiores, encarcelamientos y exilios: prueba de fuego a sus sanas y férreas posiciones más sostenidas, que cubren el resto de su vida y prácticamente la historia de la posguerra. Pero en ningún momento le abandonó la guía espiritual y la lección de poesía y de entereza humana de Machado, «el ídolo de Dionisio», según palabras de Antonio Tovar.[22] Le había conocido personalmente, fugazmente, en su paso por el Instituto de Segovia, hacia el año de 1923, de acuerdo al recuento cronológico «Dionisio Ridruejo en fechas y notas de entorno», incorporado al libro que hemos recientemente consignado. Pero lo acompañó siempre, y son numerosas las anécdotas y declaraciones que así lo atestiguan. Una, llegada a nuestro conocimiento hace sólo muy poco, y debida a Ester de Andréis, procede de un a modo de diario parcial y fragmentario sobre la estancia de Ridruejo en Roma durante el 1949. En lo correspondiente al mes de junio de ese año, la autora consigna:

Viernes

Tomamos café después del almuerzo, echados sobre la hierba. Dionisio ha recitado poemas de Machado, con la entonación sobria y la emoción contenida, la verdadera que necesita nuestro poeta.[23]

En un sentido cálido e inmediatamente humano, la presencia de Machado en Ridruejo sea tal vez la más entrañablemente vivida —vivida por el espíritu y desde la acción— entre los poetas de su generación.

Luis Felipe Vivanco no es, de esos poetas, uno de los que más frecuentemente convoquen, dentro de los suyos, versos o pasajes de Machado; aunque de pronto una alusión rápida, pero inequívoca, nos lo trae a un primer plano y pareciera como si desde allí presidiese el desarrollo de algún poema. Así, en su libro *Lecciones para el hijo* (1961), y en una pieza en prosa titulada «Paréntesis», introduce esta sutil y diáfana advertencia: *Hay que andar mucho —no lo olvides nunca—, pero muy toscamente, muy machadianamente y sin ingenio.* Ya en 1957 había puesto al pie de *El descampado*, tal vez uno de sus más hondos e intensos volúmenes líricos, estos versos de las «Galerías» del primer Machado: *El alma del poeta / se orienta hacia el misterio (SGOP,* LXI). Y en su libro póstumo, *Prosas propicias* (1976), dedica a Jose María Valverde una

«Sátira» (Imitación de la *Satura tertia* de Juvenal) en la que el propio
Valverde se convierte en protagonista del texto y habla desde él, y en labios
de éste se pone una referencia al *hombre concreto / de carne y hueso, el*
hombre de Unamuno y Machado, / casi extinguido.

En *Cuadernos hispanoamericanos (1949)* había publicado Vivanco un
«Comentario a unos pocos poemas de Antonio Machado», que se centra
principalmente en el tema de la primavera en Soria, por aquél descubierta y
vivida allí, en la misma ciudad castellana, o recreada y evocada después y
ya desde la primavera andaluza de Baeza —con lo cual esta exploración
supone una incursión también en otro de los grandes motivos de Machado:
el del amor. En la revista *Papeles de Son Armadans* (II, No. VI, 1956) dio
Vivanco a la luz un texto, «Retrato en el tiempo», al que sigue un poema
hasta entonces inédito de Machado con reproducción y transcripción del
autógrafo. Y a la antología colectiva de *El Ciervo*, de la que dimos cuenta y
nos servirá en otras ocasiones, remitió, como respuesta, unos «Versos /de
Antonio Machado/ sin comentario»: son 22 breves selecciones, en su
mayoría fragmentadas de sus contextos originales y procedentes casi sin exclusión del Machado intimista de *Soledades*; a las que añade, como colofón, el verso final, y resumidor, del poeta, escrito ya en Colliure: *¡Estos*
días azules y este sol de la infancia!

En su importante *Introducción a la poesía española contemporánea,*
que nos ha sido de repetida utilidad en las páginas anteriores, no dedica
Vivanco, por los límites propuestos a sus estudios, una consideración
especial a la obra de Machado. Pero recordemos cómo al dar las pistas por
las cuales la poesía de su grupo generacional se configuró, tiene cuidado en
puntualizar, desde su prólogo, que lo por ellos buscado —devolver la
palabra que la imagen oculta— implicaba una «vuelta» a Machado. Y al
analizar particularmente a varios de los poetas por él atendidos, les va per-
siguiendo y anotando con escrupulosidad los ecos y raíces machadianos que
les descubre: desde Federico García Lorca y Dámaso Alonso hasta los tres
que, por el momento, ya hemos considerado en este mismo capítulo:
Panero, Rosales y Ridruejo. La oportunidad y el buen tino de todos esos
señalamientes revelan el conocimiento profundo y preciso que Luis Felipe
Vicanco tenía de la obra poética de Machado.

Desde el tono más característico de su decir, ahondador y meditativo,
tanto como a partir de sus inclinaciones temáticas, Ildefonso-Manuel Gil*
no desmiente su entronque más íntimo con el gran poeta. En su libro *De*
persona a persona (1971), hay un breve composición a aquel explícitamente
dirigida pero librada del común acento retórico de los homenajes: «A Antonio Machado», en la que lírica y nostálgicamente lo acompaña en lo
esencial-poético de su biografía, como reza el subtítulo «(de Segovia a Co-

lliure).» El tiempo y la poesía, dos de los temas —si se quiere: los dos temas centrales del poeta-pensador— se hermanan ya desde la titulación general misma, en otro libro de Gil: *Poemas del tiempo y del poema* (1973). Aquí se le ve al autor aventurando sus medios hacia la poesía, que no son otros que los manejados por Machado: *Si me hundo en los recuerdos, si me busco / en caminos de ayer...* O bien precisando, en igual cercanía, el destino del poeta en el poema: *el corazón naufraga en honduras de sombra.* En *Cuadernos hispanoamericanos (1975-76)* colabora con otro personal poema-homenaje: «Caminos de la tarde», en el que se vuelven a unir el recuerdo del poeta evocado y las esperanzas del poeta que lo evoca.

Gil ha manifestado (como también se vio ya en Luis Rosales) un particular interés por la que tiende a llamar la «poesía menor» de Machado: *menor* no sólo por su brevedad sino gracias al voluntario despojamiento de todo lo que, en la forma, suele dar su empaque mayor al producto poético. Pero nunca menor en el sentido de la intensidad que en ella se puede conseguir, bien en la sugestión penetrante de un ahincado lirismo, bien en la profundidad y solidez de la verdad de pensamiento lograda, bien en la rara combinación de ambas tensiones —como al poeta de los «proverbios y cantares» y de tantas series de «canciones» le fue dable alcanzar. Sobre este tema, «Antonio Machado y la poesía menor», dictó Gil una conferencia, aún inédita, en los cursos de verano de la Universidad de Málaga, el año de 1973. Y la ha seguido incluso a todo lo largo de su propia producción poética. Su mejor muestra, en esta dirección, sería su *Cancionerillo:* un conjunto de treinta y cuatro breves canciones, en muchas de las cuales la resonancia — o aun el engarce — con Machado es bien visible. Reproducimos a continución algunas de ellas:[24]

1

Dice el corazón ¡espera!
mientras en su noche avanza,
sabiendo que el día era
sólo esperar la esperanza.

8

Dicen que el tiempo es de todos
y no lo puede creer:
nunca tuve un tiempo mío
ni lo espero ya tener.

17

Alguna vez he mirado
en mi memoria creyendo
que estaba viendo un extraño.

Mas siempre resplandecía
la verdad elemental:
uno es quien vive su vida.

23

Soñé que me echaba al monte,
y al despertarme lloré.
¡No me digas que no llore!

28

Adivina, adivinanza.
¿qué poeta es el mejor:
ese que briza las nubes
o aquel que liba la flor?

30

Mejor que soñar despierto,
es vivir al otro lado
del sueño.

34

Iba andando y se volvía
a ver lo que atrás dejó
y vio que nada veía.

José Luis Cano, que ha unido siempre al talento básicamente lírico de
su temperamento poético la más aguda sensibilidad como intelectual ante la
problemática de España, ha recreado libremente aquel verso (*creo en la
libertad y la esperanza*), siempre tan fiel y necesario, que Machado
suscribiera en «Desde mi rincón», el poema dirigido a Azorín (*CC,* CX-
LIII), y el cual, por lo oportuno de la fe cívica que encierra, ha dado de sí

varias glosas en los tiempos de la posguerra. Ocurre ello en el cierre del poema «Luz del tiempo», en la sección final (1961-62) igualmente titulada de la colección *Poesía (1942-1962)* de Cano. Este maneja ambas aberturas del espíritu —la libertad, la esperanza— y las enlaza vívidamente al tiempo y a la patria, en versos que semejaran un apretado homenaje a quien tan de raíz sintiera todas esas inquietudes:

> Tu tiempo a la esperanza, aunque tan poca
> te queda ya, y a solas o con otros,
> tu día a la libertad, tu tiempo a España.

Pero la relación más sostenida de Cano con Machado se ha producido en el campo de la crítica. Tuvo, en principio, el buen cuidado de hacer resaltar con el debido relieve la significación decisiva del poeta en toda la lírica de posguerra, lo cual perfila en el «Prólogo» de su difundida *Antología de la nueva poesía española*, editada por Gredos (Madrid) y que anda ya por varias ediciones (la primera es de 1958). En su libro *Poesía española del siglo XX* (Madrid: Guadarrama, 1960) agrupa cinco «Notas sobre Antonio Machado» (I— «Antonio Machado, hombre y poeta en sueños; II— «Quimera y poesía»; III— «La espina arrancada»; IV— «Un amor tardío de Antonio Machado: Guiomar»; y V— «Un soneto de Machado a Guiomar»), algunas de las cuales habían aparecido también en otras colecciones de trabajos críticos del autor. Sus más recientes vueltas sobre el poeta de *Campos de Castilla* (tiene también Cano una edición anotada de este libro, en los Clásicos Españoles de la Biblioteca Anaya) incluyen, entre otros, «Antonio Machado y la generación del 27», sobre el que ya nos apoyamos (véase Cap. I, nota 11); «El símbolo de la primavera en la poesía de Antonio Machado», en *Cuadernos hispanamericanos (1975-76)*: y «Estela de Antonio Machado», en el diario *Informaciones* (Suplemento No. 367, 24 de julio de 1975). Es esta última una breve nota, interesante porque en ella aboga Cano, ante la general actitud antimachadiana de los llamados «novísimos», por lo imperioso que resulta buscar la «eternidad» del poeta en la integración sin exclusiones de *toda* su obra (vale decir, no olvidando, en palabras suyas, «al gran poeta simbolista de *Soledades,* del *Cancionero de Abel Martín* y de tantos otros poemas inmortales») lo cual ha sido desde el principio nuestra posición. Su contribución personal a la antología de *El Ciervo* se concentró en la elección y comentario de uno de los sonetos machadianos de la guerra: «La guerra dio al amor el tajo fuerte», composición en que se alían el amor y la muerte, dos motivos particularmente caros al poeta que aquí selecciona, como lo fueron también a Machado. Y la culminación del interés de José Luis Cano por el gran escritor, en el nivel de la difusión siempre necesaria, ha sido su documentada *Antonio Machado. Biografía ilustrada* (Barcelona: Destino, 1975), de muy provechosa lectura y veracísima información.[25]

Germán Bleiberg ha rendido inmediato tributo a Machado, que conozcamos, en dos ocasiones muy notorias. Una es cuando escribe, en 1945, el poema «Desde la orilla vieja», que luego aparecerá en *Más allá de las ruinas (1947).* El texto, como lo declaran ya el título y el epígrafe que lo introduce (los versos finales de la pieza XXI de *SGOP: Dormirás muchas horas todavía / sobre la orilla vieja, / y encontrarás una mañana pura / amarrada tu barca a otra ribera.*) transparenta, en emoción, motivos, y aun en el léxico, la cercanía de ciertas áreas del mundo lírico machadiano: el sentimiento del tiempo; la necesidad humana del sueño y el recuerdo; el campo silencioso, con sus álamos, su río y su primavera adolescente. Bleiberg puede darle a su motivación poética una solución personal —y de aquí la validez de su pieza— pero la pena —al modo machadiano, es decir, tenaz, aun borrada ya la historia— sigue contada y presente en el poema:

> ¿Vida, destino, viento?
> Sí, he despertado
> una mañana pura en mi nueva orilla solitaria:
> Pero tú, vieja ribera de mi dolor,
> siembras aun nostalgia en mi vigilia.
> Sin puentes, sin barcas, desarraigado,
> sueño el recuerdo de la primitiva playa.

Y el otro homenaje lo fue, al publicar *La mutua primavera* (1948), el amparar este otro libro poético suyo bajo un verso también de Machado (*Pasead vuestra mutua primavera*) de uno de los más hermosos sonetos del *Cancionero de Abel Martín*: «Rosa de fuego.» Atención correspondiente a Machado, dentro de un trabajo de investigación general, se le concede en un estudio de Bleiberg: «Algunas revistas literarias hacia 1898», publicado en *Arbor* (XI, No. 36, 1948).

Las vinculaciones manifiestas de Juan Gil-Albert con Machado no resultan abundantes; mas las interiores e espirituales sí lo son, y de altísimo interés. El poeta y prosista levantino nos ha dejado unas no extensas pero muy esclarecedoras vislumbres hacia aquél: sobre el complejo entramado de su ser, sus preocupaciones como hombre español y de su tiempo, y también sobre su poesía. No sería arriesgado pensar que esa urgencia machadiana por el *otro,* por la otredad (alcanzable o no) descansa también en la base de una de las concepciones vitales más acendradas de Gil-Albert, y que éste varias veces ha repetido: su sentir que él no ha tenido vida, en tanto que «novela» o «anécdota», sino espíritu. Y espíritu abierto hacia fuera, hacia los otros, en una suerte de «desdoblamiento peculiar» que él resume así: «La vida eran, para mí, los demás.» O también: «Nada me interesa menos que mi vida particular, y me interesan, en cambio, mucho, la vida de los otros, de los demás.»[26] El Machado que pudo rebasar el idealismo subjetivista de sus años juveniles, el Machado vuelto hacia la fraternidad, anda consustanciado a estas posiciones del autor de *Concierto en «mí» menor.* Preguntado éste, en fecha no lejana, por las «familiaridades» que de algún modo han influido en su obra, y después de mencionar algunos nombres extranjeros y españoles de todas las épocas, le advierte al entrevistador: «Pero, cuidado, sin que nos olvidemos tanto de Machado como de Unamuno.»[27] Como todos, sin excepción, los otros escritores de su grupo generacional.

Gil-Albert nos ha dejado una emocionada estampa del período valenciano de Machado, en el poblado de Rocafort, durante los años de la guerra civil. Al margen de incidentes narrativos —por entonces aquél colaboraba regularmente en la revista *Hora de España,* en cuya dirección el poeta de Alcoy intervino de tan activo modo— hay en esas páginas una muy lúcida radiografía interior de lo que debió ocurrir, al filo de la guerra y ante la vecindad de la muerte y de su muerte, en los entresijos más íntimos del desdoblado espíritu de quien tuviera que verterse en varios y contrapuestos heterónimos. Debemos reproducir ese pasaje de Gil-Albert:

> *[*Machado*]* encontró, al final de su vida, y en medio del fracaso espantoso de la convivencia de los españoles, en la que había denunciado tantas veces la ausencia de caridad, la ocasión de poner punto final al sutil espejismo de esos tres personajes superpuestos, Antonio Machado, Juan de Mairena y Abel Martín, que, encajado uno en el otro, de fuera a dentro, de dentro a afuera, en la delicada mecánica de las cajas chinas, crean esa transparencia profunda del pensamiento humano que posee como el agua, en una como unidad indehiscente, claridad y misterio.[28]

Esto es: se rescata así la imagen del hombre cabal y entero, reintegrado al cabo desde las mismas opciones «superpuestas» que él se había creado. Análoga ecuación de misterio y claridad, poéticamente pulsada a través de la más difícil sencillez —de una sencillez «irrepetible», por única— es lo que acierta también a descubrirnos Gil-Albert en la obra lírica de Antonio Machado, que es así, otra vez, integración: integración desde el vacío; un modo existencial, y arduo en extremo, de ser y de estar, de vivir y

morir. De otro breve ensayo de Gil-Albert sobre Machado, se extraen aquí
dos fragmentos que abren toda una luminosa revelación sobre el secreto del
mundo poético machadiano:

> Oír a Machado es escuchar la voz, como ya dijo alguien,
> de «la ancha y triste España». Y quién sabe si por última vez.
> Pienso si gran parte de esa unción que provoca en nosotros el
> verso de Machado se deberá a que ya no ha de poderse escribir
> así, hablar de ese modo llano con tal énfasis poético. No, nadie
> podrá ya, nunca, expresarse así. Con Machado se cierra una
> manera de decir que es una manera de vivir; y de morir. No
> tanto un estilo como una vivencia, como una supervivencia.

                              ******

> ... Leyendo a Machado y recorriendo el sonoro paisaje
> decrépito de su España firme, se nos descubre la suprema vir-
> tud que asiste, entre nosotros, a ciertas almas claves dotadas
> del temple necesario para convertir, frente a la desolada
> oquedad reinante, la desesperación en integridad.[29]

Son intuiciones de poeta, éstas de Gil-Albert, que nos conducen al
centro mismo del drama humano, y español, de Machado, y a las soluciones más altas que a éste le fueron dadas lograr y transmitirnos: sus
modos de convertir la desesperación en integridad; posiblidad ética de la
que nacen virtualmente las razones verdaderas— suprahistóricas e in-
trahistóricas— de una vigencia que, en tal sentido, no tiene por qué concluir. Otras veces le verá el mismo Gil-Albert en su misteriosa desposesión,
en ésa como una larga mirada de despedida frente a la existencia; y al con-
templarlo así le brota uno de los poemas a Machado que más se sostienen
por sí mismos, desasido éste de todas las tópicas apoyaturas circunstanciales
que sobreabundan dentro de este tipo de composiciones. El autor lo incluye
en su libro *La trama inextricable* (1968), y en la sección titulada «Los
homenajes». En esos homenajes no se propuso el poeta rendir, *a priori*, un
tributo a éste e aquél de entre los muchos escritores, pensadores y artistas a
quienes admiraba o en deuda con ellos se sentía. Por el contrario, nos dice
él mismo que cada poema le iba naciendo de un modo natural o inevitable
al hilo de su personal motivación. Sólo al concluirlo se daba cuenta de que,
a través de sus palabras, así espontáneamente surgidas, reconocía el eco del
poeta mayor que allí también había hablado. Entonces, sólo entonces,
venía la dedicatoria. El poema requería, pues, de su título propio, el que

demandaba su asunto. Después, como epígrafe, se inscribiría el nombre del así intuitivamente homenajeado. Este de Juan Gil-Albert va en dirección del Machado intimista, trascendente y misterioso, acuciado por la fugacidad de lo temporal y por el imperio de la nada. Léase el poema:

EL PRESENTIMIENTO

Homenaje a Antonio Machado

A veces pienso: el mundo se ha acabado;
desciendo por la senda de la vida
y dejo atrás el orbe luminoso
que me encontré al llegar. Una fragancia
sígueme como un humo de recuerdos,
mientras el pie se mueve inexorable
hacia la oscura orilla silenciosa.
Allí me espera un barco solitario
con sus luces ocultas: nadie, nadie,
ni un sólo pasajero en los andenes,
ni una mano, un adiós, no, nada, nada.
Sólo una línea exigua de horizonte,
y opacidad, y yo, yo solo y triste,
lejos de todo aquello que en su día
creí ser mío.

Algunas críticos han señalado incidentales aunque no sostenidos ecos de Machado en la obra lírica de Carmen Conde. Así, Diana Ramírez de Arellano pone su atención en los siguientes versos del libro *Hablando a la nada*, escritos por la poeta en 1952: *Una se va gastando, cada día, en la vida... / Todo lo deseó, a todo se fue acercando. / Vino desde el misterio sin saber qué traía, / y todo, aunque lo amó, lo ha ido abandonando...* Y en relación con lo que nos interesa, señala Ramírez de Arellano: «Estos alejandrinos arrastran 'algo' del alma nostálgica y cansada de Antonio Machado.»[30] Y, en efecto, ello sucede. De otro lado, Emilio Miró cree ver en el verso *Son dos mundos ajenos que nunca se penetran,* y en el pasaje que esta intuición desarrolla, del poema «Angustia» de Carmen Conde, en su libro *Iluminada en tierra* (1951) una reacción coincidente con aquellas *dos soledades en una, / ni aun de varón y mujer* de las «Canciones a Guiomar» (*CA*, CLXXIII).[31] Sabemos, pero no lo hemos podido consultar, que, bajo el seudónimo de Florentina del Mar, publicó Carmen Conde en *El Español (Semanario de la política y el espíritu)*, fundado en

1942, un artículo sobre Machado cuya temprana fecha —2 de septiembre de 1944— algo sorprende, aunque ya habían aparecido el citado ensayo de Ridruejo en *Escorial* y sólo unos pocos más. Se trata del titulado «Cuando los poetas hablan de Dios. Antonio Machado. En los sueños y en la fe de sus poesías.» Fanny Rubio, de quien tomamos el dato (aunque conscientes nosotros de que Machado habló —y soñó— de y en Dios, y nada erróneo puede haber en escribir sobre este tema), aclara con las siguientes palabras, la orientación encubierta en la intencionalidad de este género de trabajos críticos por esos años. Y las anotamos porque descubren una —la primera— de las parcializaciones sufridas en la evolución estimativa de Machado. Dice la investigadora:

> La necesidad de recomponer, siquiera tímidamente, el asolado panorama cultural de la posguerra, lleno de anatemas y de ex-clusiones, obligaba a acomodar al momento la imagen de muchos autores, algunos de ellos condenados por la jerarquía de la Iglesia.[11]

Pero, con independencia de estos «incidentes» de la historia, ab-solutamente inevitables, si en resumen por ahora parcial hubiera que sintetizar lo que los poetas de la generación del 36, en general, buscaron en la lección poética de Machado, se podría decir que es aquello que ellos llevaban en sí: la profunda conciencia del tiempo, en su dimensión prin-cipalmente personal e íntima, y el temblor ante el misterio trascendente que esa misma condición temporal azuza en el hombre. Comienza a verificársenos ya que no es sólo el Machado de *Campos de Castilla* (o, por mejor decir, el Machado de la otredad *histórica*) quien estuvo vigente en la poesía de posguerra. Si bien muy pronto, en nuestra trayectoria a lo largo de esa presencia, será aquel Machado histórico el de más vigorosa proyec-ción sobre los poetas estrictamente nuevos que irán apareciendo después de la guerra civil.

Con el objeto de no tener que abrir un apartado únicamente para él, se añade aquí la consideración de otro poeta, que no figura con razón en las nóminas de la generación del 36, y el cual pareciera casi una isla perdida en los panoramas literarios al haberse hecho costumbre —mala costumbre— el asociarlo totalmente, como si nada más hubiese realizado, al neogar-cilasismo de los primeros años del 40. Se habrá advertido que trátase de José García Nieto, quien no ha regateado nunca su admiración por Machado. Precisamente por aquellos tiempos publicó, y en el mismo semanario *El Español*, su artículo «Recuerdo del poeta por tierra de Alvargonzález» (10 de abril de 1943). Y mucho después el titulado

«Meditación por Antonio Machado», en la caraqueña *Revista Schell* (VI, No. 22, marzo 1957); además de un poema, «Recuerdo para Antonio Machado», recogido en *Corona poética en honor de Antonio Machado* (Madrid: Ministerio de Información y Turismo, 1967). Pero interesa más registrar los testimonios de la proyección machadiana en su propia poesía posterior. Su libro *Memorias y compromisos* (1966), uno de los más hermosos entre los últimos suyos, se abre con un pensamiento de Machado que aclara ya su sentido: «Sólo recuerdo la emoción de las cosas y se me olvida lo demás; muchas son las lagunas de mi memoria.» Y su libro es eso: un querer liberarse de «algunos compromisos antiguos» al calor del recuerdo en que la precisión falla pero queda salvada en y por la emoción —el conocido mecanismo machadiano. Dos años después, *Hablando solo* (1968) ya delata en su título lo que el poema final, «Con un verso de Antonio Machado» (que no es otro que aquél del famoso «Retrato»: *quien habla solo espera hablar a Dios un día*) nos vendrá a sugerir: el silencio irredimible del hombre y la dolorida desconfianza en el así impotente lenguaje del poeta. Escribe allí García Nieto: *Hablo solo... ¿Y espero hablar con Él un día? / Cuando lo pienso, dudo de la palabra mía, / y escucho mi silencio desde esta noche oscura.* Como Machado, ese «menestereso de Dios.»

La primera promoción de posguerra

La que se ha venido considerando como primera generación rigurosamente de posguerra puso su énfasis más resaltado —y a un punto tal que bajo estos términos se la ha pretendido identificar de modo casi absoluto— en la voluntad de un realismo tanto temático como expresivo (lo cual la inclinaba con frecuencia al manejo de un decir más bien prosaísta y de poco vuelo); en el compromiso con la realidad histórica del país, visto como impostergable dada la crisis de firmes valores sociales y políticos que afectaba al mismo; y, por su relación con todo ello, en la exaltación de una palabra servicial y comunitaria como instrumento con el cual llegar a la deseada «inmensa mayoría». El estado de la nación urgía a esos objetivos; y el hecho de que la palabra poética, aun en el llano nivel a que fue en casos extremos rebajada, resultase más «camouflada» y como previsto de un salvoconducto de más libre tránsito ante la implacable censura, permitían —demandaban— esta movilización de la conciencia del escritor, y entre uno y otro factor condicionaron el clima de la poesía social. No se comete ninguna injusticia, desde nuestro presente, al reconocer como moralmete imperativo y nobilísimo el surgimiento de esa poesía; y, a un tiempo, no soslayar, en un balance global, los desvíos y debilitamientos poéticos a que por esos senderos se llegó. Pero ello es ya historia conocida, y apenas cabe reincidir en lo sabido.

Mas ocurrió también —y basta señalarlo de pasada— un exceso de simplismo valorativo que ha venido a hacer coincidir totalmente a esa generación con la poesía realista y social. Por ello es válido recordar que algunos de ellos, entre los que luego han definido una órbita personal de mayor relieve, expresaron desde un primer momento su disidencia frente al «realismo» tal como entonces se lo entendió en poesía.[33] Y ya hoy podemos extender todavía más la mirada, e incluir en ella a los «marginales» (y «marginados» de aquellos años: ésos que nunca merecieron los honores de las antologías genéricas de la época). Al hacerle así, podemos aquilatar lo que, aun en su carácter efímero, significó el postismo de 1945; y más sostenidamente, la obra de Carlos Edmundo de Ory, Manuel Alvarez Ortega, Gabino-Alejandro Carriedo, Alfonso Canales y Miguel Labordeta; o la intensa y distinta actividad poética del grupo cordobés de la revista *Cántico.* Nada de ello queda cubierto por la ceñida descripción esbozada en el párrafo anterior; y, sin embargo, se corresponde cronológicamente con esa primera generación y a ella en ese orden pertenece. Si, por aquellos tiempos, la *preocupación* social, codificada en *tendencia,* dio pie a esa marginación, fue penoso a la vez que relativamente comprensible. Que, en cambio, se siga hoy desconociéndolos, al confeccionar los esquemas y descripciones de la poesía de esa promoción, es ya muy discutible. No es suficiente que se les «rescate» a base de esfuerzos aislados, y que ahí quede todo. Es necesario que ingresen, de una vez por todas, en la general historia literaria, y con sus más legítimos derechos pues exhiben una mayor calidad intrínseca que muchos de los poetas sociales comúnmente tenidos siempre en cuenta por críticos y antólogos. A más de que varios de los otros nombres importantes del período ni mínimamente se amparan en la tendencia social, con esta reincorporación se ayudaría a corregir la falsa impresión de que esa misma historia se produjo a base de un prolongado y total «bache» de realismo prosaísta. Y de que resultó inevitable llegar hasta fecha reciente para que la belleza expresiva, la tensión imaginativa y la «novedad» fueran de nuevo asumidas como objetivos de la exploración estética entre quienes, dentro de España, a la faena de la poesía por entonces se dedicaban.

Ahora bien, si nos atenemos a lo que era la lírica predominante en la época, hay que aceptar y justificar la realidad positiva de la poesía social: único pulmón por donde entraba un poco del aire de la justicia y la libertad, que aquella enrarecida sociedad necesitaba para su salud moral. Era natural que los cultores de esa poesía se volviesen a Machado; pero a otra zona del *vario* Machado, diferente de aquélla hacia la que habían mirado los poetas del 36. No será sólo ahora al autor de *Campos de Castilla,* aunque éste fuese entonces su libro de versos más leído, sino tambien a su vasta aunque fragmentaria teorización en prosa, matizada de modo creciente por inquietudes solidarias y aun políticas, y desarrolladas en ensayos, discursos fallidos, artículos, notas periodísticas y, sobre todo, en el juego dialéctico —y progresivamente más comprometido con la historia— de sus heterónimos. Y, además, también estaba su limpia y responsable conducta intelectual en años difíciles: estaban su adhesión a la República, su exilio, y el casi martirio de una muerte callada y lejana que coronaba su lealtad sin quiebras a unos sólidos principios cívicos y éticos, que ahora se hacía necesario airear de nuevo. En suma, Machado se erguía como modelo singularísimo, menos frecuente aún dentro de los escritores de su avanzada edad, de alzada dignidad y de oportunidad histórica a seguir. Ni se incurre en distorsión de la verdad al sospechar que, para ciertos poetas del período al menos, el hombre *público* Machado vino decisivamente a integrarse y—aun a sobreponerse—al poeta y al escritor en la erección de ese «modelo.» Lo negativo en tal proceso fue que, para que ello ocurriese, hubo forzosamente que desatender otras facetas no menos altas y siempre oportunas de su compleja realidad de lírico y pensador. Apenas, ya se vio, se hablaba entonces de *Soledades*, «pecado juvenil» del autor pero que, en fin de cuentas y como conjunto, es el mejor libro poético de Machado.

Como se habrá advertido, algo de lo que aquí va dicho tuvo que ser ya adelantado cuando nos ocupamos del «tiempo histórico» en el capítulo IV — y nos era imposible evitar ahora su reiteración siquiera por razones de encuadre. Los integrantes de esta promoción iniciaron su actividad hacia el último lustro de los 40, por lo cual sus años de nacimiento se situarían alrededor (algo antes o después) de 1920. Y, sin embargo, comenzamos nuestro periplo individual por esa promoción con dos poetas nacidos en fecha anterior: Angela Figuera (1902) y Gabriel Celaya (1911). A este último suele mecionársele, en manuales y antologías, dentro de la generación del 36; pero en verdad vino a ser uno de los portavoces más conscientes de la poesía social, y nos parece que es éste su justo lugar. Y así también Angela Figuera, en cuyo caso obra también la circunstancia de que su labor literaria se inicia hacia 1948 y por tanto cae incluso de lleno en los límites más precisos de esta nueva hornada de poetas.

Angela Figuera Aymerich ha reunido en *Antología total* (1973) una representación abundante de su labor poética. Julián Marcos, que prologa el volumen, indica que en su segundo libro, *Soria pura* (1949), la autora bosqueja «un enamorado homenaje al paisaje castellano y a quien lo cantó con fervor bastantes años atrás: Antonio Machado.»[34] El libro discurre más por lo lírico y lo reflexivo que por la tensión social, y es una estilización muy personal de los elementos del característico paisaje machadiano a los que la poeta suma sus propias inquietudes. No puede faltar un poema a «Antonio Machado», que sugiere el encuentro con su «Sombra» a orillas del mismo y común río Duero. Pero la nota de mayor proximidad al poeta de Soria la da su versión de aquel proverbio de *Nuevas canciones* (XCIII) que desarrolla la trascendente pregunta: *¿Cuál es la verdad?* ¿La del río que corre y pasa, o la del marino soñador en la ribera? ¿La de la fluencia heraclitiana, o la de la ensoñación eleática? Angela Figuera titula así su poema: «Río y orilla», y, en medio del paisaje levemente sugerido del Duero, concentra análoga interrogante:

> ¿En dónde está la verdad?
>
> ¿En el río
> huidizo,
> siempre movible y distinto?
> ¿En la orilla
> que lo mira
> siempre quieta y la misma?

El texto que inaugura *Toco la tierra. Letanías* (1962), y que en su primer verso dice: *Hijos, ya veis: no tengo otras palabras,* compondría un repertorio de todos los temas del dolor crítico de España en Machado (el hombre, el pueblo, la tierra, la codicia, la guerra, el exterminio...) sólo que acentuando por Angela Figuera con *un amor rabioso por las venas* que lo acerca expresivamente más a Blas de Otero. Y en la sección «Tres poemas inéditos», uno de ellos, sin título, recoge como lema el *Poned atención: / un corazón solitario / no es un corazón,* de los «Proverbios y cantares» (*NC,* CLXI, lxvi), para desarrollar en él una intuición cordial de integradora comunidad entre el *yo* personal con el *yo* de todas los hombres del mundo. Otra pieza de Angela Figuera, «Para Antonio Machado en su tumba», publicada originalmente en la revista universitaria *Acento cultural* (5 de marzo de 1959) y luego añadida en *Peña Labra,* resume en sus versos finales el móvil espiritual último por el que, en su dimensión más universal y menos circunstanciada, estos poetas sociales han buscado en Machado la lección siempre viva y estimulante de su luminoso espíritu:

> Antonio, estoy contigo; soterrada
> contigo. Muerta no, puesto que vives
> y cantas y caminas con nosotros.
> Antonio, pecho a pecho, boca a boca,
> contigo estoy para pedir a una
> amor y paz en toda tierra de hombres.

En varios de los modos sugeridos ha recordado Gabriel Celaya* a Machado. El pasaje de su «Retrato», en el cual éste declara que quisiera dejar su verso como deja el capitán su espada: *famosa por la mano viril que la blandiera, / no por el docto oficio del forjador preciada,* preside los *Cantos iberos* (1955), libro de Celaya reeditado en 1975. En esta colección, diridiga ardorosamente sobre España y su angustia, el Machado fulminador de los poemas cívicos resuena como modulando aun el tono de algunos textos de Celaya como «España en marcha» y «Todo está por inventar»—para sólo citar dos composiciones en que aquél se hace sentir a través de la palabra airada, pero también confiada, del poeta vasco. Así, la esperanza y el gesto voluntariamente positivo hacia una España *que nace y alborea* (en «El mañana efímero» de *Campos de Castilla*) resurgen en el final del último poema mencionado, «Todo está por inventar»:

> Todo en España es anuncio.
> Todo es semilla cargada de alegría floreal.
> Todo, impulso hacia un mañana
> que podemos y debemos dar a luz y hacer real.

Amarga crítica y firmeza en la fe, como en el maestro, se dan en la fuerte protesta de Celaya: las dos herramientas en toda poesía de esta índole que no quiera precipitarse de antemano en la derrota. Por eso en el poema «Antonio Machado», incluido en *Ruedo ibérico* (donde consigna que originalmente fue «rechazado por una revista española»), el autor de los *Cantas iberos* concluye pidiéndole a don Antonio, a quien llama *luz en salvas,* que siga diciendo sus palabras, *pues piensen lo que ellos piensen, / en tu luz grande se salvan.* Ese mismo poder de salvación, ahora bajo la forma más modesta, no menos cordial, de la unidad amistosa y fraterna que es capaz de experimentarse ante el sencillo recuerdo del poeta, es el tema de otra pieza de Celaya, «Versos de Baeza», de *Lo que faltaba* (1967). La línea final, resumidora y elocuente, reza así: *¿Cómo logra esta unión don Antonio Machado?* Y en un breve artículo periodístico de circunstancias, el mismo Celaya hace resaltar la significación del centenario de Machado (1975) por su coincidencia con el «fin de la modernidad» —final tan anunciado como lo ha sido y parece seguirá siéndolo el del surrealismo—, y al calor de sus ideas explicita la importancia de Machado en ese proceso de superación de la modernidad dentro de España, lo que para este escritor equivale, con algo de prisa, al surgimiento de la poesía social. Sostiene allí Celaya:

Por ese justamente la «poesía social» hizo de Antonio

Machado una bandera. Porque también nosotros luchábanos contra «la pérdida de la familiaridad comunicativa» (H. Friedrich), contra el egocentrismo y el hermetismo, contra la poesía como magia más que como expresión, contra el neutralismo y la frialdad de la poesía pura, contra la falta de contacto con el hombre en la calle, etc.[55]

He aquí una de las más reveladoras declaraciones de cómo, bajo la obligatoriedad ética de la poesía social, se fabricó sobre Machado otra de sus amputaciones —y la de mayor repercusión— de su imagen total. Porque aun habiendo mucho de verdad en lo mantenido por Celaya, por algún resquicio tal amputación se filtra. Y es que si pensamos en la «poesía como magia» —¿y quién podría deslindar excluyentemente lo mágico de lo lírico?, ¿o quien puede sancionar que «magia» se opone a «expresión» (a expresión *honda* y *veraz,* claro está, no a la expresión del gacetillero)?—pocos exponentes más completos del tal aleación legítima — la de la magia y el misterio que a la vez *expresan*— puede ofrecer la lírica española que el autor de las *Soledades* y de los intensos poemas del *Cancionero apócrifo.* Y ni aun el propio Celaya, en el conjunto de su obra, ha sido inmuno a las «deplorables» tentaciones de la modernidad. Se trata de un objetivo, éste de la modernidad, que asumido a priori resulta siempre estorboso y esterilizante, tanto cuando el poeta intenta epidérmicamente apropiárselo (sin más) como cuando, en sentido contrario y de igual modo superficial, no se lo comprende y se quiere (también sin más, o con otra muy pobre cosa que ofrecer en cambio) liquidarlo con un cerrado rechazo carente de las matizaciones y distingos que todo juicio sólido requiere.

En Blas de Otero*, su relación casi como de amigo fue ininterrumpida con Machado. Muchos son los poemas que tiene sobre, con y hacia él. A *En castellano* (1960) pertenecen aquellas «Palabras reunidas para Antonio Machado», ya comentadas y basadas textualmente en su común convicción de que *un corazón solitario / no es un corazón.* Allí inserta Otero, como se vio, las memorables «pocas palabras verdaderas» de *Soledades,* tantas veces incorporadas y buscadas en las suyas por numerosos poetas de la posguerra. En *Esto no es un libro* (1963), colección en la que el autor de *Ancia* agrupó textos «de diversa época que se refieren a alguna persona o aluden a algún nombre» (según se declara en la «Motivación inicial»), el índice onomástico que la cierra registra seis veces el nombre de Antonio Machado, sólo superado estadísticamente por el de don Quijote. Esas veces recurren en estos poemas: «En un lugar de Castilla»; otro brevísimo y sin título, reconocible por su lema que es aquella línea última escrita en Colliure: *Estos días azules y este sol de la infancia;* «Con nosotros» (recogido después en *Peña Labra*): «*In memorian*», este ya de directa evocación y homenaje; y una prosa emitida desde Radio Paris, «Colliure 1959», enmarcado en la referencia a la celebración del vigésimo aniversario de su muerte en aquella villa francesa. Algunos de esos textos se reproducen después en *Que trata de España* (1964) y en la ya utilizada antología *País* (1971), preparada por José Luis Cano. No es sólo la lección de civismo, su ideario ético-social, lo que reclama a Otero en el poeta admirado y querido. Casi lo que más sistemáticamente se adueña del escritor bilbaíno en sus recordaciones de Machado es su noble y misteriosa figura humana— la misma que tanto impresionara a Rubén Darío—, su talante bondadoso y comprensivo, y su palabra misma en el momento de brotar de sus labios, cualquiera que fuera el norte a que aquélla se dirigiera. Y todo, casi siempre, recortado sobre el fondo del paisaje castellano tan vivamente cantado por aquél. Un momento ejemplar lo sería el final de «En un lugar de Castilla»:

> ... silencioso el Arlanza
> se desliza, entre chopos, hacia el Duero
> igual que un verso lento de Machado.

Pero no puede pasarse sin transcribir el titulado «*In memoriam*», en el que de manera tan fiel Otero rememora al cantor de Castilla en su persona y su contexto histórico. Revive así ese modo tan suyo de aliar paisaje exterior y vibración del espítiru, que es la nota más personal del Machado paisajista. Y articula, con una sobria pero no disimulada emoción, un nostálgico diálogo entre este poeta de la posguerra y la memoria del maestro, quien pareciera incorporar el ritmo de su lenta marcha a la misma andadura despaciosa de los versos. Este es el poema:

IN MEMORIAM

> Cortando por la plaza de la Audiencia, bajaba
> al Duero. El día era de oro y brisa lenta.
> Todo te recordaba, Antonio Machado (andaba
> yo igual que tú, de forma un poco vacilenta).

> Alamos del amor. La tarde replegaba
> sus alas. Una nube, serena, soñolienta,
> por el azul distante morosamente erraba.
> Era la hora en que el día, más que fingir, inventa.

¿Dónde tus pasos graves, tu precisa palabra
de hombre bueno? En lo alto del ondulado alcor,
apuntaba la luna con el dedo. Hacia oriente,

tierras, montes, y mar que esperamos que abra
sus puertas.
Hacia el Duero caminé con dolor.
Regresé acompañado de una gran sombra ausente.

Todavía en *Historias fingidas y verdaderas* (1970), Blas de Otero hace
reaparecer a Machado en varias ocasiones. Analizando la prosa poética de
este libro, Joaquín Marco ha penetrado en una de las claves más decisivas
que explican la vinculación entre ambos:

Los ejemplos de poetas que han utilizado los apuntes poéticos,
los *cahiers,* son numerosos; pero ninguno más ejemplar que
Antonio Machado. Blas de Otero lo recuerda al utilizar el
breve apunte a manera de reflexión moral. Este fragmento por
ejemplo no queda muy lejos de lo que Machado, en boca de
Juan de Mairena, les contaba a sus discípulos de Retórica: «A
fin de cuentas, ¿qué es la soledad? Los poetas nos hablan de la
soledad en versos más o menos sinceros y de un intenso sabor a
sucedáneo. Expulsemos a los poetas de la soledad, a ver si
aclaramos un poco la pregunta. Entiendo muy bien qué expresan los términos *soledad metafísica, vacío cósmico* y otros
tan curiosos como éstos, para tomarlos en consideración más
allá de lo normal. Alrededor de la soledad se han esbozado
demasiados conceptos, queriendo cegar con una mano el vacío
que dejó la otra. El yo, por su misma configuración, deviene
en hoyo, en vacío, el extrañarse del tú y quedar desterrado del
nosotros. Es lo que quería decir con un poco más de sencillez». El fragmento revela bien a las claras que la temática de
Blas de Otero debe no poco a las reflexiones que Antonio
Machado nos legara en sus textos sobre el futuro de la lírica y
el problema general de la poesía en la sociedad moderna.[16]

El pasaje que comenta Joaquín Marco es el titulado «Con un poco
más», del último libro citado de Otero. Otra pieza machadiana que allí se
reproduce, «Colliure», es aquella prosa mencionada, «Colliure 1959», a la
que ahora se le suprimen los dos breves párrafos, que, como base referencial, le daban encabezamiento y clausura en la versión original. En «Refor-

ma agraria» el autor introduce abruptamente— dolorosamente—, y como espina irónica dentro de su contexto crítico, el verso *¡Hermosa tierra de España!,* último de «Orillas del Duero» (*SGOP*, IX). Y otra composición, «Pasar», se abre, incluso dentro ya de su mismo desarrollo, con aquello de *...lo nuestro es pasar, haciendo caminos, / caminos sobre la mar* de uno de los más divulgados «proverbios y cantares» (*CC*, CXXXVI, xliv). La documentación —esperamos— habrá ratificado lo que anticipábamos: la continuada necesidad, amistosa y discipular, por parte de Otero, de la palabra tan hondamente asimilada de Antonio Machado.

Vicente Gaos*, que tan de cerca de aquél ha estado en el sentimiento y la vivencia de la nada (como en ello ya se insistió), lo ha asediado también desde otros ángulos. En el inicial—«La forma»—de su libro de sonetos *Arcángel de mi noche* (1944) define apasionadamente la más rígida de las estructuras poemáticas, y comienza por recordar de modo oblicuo —que hubiese gustado a Mairena—la advertencia de Machado que Gaos vuelve al revés: *Verso libre, verso libre, / líbrate mejor del verso, / cuando te esclavice,* y que aquél nos dejara en la serie de avisos de poética contenidos en «De mi cartera» (de *Nuevas Canciones*). Gaos lo ha estudiado también críticamente en dos ensayos: «En torno a un poema de Antonio Machado» [A José María Palacio] y «Notas en torno a Antonio Machado», ambos hoy accesibles en su libro *Temas y problemas de literatura española* (Madrid: Guadarrama, 1959). En el segundo de ellos, Gaos interpreta el juego conceptual a que Machado somete las ideas de *vida* («larga» y, a la vez, «corta») y de *arte* («juguete», por tanto efímero, y, a un tiempo, «largo»), en aquél de sus *Consejos* que comienza *Sabe esperar, aguarda que la marea fluya,* de *Campos de Castilla (CXXXVII).* A la luz de su particular interés por esclarecer el sentido de este poemita de Machado, pudiera sospecharse que el muy extenso de Gaos titulado «El arte es breve —eterno—...», de *Profecía del recuerdo* (1956) es un desarrollo detenido, y muy humano y vital, de aquel consejo de Machado. Lo denuncia ya el primer versículo, donde nos encontramos análoga oposición conceptual aplicada a las mismas entidades que, como hombre y artista, preocupan al poeta: *El arte es breve —eterno— como la muerte, pero la vida, aunque limitada es larguísima.* Gaos, al cabo de admitir que ya ha atendido al *fulminador llamamiento de la Belleza,* concluye con un autoindicación en el sentido de volver su vista a la vida y arrojarse decididamente en ella. Ampliando por nuestra cuenta las dimensiones del poema como metáfora del proceso vivido por Machado, diríase que en éste ocurrió un tránsito similar: de su devoción por la palabra emocionada y temblorosa—que a él le servía más para escrutar el misterio que para acercarse a la rosa de la belleza—, a la poesía abierta a las incitaciones más vivas de la realidad histórica y, por fin, a la prosa de variada temática desde donde asomarse a la compleja y entera vida del hombre de su tiempo.

A José Hierro* lo hemos destacado ya como prologuista y organizador de una muy personal *Antología poética* de Machado (véase Cap. II, n. 3), y a su palabra se acoge aquél para signar con unos versos (*tierras tristes / tan tristes que tienen alma*) de «La tierra de Alvargonzález» (*CC,* CXIV) la sección II, «Una vasta mirada», de su libro *Quinta del 42* (1952). Es aquélla que agrupa los textos de más seco y punzador amor por su patria, como el conocido «Canto a España», o sus versiones, tan íntimas como las de Machado, de esos rincones callados que tanto carácter dan a los pueblos castellanos: «Plaza sola», el mejor de todos estos poemas, con su fuente *(sin una lágrima de agua)* aún más desolada, y el alma, también más muerta y sin esperanza, puesta en la contemplación de los yermos sitios de la tierra. Y la pieza que, por su posición de apertura en el libro y su impresión en letra cursiva, que Hierro reserva para las que en cierto modo tienen el carácter de poéticas o de claves espriturales dentro de su obra, asume el sentido de tal en *Cuanto sé de mí* (1957) es la titulada «Nombrar perecedero.» Allí el poeta nos confiesa su propósito de designar, con sus nombres directos, *las cosas vivas, transitorias* de la realidad, sin ambicionar eternizarlas mediante la imaginería brillante o el trasvasamiento conceptual. ¿No se trata, a pesar de tal posible limitación, de contestar, en la misma dirección que parece sugerir Machado, la pregunta de éste en su poema *Hay dos modos de conciencia* (*CC,* CXXXVI, xxxv)? ¿No son esos «nombres perecederos» de Hierro a los que metafóricamente apuntan aquellos *peces vivos, / fugitivos, / que no se pueden pescar...* que persigue la «conciencia de visionario» — que no es sino la del verdadero poeta—en el breve apunte machadiano?

Pese a su genuina y sostenida devoción por Juan Ramón Jiménez, y como un ejemplo oportuno de que un poeta verdadero no pone a debatir entre sí a sus maestros, en lo más hondo del sentir de Hierro, principalmente en los períodos iniciales de su obra, se le siente mantenido por una estética de la intuición y la temporalidad fluyente, más próxima a Machado que a la de ningún otro poeta mayor de la tradición española de nuestro siglo. Con mayor detenimiento, y por ello lo señalamos sólo como una indicación al lector, revisaríamos aquí el libro mencionado de Ricardo Gullón: *Una poética para Antonio Machado* (véase Cap. I, n. 7) donde este crítico precisa varios aspectos teóricos y estilísticos (la «determinación» del poema a partir del ritmo, el efecto subrayador del tono por el encabalgamiento, y el valor de la «aproximación indirecta» a la materia temática) que acreditan muy seguras afinidades y aproximaciones entre Hierro y el poeta de *Soledades.* Y, por fin, en *Peña Labra* puede leerse. «Un poema en memoria de Antonio Machado», de Hierro, en que éste aprovecha muy personalmente motivos de aquél —las piedras duras de Castilla, la primavera, el «apurar la sombra» de Abel Martín— dentro de esa línea diríase *pétrea* en la que el poeta de las «alucinaciones» ha conseguido —cuando le han sido necesarias— tan secas pero ardientes sugestiones. Como las que le urgían para este final de dicho poema, rubricado así por la aspereza y la más amarga vibración del espíritu:

> Pero tú, muerto. Tú, desterrado. Tallados
> los mansos ojos en la piedra dura.
> Para no ver. En piedra. Para no ver. Cerrados.
> Para no contemplar tanta amargura.

A Victoriano Crémer y Eugenio de Nora se los puede reunir por su participación común en la aventura de la revista leonesa *Espadaña* (1944-1951), que luchó denodadamente por una poesía a la altura inmediata y crucial de los tiempos. Crémer, al explicar su poética en la «A manera de introducción» de su *Poesía total (1944-1966)*, tiene que recordar varias veces a Machado en la defensa de algunos de sus puntos. Y cierra el libro con un poema, «Fábula de la buena muerte», escrito en homenaje a los hermanos Machado y apoyado en citas de ambos. La de don Antonio es aquélla que dice: *Ayer soñé que veía / a Dios y que Dios hablaba; / y soñé que Dios me oía... / Después soñé que soñaba,* de la primera tirada de sus «Proverbios y cantares» en *Campos de Castilla.* Su libro *Tiempo de soledad* (1962) sea tal vez, entre los de Crémer, el que en incitaciones temáticas —la soledad, el tiempo, la vida como camino, España— tanto como en algunos rasgos del acento expresivo, mejor evidencia que nada lejos se encuentra del ámbito machadiano. En la *Corona poética en honor de Antonio Machado*, antes referida, se incluyó también un poema de Crémer bajo el título de «Otra canción para Antonio Machado.» Y de Eugenio de Nora*, poco más se pudiera añadir a lo ya dicho en su lugar correspondiente —y ha sido bastante— sobre sus relaciones, en teoría y creación, con el poeta mayor que, para él, abría los nuevos rumbos de la lírica española de la posguerra, desde su pensamiento poético y aun después de su muerte.

Igual interés tiene, y vinculando el asunto a ambos (Crémer y Nora), no olvidar la proyección hacia Machado, entre otros poetas (Vallejo, por ejemplo), de la publicación en que aquéllos con tanto fervor trabajaron: *Espadaña.* Aunque ya antes se había ocupado parcialmente del tema, su historia nos la ha recontado, con acopio de detalles y de interpretación, Víctor G. de la Concha en su libro *La poesía española de posguerra.* Fundada en 1944 por Antonio González de Lama, Eugenio de Nora y Victoriano Crémer, la revista tuvo una serie de vicisitudes internas, que Víctor de la Concha nos relata con minuciosidad. Uno de los episodios es significativo. En su número 36, y en la sección «Poesía y Vida», Antonio González de Lama escribe, contribuyendo a definir la poética de *Espadaña*: «La belleza de la palabra poética no es su senido, su música; belleza para los oídos. Ni tampoco su forma; belleza para los ojos. La belleza que la palabra trae, cuando es poética, es interior, es belleza de significado; belleza para el alma.» No habrá ahora que reproducir en su totalidad el archiconocido prólogo de Machado a la edición de sus *Soledades* de 1917. Bastará tener presente cómo por entonces, y examinando sus ideas poéticas en los años de las mismas primeras *Soledades*, Machado puntalizaba que «el elemento poético no era la palabra por su valor fónico, ni el color, ni la línea, ni un complejo de sensaciones, sino una honda palpitación del espíritu; lo que pone el alma...» (46-47). Por ello puedo Víctor G. de la Concha añadir, al juzgar el anterior pasaje de Antonio de Lama, que ya aquello hacía sospechar «algo que ahora se revela palmario, esto es, que la brújula apuntaba hacia Machado.»[37] Sólo que ya eran varias, y desde distintas latitudes, las brújulas que señalaban el mismo norte.

A propósito de *Espadaña,* y llegado a este punto, cabe anotar aquí un artículo donde se realiza un preciso rastreo de las ideas poéticas de Machado en dos textos en prosa relacionados, en su mismo nacimiento, con el grupo y la revista leoneses: «Si Garcilaso volviera» (1943) redactado por González de Lama, y «¿Qué es la poesía?», aparecido como editorial del primer número de la revista (1944). El autor del artículo aludido, Luis González Nieto, indica que a pesar del «admirable y exhaustivo estudio de Víctor García de la Concha», éste no documenta en toda su importancia y profundidad las reminiscencias machadianas en esos dos escritos iniciales. «Tal vez se deba —aclara González Nieto— a que la dimensión polémica, antigarcilasista, del primero de esos dos artículos ha retenido toda la atención del sagaz crítico [García de la Concha], no atendiendo a lo que a mí me ha parecido destacable a la primera lectura.» Y lo destacable, a juicio de aquél, es «que la lucha antigarcilasista emprendida por los leoneses adquiere nuevas dimensiones si aceptamos que esa lucha se emprende con armas de Machado.»[38]

Otros dos poetas que se nos permitiría asociar aquí, y no sólo por su estrecha amistad sino por las inquietudes comunes —sociales y trascendentes— que dominan sus respectivas obras, son Ramón de Garciasol y Leopoldo de Luis. Recordemos, del primero de ellos, su conciencia de que el poeta social ha de tener como misión fundamental el dar cuerpo verbal al consejo cristiano del amor al prójimo, «aunque sin olvidar que es *otro*, como dijo Antonio Machado.» En su *Antología provisional* (1967) incluye un texto, «Imitación-homenaje a don Antonio Machado», que después aparecerá también en *Peña Labra,* escrito en un ajustado tono de canción popular. Y otro poema suyo también con propósito de homenaje, «Revelación», fue incluido en *Cuadernos hispanoamericanos (1975-76)*. En «Castilla», de su libro *Tierras de España* (1955) había incorporado directas alusiones (*liras—/ ay, de la primavera de Machado)* en la trama de sus propios versos. Comentado los sonetos de esa colección *(Tierras de España)*, ha señalado José Luis Cano cómo «los temas gratos a Machado y Unamuno —la palabra, el tiempo, el hombre, la muerte—, temas eternos, reviven en esos sonetos no con la melodía graciosa de un brisa joven, sino con el atormentado viento —trágico sentir— que desgarra y duele, sin abatir, sin embargo, la esperanza.»[39] Dolor y esperanza entrañados, otra vez, como también en Machado siempre que extendía su mirada crítica sobre la realidad de su tierra. Análogo parentesco, con los maticos requeridos, ha apuntado Jacinto López Gorgé a propósito de otro tema, el amoroso, y otro libro de Garciasol, *Del amor y del camino* (1970). En su poética incluida en *Poesía amorosa,* aquél reconocía cómo en esa modalidad temática de la lírica, su generación debía mucho a Unamuno, «al Machado 'que no eligó' su amor» y a Pedro Salinas (*Poesía amorosa,* p. 110). Y después, el mismo realizador de esa antología, López Gorgé, reseñando el último libro citado de Garciasol, afirma que «Unamuno y Machado son, efectivamente, los poetas de quienes más cerca está toda esta poesía de *Del amor y del camino.*»[40]

Leopoldo de Luis* tiene un «Recuerdo para Antonio Machado» en su libro poético *Juego limpio* (1961), que luego ingresará también en *Ruedo Ibérico*. Es un emocionado poema: síntesis apretada del doloroso y complejo contenido del mundo machadiano, con énfasis natural en la *España hecha de amor y sufrimiento,* y en las reacciones emocionales en tal sentido esperables. Dice de Luis:

> Tu verso suena al fondo
> de su antiguo silencio, todavía.
>
> Tu verso de agua y tierra y pueblos vivos,
> tu realidad de cotidiana espera,
> tu espuma gris de soledad y olivos,
> sonando grave hacia la primavera.

Ha escrito otros poemas con la misma intención de homenaje: entre éstos, «Canción para Antonio Machado desde Rocamador», publicado en la revista *Rocamador* de Palencia (No. 33, 1964). Y le conocemos un artículo «¿Buscar en el ocaso? (Sobre un poema de *Soledades),»* aparecido en *Peña Labra.* La misma poesía de Leopoldo de Luis arroja claras huellas de Machado, y algunas de ellas han sido anotadas igualmente por José Luis Cano. Al examinar éste esa corriente de «lírica existencial» en que se inscriben ciertas parcelas de la obra de dicho poeta, y en particular su segundo libro *Huésped de un tiempo sombrío* (1948), Cano señala aun motivos simbólicos comunes (el de la sombra y el del árbol azotado, entre otros) como expresivos del hombre, siempre impotente y amenazado, tanto como recursos formales y estilísticos muy marcadamente característicos de ambos.[41]

Su devoción machadiana la hace culminar Leopoldo de Luis en el todavía fresco volumen *Antonio Machado, ejemplo y lección* (1976), con cuya rápida mención elogiosa cerrábamos nuestro capítulo II: revisión, concisa y objetiva, del Machado total, en la sucesión de sus fases, temas, libros y textos significativos. Debe mencionarse también su artículo «Antonio Machado ante la crítica», en *Cuadernos hispanoamericanos (1975-76),* en el que somete a análisis todo lo escrito sobre Machado desde los tiempos del modernismo (Juan Ramón Jiménez y Azorín) hasta nuestros días. Mas aquí, —sobre todo si se lo compara con la actitud equilibrada que mantuvo en el libro recién citado, y sin negar el rigor y la seriedad que presiden sus juicios —acaba por asomar algo muy propio de su generación al enfrentarse a Machado: el poner el énfasis mayor en el modelo humano y sus convicciones éticas. Desde este otero, elevado a rasero crítico, ningún desacuerdo respecto a la *obra* total de Machado será admisible: de otro modo no se comprenderían los reparos, para de Luis «muy fundados», que él mismo esgrime frente a «las objeciones que algún sector de la crítica actual formula» ante la creación machadiana. Y muchas de esas objeciones, en especial aquéllas dirigidas a ciertos modos retórico-oratorios no extraños en *Campos de Castilla* (y de ello ya nos hemos ocupado), no tienen, a su vez, nada de «infundadas.» No menos curioso resulta que Leopoldo de Luis haga representar, en *El Ciervo,* su preferencia personal, entre *toda* la obra de Machado, con *una* sola composición de las tantas suyas: su soneto «A Líster, Jefe de los Ejércitos del Ebro.» La sorpresa pudiera quedar (relativamente) paliada, para algún lector ya predispuesto, al justificar de Luis que su selección obedece a que dicho poema suele pasar en general desapercibido y que «cuando algún comentarista lo roza de pasada, lo subestima.» Mas de este, llamémoslo así, «acto de justicia» sobre ese soneto, a elevarlo ya a muestra *única* de Machado, hay un gran trecho (inesperable en quien tan bien ha sabido ver el conjunto de su producción). En última instancia, de Luis ha ejercido aquí su criterio; y se dice que todas las opiniones son respetables —aunque algunas, como en este caso, resulten difícilmente compartibles.

Carlos Bousoño*, en su actividad de teórico e intérprete de la poesía, ha consagrado especial atención a Machado en varias lugares de su *Teoría de la expresión poética* desde su primera salida (1952), notablemente aumentada y desarrollada en las versiones definitivas en que se han constituido la quinta y sexta ediciones de ese libro (1970 y 1977, respectivamente). Al describir y explicar dos de los procedimientos por él clarificados, el símbolo y las superposiciones temporales, Bousoño concede un abundantísmio número de páginas a penetrar en la poesía de Machado. A más de lo que ganemos en su lectura para nuestro entendimiento de tales recursos, respecto al poeta la contribución mayor de Bousoño puede resumirse así, y de ella algo ya hemos utilizado en el capítulo II: tras la aparente sencillez del estilo machadiano (especialmente en *Soledades*) se descubre uno de los mecanismos expresivos más sutilmente complejos de la poesía moderna —que el teórico llama «símbolo disémico» o «heterogéneo»— diseñando así el esquema con mayor precisión definitorio de su más personal lenguaje: naturalidad (mejor que «diafanidad» o «palabra directa») y hondura. Al símbolo en Machado dedica dos secciones del volumen I (en las dos últimas ediciones mencionadas), con un total de más de 60 páginas. Al concluir su incursión en este aspecto fundamental de la dicción machadiana, ayuda Bousoño, con la amplia perspectiva de su mirada crítica, a definir el verdadero «papel de Machado dentro de la poesía contemporánea.» Es una valoración acertadísima que, por no haberse extendido como debiera, merece ser conocida en su totalidad:

> Así como la poesía renacentista que era aún, en cierto modo, casi italiana en Garcilaso, se españoliza y hasta se castellaniza de varias maneras en Fray Luis de León, la poesía contemporánea en lenguaje hispánico que era, de alguna forma, casi francesa en Rubén Darío, se vuelve española y aun castellana en Antonio Machado.

Y añade que gracias a ese esfuerzo de Machado, nacido de su entrañamiento en la poesía tradicional y en Bécquer, «hemos tenido después, en nuestra lengua, un movimiento espiritual de poesía de fuerte raigambre hispánica, como no lo había habido en intensidad y extensión desde el siglo de Oro.»[12] Claro es que si se mira al costado americano que se ha expresado poéticamente en esa misma *lengua*, y no debe dentro de ella ser por tanto ignorado, encontramos que en fechas relativamente paralelas otros nombres se podrían aducir en esa tarea de enraizamiento hispano dentro de la tradición moderna que entonces se inicia, desde quien en verdad, y antes que Machado, la anuncia y defiende tan tempranamente: el José Martí de los *Versos sencillos* (1891) hasta otros poetas rigurosamente coetáneos de Machado: señaladamente Enrique González Martínez (a partir de su «Muerte del cisne») y el Leopoldo Lugones posterior al *Lunario sentimental* (pues no todo fue «casi» afancesamiento en la plenitud del modernismo hispanoamericano). Pero ajustando con exclusividad el juicio a la poesía «pensinsular», el dictamen de Bousoño es muy digno de ser tenido en cuenta; sólo que cuando nos acostumbremos a mirar la poesía hispánica como una unidad se verá que Martí es un eslabón indispensable en la cadena «tradición»-Bécquer-Machado.

También en la misma *Teoría...,* considera el autor otra vez a Machado al profundizar en los varios modos de superposiciones temporales, mediante el análisis de su soneto *Esta luz de Sevilla...* (de *Nuevas canciones*) donde se produce un arquetípico caso de tiempo futuro sobrepuesto a tiempo presente. Y en otro artículo, «La correlación en la poesía española contemporánea», en un libro suyo publicado en colaboración con Dámaso Alonso, Bousoño estudia ese fenómeno en algunos pasajes de Manuel y Antonio Machado.[43]

Fundador en 1947 con Pablo García Baena de la revista *Cántico,* Ricardo Molina incluye en su libro inédito *Homenaje* —sólo conocido hoy parcialmente en la *Antología, 1945-1967* de este poeta, editada por Mariano Roldán en 1976— un «Fragmento-Homenaje a Antonio Machado.» El poema se situaría entre aquéllos de dicho libro de Molina dedicados, según los describe Guillermo Carnero, a parafrasear algunas de las obsesiones peculiares del escritor homenajeado: en este caso, el hondo sentimiento del vivir como paso firme pero sereno hacia la muete, y la consecuente sensación de vacío y tiniebla que por ello rodea al hombre.[44] Interesa esta referencia ya que procede de un poeta por voluntad alejado estéticamente, él y su grupo, de la que hemos venido considerando como la poesía oficial de esos años, tan fuertemente marcada por la presencia del poeta de Castilla. Y en esta misma dirección, Joaquín Marco apunta una ocasional, pero no poco significativa, relación entre aquél y otro de esos «marginales» de entonces: Carlos Edmundo de Ory. Marco lo ha explicado así:

> Los temas poéticos de Ory no son radicalmente distintos de los de la poesía de su época (cuando fueron escritos), lo que varía es el tratamiento. Hacia los años sesenta aparece por ejemplo el tema de España. *[*En verdad había aparecido antes, apostillamos nosotros*].* Ory elabora el tema, entre otros, en dos poemas: «España mística» y «España pagana» (1960).

«La España de charanga y pandereta / cerrado y sacristía» de
«El pasado efímero» se ha convertido en Ory en:

> Oh mi España de peluca y tomate.
> Matricúlame de muerte en la alcaldía
> y celebra un carnaval de escapularios
> ese día noche alba o mediodía. [45]

Por idénticas razones, consignamos el poema de Manuel Alvarez
Ortega titulado «Nocturno de una muerte. A Antonio Machado, bajo la
tierra de Colliure», aparecido en *Caracola* (No. 27, enero 1955).

Aunque sobre la poesía de Concha Zardoya la influencia mayor es la
de Miguel de Unamuno, no ha dejado la escritora de interesarse
críticamente en Machado. Su estudio sobre «El 'yo' en las *Soledades y
Galerías* de Antonio Machado» se publicó en la revista puertorriqueña
Asomante (No. 2, 1969); y otros artículos, «El cristal y el espejo en la
poesía de Antonio Machado» y «Los caminos poéticos de Antonio
Machado» han sido recogidos en dos volúmenes suyos: *Poesía española
contemporánea* (Madrid: Guadarrama, 1961) y *Poesía española del 98 y del
27* (Madrid: Gredos, 1968). Un poema titulado «Elegía a Antonio
Machado» envió Concha Zardoya a la revista *Mairena* (No. 3, 1954), que
desde Buenos Aires dirigiera Enrique Azcoaga.

El poeta más joven en la nómina aceptada de esta generación, José
María Valverde*, quien llamara a Machado «mi inagotable maestro», [46] es,
a su vez, el más autorizado entre ellos respecto al estudio y conocimiento
crítico de aquél. Pudiera igualmente, en consecuencia, invertirse los términos, y sospechar que Machado encontró en Valverde a su inagotable
discípulo. Constante y paciente ha sido el deber que como tal se impuso, y
muy positivos los frutos. Mas el maestro ha calado también en su labor
creadora. Una buena selección de la obra poética de Valverde, *Enseñanzas
de la edad, 1945-1970* (1971) nos trae ya un breve poema, «Sensatez», con
un lema machadiano:... *Porque, en amor, locura es lo sensato* (*NC,*
CLXV, v). Pero nos sobrecoge más el poema penúltimo de la colección,
«Homenaje a algunos buenos», con el *ex-ergo* aquí naturalísmo... *en el
buen sentido de la palabra, bueno,* del «Retrato» de *Campos de Castilla*.
Los tres buenos que aquí homenajea Valverde son Moratín, el cubano José
Martí (de cuyo entendimiento en profundidad ha dado el autor fehacientes
pruebas en manuales y trabajos críticos) y Antonio Machado. [47] Y va armando Valverde los versos que a ellos destina combinando las palabras
propias con las de esos «hombres buenos» a quienes allí rinde tributo. Así,
por ejemplo, después de glosar algunos de los *Versos sencillos* de Martí —y

acercarlos a su personal situación que era entonces, como en aquél, la de un desterrado— pasa el poeta a Machado. Y trenzando sus decires con algunos de los «Proverbios y cantares», y aun fugaces inserciones de la «Oración por Antonio Machado» de Rubén Darío, le dedica el pasaje final del poema:

> Pero el rozar un poco la verdad
> en español y en verso, hace que suenen
> ecos de otra voz, siempre necesaria:
> la de Antonio Machado. Por las grises
> galerías del alma llegó al fondo
> y juntó su saber en un proverbio:
>> *Poned atención:*
>> *un corazón solitario*
>> *no es un corazón.*
> Y entonces, con *mirada tan profunda*
> *que apenas se podía ver,* miró,
> las llanuras del prójimo y los pueblos
> hasta al pie de las sierras, entre niebla,
> del Dios en que su mente no podía
> creer pero creía su hombre entero:
>> *Confiamos*
>> *en que no será verdad*
>> *nada de lo que pensamos.*
> El vislumbró un mañana prometido
> para su alma, sedienta de creer,
> para el pueblo, sediento de justicia,
> pero, como un Moisés, no iba a gozarlo.
> Y así murió, *ligero de equipaje,*
> al pasar la frontera de su España,
> al perder su esperanza en este mundo.

Tesonera ha sido, como se sugirió, la concentración crítica de Valverde en Machado. De fecha muy juvenil es su fundamental ensayo sobre el tema que su título avisa: «Evolución del sentido espiritual de la obra de Antonio Machado», estudio casi precursor en la visión *integral* de aquél, pues tiene la virtud de no cercenar al poeta del pensador sino de ver su interrelación diríase fatal, para lo cual tiene muy en cuenta su prosa. Al cabo llega a preguntarse Valverde, y con razón, «cuántos pensadores ha habido en nuestro lengua de tan hondo calado, de tan terrible y en ocasiones excesiva profundidad.»[48] Este ensayo de Valverde apareció originalmente en

Cuadernos hispanoamericanos (1949); fue anexado después a su libro *Estudios sobre la palabra poética* (Madrid: Rialp, 1952); y es hoy más accesible en la varias veces citada colección de estudios sobre Machado, realizada por Ricardo Gullón y Allen W. Phillips. Entre otros trabajos suyos sobre el escritor destacan: «Notas sobre el misterio de la poesía de Antonio Machado», *La Estafeta literaria* (25 de junio de 1945); «Hacia una poética del poema (Homenaje a Antonio Machado)», *Cuadernos hispanoamericanos,* (No. 28, 1956); y «Para la lectura de Antonio Machado», *Insula,* (Nos. 212-213, 1964). Aunando erudición, fervor y sagaz penetración crítica ha preparado, para los Clásicos Castalia, cuidadosas ediciones críticas de *Nuevas canciones y De un cancionero apócrifo* y de *Juan de Mairena,* ambas de 1971. No ha podido pasar por alto Valverde la ocasión del centenario machadiano, y ya nos hemos extendido, en nuestro capítulo I, sobre su *Antonio Machado* de 1975: libro hoy indispensable, y mucho más que un *companion book* como el autor modestamente lo presenta.

Si nos obligásemos otra vez a una recapitulación parcial, atenida ahora a la primera promoción de posguerra, tomando como base lo adelantado en las consideraciones iniciales de esta sección y algunos de los testimonios en tal sentido más elocuentes, las conclusiones resultarán sencillas de resumir. Con las naturales y no poco importantes excepciones, que no se requiere de nuevo especificar nominalmente, aventuraríamos que el Machado *predominante* en los tiempos de hegemonía de esa promoción —digamos prácticamente la década del 50, con su ápice en el aniversario de 1959— es el poeta cívico de *Campos de Castilla,* clavados en su alma el dolor y la denuncia de España tanto como la fe y el ansia de una alzada aurora. Junto a ello actuaba el recuerdo del hombre que rectamente puso, en los finales de su vida, su conciencia y trabajo intelectual al servicio de su pueblo—el cual dramáticamente se jugaba entonces su presente y que perdió (y él llegó a saberlo) su futuro inmediato. Todo ello estaba en Machado y, como tal, no se falseó su imagen. Pero las negativas circunstancias de la prolongada hora histórica, colofón de aquella derrota, condujeron en esos años (y habrá que insistir en que hablamos en términos generales) a no poder mirar con el mismo interés hacia otros estratos de su rica y enormemente conflictiva personalidad. Los cultivadores de la poesía social, en particular, de hecho intentaron apropiarse aquella otra parcial imagen, la del Machado público y comprometido, así fragmentada y que tan necesaria les era, para convertirla en «bandera» (ya se vio) y, prácticamente, en equivalente único del *todo* Machado. Ello les fue moralmente imperioso, debe reconocerse así siempre, pero tal actitud tuvo también su envés menos positivo: limitaron, al así reducirlo, su ¿verdadero? rostro. Y si al verdadero rostro de Machado es difícil —tal vez imposible— llegar, mucho más lo será cuando se procede a partir de muy acotadas posiciones. Al Machado del misterio —el de la generación del 36— sucedió ahora el Machado «del pueblo.» Para los efectos de la urgencia política, y si ello no se interpreta toscamente, el poeta mayor —que no es el de las oratorias imprecaciones de *Campos de Castilla* con todo lo justas que éstas fueron— y ese pensador de «hondo y terrible calado» que diría Valverde vinieron casi a quedar cubiertos bajo la estampa de un clarividente cuidadano, inteligente y bueno (lo cual no es poco haber, y a Machado le hubiese agradado saber que así se lo estimaba), que con su conducta había sabido además estar fielmente *a la altura de las circunstancias.* No se señala aquí, repitamos, un falseamiento sino una fragmentación. Pero, ciertamente, no terminaría de ese modo la historia de la presencia de Antonio Machado en la poesía española de posguerra.

La segunda promoción de posguerra

Porque en los mismos años del auge de la tendencia social, y sin que hubiese mediado la requerida distancia temporal que suelen exigir los esquemas admitidos sobre la sucesión generacional, empieza a perfilarse otra promoción de jóvenes poetas cuyos primeros libros aparecen desde el principio de los años 50. Aunque ya en ese decenio mismo comenzaron a hacer sentir sus disensiones respecto a los puntos más críticos, y criticables, de la actitud poética inmediatamente anterior y a la vez casi coetánea, nos parece que aquellos nuevos poetas no logran su cohesión teórico-estética, de una manera completamente definida, hasta los primeros tiempos del 60. Al ocurrir esto último, se pudieron ver claramente los más importantes matices rectificadores que aportaban, y los cuales venían a levantar y sanear artísticamente el estado general de la lírica española—pues, sin llegar a la iconoclasia de la radical «ruptura» posterior de los novísimos, era evidente que estos jóvenes del 50 cuestionaban con severidad varios de los criterios intocables, y en cierto modo torcidos, hasta entonces reinantes. En primer lugar se preguntaban sobre los pobres resultados que veían surgir del designio por el cual se hacía coincidir mecánicamente *poesía* con *comunicación* — coincidencia que tan útil había sido para el «testimonio» directo que buscaban los poetas sociales. Parejamente vinieron a restituir y sostener, en compensación, la correcta creencia de que el acto poético es, ante todo, un proceso de exploración y conocimiento en hondura de la realidad, y que lo demás (la «comuncación» entre ello) se da como añadidura fatal en el poeta auténtico: en la antología *Poesía última* (1963), hay muy puntualizadoras observaciones sobre este tema procedentes de Carlos Sahagún y José Angel Valente; a las que deben añadirse las de Francisco Brines en la *Antología de la nueva poesía española* de José Batlló en 1968. No menor interés tiene, en el diseño general del encuadre estético de esta promoción, su decisión de no postergar el compromiso primero y fundamental de la poesía, que ha de ser con ella misma y no con la «bondad» o «justica» del asunto o mensaje apriorísticamente asumido. Ya tuvimos que destacar en el capítulo II una oportuna exclamación de Claudio Rodríguez a este propósito: «¡Cuántos temas justos y cuántos poemas injustos!»; y la denuncia de la motivación social convertida en *tendencia,* con detrimento y descuido intolerables del estilo verdadero, cuestión en la que insistiría Valente desde fecha muy temprana. En breves palabras: lo que inquietaba, y la fórmula es del último mencionado, era el *formalismo temático* impuesto por la poesía social al erigirse precisamente en tendencia. Y aunque resulte obvia la aclaración, debe decirse que nos pronunciamos aquí siguiendo una simplificación dialéctica que puede llegar a ser una verdad sólo a medias: los poetas siempre más vivos y alertas de las promociones precedentes supieron y practicaron todo esto muy a su tiempo, y nunca fueron peso muerto —o sólo éticamente justificable— en la corriente dinámica de la poesía.

Mas lo hasta aquí simplemente esbozado no implicaba de ningún modo una deserción unánime de todos estos poetas con esa otra suerte de compromiso, que era el vigente en los años en que ellos irrumpen en la actividad literaria y el cual ha sido ya destacado suficientemente: la responsabilidad del escritor con el tiempo histórico y su problemática más candente. Pero como la posición desde la cual se acercaban a la poesía, si bien no daba (ni mucho menos) su espalda a la realidad, era matizadamente distinta, supieron entender que su dolor colectivo de hombres españoles, enajenados por su situación en un país llagado de mutilaciones, podría valer (o realizarse) poéticamente sólo si era sentido y explorado desde la mismidad intransferible de cada quien. Evitaron, así, el canto coral y mostrenco, y modularon sus rebeldías vívida e íntimamente. Tal modulación no mata la poesía social, que puede ser (y de hecho lo ha sido bajo diversas formas) una inquietud de todas las épocas y todos los lugares: nos devuelve la *poesía social* española de posguerra enriquecida en lo que, en alguna ocasión, he llamado *poesía crítica*, al tratar de describir esa evolución.⁴⁹ Desde esta perspectiva, o sea la de no desatender la áspera realidad de una sociedad desnivelada y alienante, tanto en su dimensión española como en una proyección ahora más universal (perspectiva que agrupó estrechamente a varios poetas de esa promoción), no ha de resultar extraña la común permeabilidad de éstos al mismo Machado público, cen-

sor y a la vez amorosamente abierto al otro, que atrajese a sus hermanos
mayores en la poesía. Y a ellos se juntan en la celebración de la efemérides
del 59, donde apenas se perciben, entre unos y otros, diferencias en el acento de los poemas-homenajes y de las declaraciones de principios que la
coyuntura favorecía. Pero con la rápida maduración de estos poetas, su
visión de Machado fue ensanchándose notablemente y, al proceder así,
rescataron de nuevo aquellos olvidados aspectos de su obra que, sólo en su
absoluta interrelación de totalidad con el poeta cívico y el hombre comprometido que también hubo en él, nos han podido dar al fin ese Machado
integral que, desde el inicio de este libro, hemos estado defendiendo e in-
vocando.

Es fortuito pero estimulante que, al comenzar el escrutinio individual
de los poetas de este grupo con el de mayor edad entre ellos, Angel
González,* nos encontremos con aquél de ese mismo grupo que,
últimamente, más ha trabajado sobre Machado y en un sentido *totalizador*
con el cual plenamente nos identificamos. Su afirmación de 1968 sobre el
por qué estimaba de capital significación la influencia de Machado, partía
de considerar que tal importancia «deriva tanto de su forma de abordar los
problemas estrictamente poéticos como de su manera de interpretar la
realidad y de integrarla en la obra.»[50] Tal afirmación revela como González
destaca en Machado, con parejo interés, al observador e intérprete de la
realidad, y al artista preocupado de darle corporeidad estética, pues no
olvida que está hablando de un poeta. Y ésta ha sido, en general, la base de
su serie abundante de artículos recientes sobre Machado, algunos
publicados (y en parte por nosotros ya utilizados) y otros inéditos, todos
los cuales se han reunido en su libro *Aproximaciones a Antonio Machado*
(México: UNAM, 1982). La posición actual de González, bien avanzado ya
el desarrollo de su misma agrupación generacional, le ha permitido
sumarizar, en un breve diagnóstico, la historia de la estimación machadiana a partir de la guerra civil. Cree, así, que «la influencia de Machado en
las obras de la generación del 36 derivó en una poesía abtracta, mucho más
desrealizada que la de los poetas puros o vanguardistas de los que
pretendían alejarse»; y la razón de este juicio, el cual desde otro punto de
vista que el suyo pudiera ser muy discutible, es, para el crítico, que esos
poetas «que tuvieron el mérito de volver los ojos al olvidado Machado, no
supieron ver tampoco su lado positivo, que era entonces —cosas de la
dialéctica otra vez— el negativo: su lado de destrucción de la palabra
simbólica.» Pero al valorar la presencia del mismo Machado en los años de
la poesía social, no es menos incisivo en sus conclusiones:

Lección perdida, pues, la de Antonio Machado, un poeta

que acaba teniendo admiradores, pero no discípulos, que influye mal a sus pretendidos continuadores. En la posguerra, mientras unos tomaban el rábano por las hojas... *de las encinas*, otros —los social-realistas— lo admiraron ante todo por su ejemplo humano y por sus preocupacionos civiles, tan inequívocas y expresivas de puntos de vista que sentían muy próximos: no se trataba de ese, tampoco —al menos, no se trataba *sólo* de ese, aunque *ese* fuese en aquellos días, y todavía hoy, muy importante.[51]

La referencia de lo acaecido a Machado en manos de los practicantes del social-realismo no requiere, a estas alturas, de adicional comentario. Lo relacionado con su opinión de cómo los poetas del 36 deformaron, según su parecer, las enseñanzas de Machado, sí demanda algún detenimiento. Frente a la opinión más extendida de que a la «simbolización» debe la poesía de aquél su mayor misterio, Angel González propone la tesis de que ese logro emana de otro mecanismo más sutil: la «connotación», motor supremo en el equilibrio delicadísimo entre plano referencial y sugestión misteriosa que sostiene dicha poesía. Las significaciones connotativas —considera González— adheridas a palabras que mantienen con todo rigor su inequívoca capacidad denotativa, explican cómo los símbolos machadianos, convertidos por su reiteración en meros signos denotativos o referentes, «siguen transmitiendo, connotando de forma incierta la irradiación que en el símbolo es más próxima y, por lo tanto, menos sorprendente, más obvia.»[52] Esta explicación, por la cual Machado queda presentado como un «destructor» de símbolos que intenta devolver a éstos su primitiva condición de palabra, se acerca, por diferentes caminos, al empeño de Cerezo Galán cuando éste destaca la importancia de la palabra poética *integral* que el mismo Machado sugería y lo cual hubimos ya de tratar en su lugar correspondiente (y por una vía, a nuestro ver, más comprensiva que la del exclusivo aprovechamiento del folklore y la palabra «popular»).

Otros ensayos de Angel González que, con el anterior, se agrupan en el libro suyo mencionado, son: «Antonio Machado y la tradición romántica»; «Originalidad del pensamiento de Machado» (ambos ya consignados: véase Cap. II, notas 30 y 31); «Comentarios en torno a un poema de Antonio Machado (El viajero: retrato del artista como viejo fotógrafo)», enviado a *Estudios ofrecidos a Emilio Alarcos Llorach* (Universidad de Oviedo, 1977); y otro de gran utilidad para nuestros propósitos: «Afirmación, negación y síntesis: Coherencia del proceso creativo de Antonio Machado», que consultamos en su versión inédita por deferencia del autor. Ese mecanismo dialéctico (que implica un paso de las

«galerías del alma» a la «galería de las almas»), y por el cual se puede abarcar al fin la obra toda de Machado, queda resumido así en el siguiente
cuadro elaborado por el propio González:

I.—   *Afirmación del «yo»*; primera persona del singular
         (GSOP): galerías del alma, retablo de los sueños,
         lienzos del recuerdo, tiempo interior, historia per-
         sonal.

II.—   *Negación del «yo»*; tercera persona (*CC*): afirmación
         de la naturaleza y de los otros; tiempo exterior,
         Historia.

III.—   *Síntesis*; primera persona del plural (*NC. De un CA*).
         Antonio Machado, Juan de Mairena, Abel Martín; el
         folklore, la voz —tono, formas, temas, mitos— del
         pueblo; historias personales, Historia.

Este esquema, en el que ni la menor motivación de Machado queda
omitida, pudiera colocarse con mayor provecho al final de nuestra exposición, en calidad de rotunda prueba de lo que ya se va viendo: cómo se
ha alcanzado, al cabo, la reintegración de un Machado verdadero y sin parcializaciones. Al verso de González ha pasado también la presencia de
aquél. En su poema «Camposanto en Colliure», de *Grado elemental*
(1962), recompone su experiencia personal ante la tumba del escritor exiliado, de donde pronto se alza una dolida observación objetiva: la de la
humana mercancía española de hoy que, como *mano de obra barata,* ha
cruzado repetidamente la misma frontera pirenaica. Como la traspasara
Machado, en aquel frío invierno de 1939, para pagar todos, él entonces y
estos hombres anónimos de hoy, no más que el precio de un fracaso:

                    —paz—,
otra vez desbandada de españoles
cruzando la frontera, derrotados
—... sin gloria.

Se paga con la muerte
o con la vida,
pero se paga siempre una derrota.

Debe decirse también que, este poema, respondiendo a la estética general de la promoción de su autor, religa señalamiento crítico y vivencia íntima; y, siendo un poema de recordación, rehuyó la tópica mecánica de esta especie de composiciones. Otra, sí ya con un directo sentido de homenaje, tiene bajo el título de «A Antonio Machado», lectura casi literal del traído pasaje de *la España de charanga y pandereta,* y de menor interés, inédito hasta su publicación en *Ruedo Ibérico.* Y, finalmente, Angel González ha publicado una antología, bajo el título de *Antonio Machado,* en la colección «Los poetas» de la editorial Júcar.

Quien en este grupo ha unido con mayor entusiasmo una ocasional asimilación poética machadiana—ya que en general su lirismo está más cercano al de Juan Ramón Jiménez—y una sostenida empresa de penetración crítica y de divulgación de la obra de Machado, como en la generación anterior lo fue José María Valverde, es Aurora de Albornoz. En su libro poético *Brazo de niebla* (1957) hay un breve texto, «A Antonio Machado», levantado casi elíptica y sugeridamente sobre los característicos motivos de Castilla tan caros a aquél. Y otra composición de ese mismo libro, «Violetas», arranca de *Hoy, con la primavera,* el verso inical de las «Ultimas lamentaciones de Abel Martín.» En *Poemas para alcanzar un segundo* (1961) la autora incluye una pieza, «Fuera cantaba marzo», que toma como epígrafe aquella pregunta de uno de los sonetos machadianos de la guerra: *¡Oh flor de fuego! / ¿Quién ha de helarte, flor de fuego, dime?.* La revista *Aldonza,* aparecida en Alcalá de Henares (y en su número 3 de 1965) le publica un poema de tono más comprometido *con la fe en la mañana y el mañana,* también relacionado con Machado (y en el que lo asocia a Federico García Lorca y Miguel Hernández): el titulado «En la esperanza.» Y las prosas para niños —o mejor: sobre los niños— de *En busca de esos niños en hilera* (1967) toman su rótulo de uno de los poemillas de «Galerías»: *¡Y esos niños en hilera, / llevando el sol de la tarde / en sus velitas de cera!* (*SGOP,* LXVI). El «Epílogo» de ese cuaderno es un sereno y terso homenaje donde se aclara el sentido íntimo de aquella casi póstuma línea de Machado, en que éste reunió tan estrechamente el marco de su situación última, ya en el exilio francés, y su niñez siempre presente en la memoria. Escribe allí Aurora de Albornoz: *A veces un poeta, de camino hacia la noche, puede abolir los tiempos. «Estos días azules y este sol de la infancia.»* A estos temas —el de los niños y el del verso final de Machado— volverá en el último de los poemas que le ha dirigido a aquél, y el cual apareció en un «pliego suelto» de homenaje al poeta lanzado por la *Unesco* de París (junio de 1975). Por su no muy extensa divulgación, lo transcribimos aquí en su totalidad:

ECOS DE UNAS PALABRAS DE DON ANTONIO,

HALLADOS EN COLLIURE, EN UN DESVAN DEL
HOTEL BOUGNOL-QUINTANA.

Lentamente crecían en hilera. Atesoraban luces, los niños en
hilera...

En la tarde se alzaban, portadoras de soles y de manos, en perdurable hilera movediza.

Contaban su fluir, modeladas en viento. Y espantaban la sombra.

El sol eran los soles y era uno para la tarde casi noche. Y el
camino seguía hacia la casinoche. Y las sombras cercaban.
Seguía hacia la noche.

Y otra vez —en hilera— era soles y manos y palabras y manos
y era manos y soles y palabras y soles.

Aventando la sombra, las palabras rescatan estos días azules y
este sol de la infancia.

En el terreno crítico ha estudiado Aurora de Albornoz, de un modo a
la vez documentado e iluminador, *La presencia de Miguel de Unamuno en
Antonio Machado* (Madrid: Gredos, 1968). Y ha contribuido de modo
eficaz a la difusión del pensamiento de Machado en la serie de los cuatro
tomos que, con el título general de *Antonio Machado, Antología de su prosa,* preparó para la editorial Cuadernos para el Diálogo de Madrid: *I—
Cultura y sociedad* (1970); II— *Literatura y arte* (1970); III— *Decires y
pensares filosóficos* (1970); y IV— *A la altura de las circunstancias* (1972).
No deben olvidarse algunos trabajos más lejanos, aparecidos en forma de
libro: *La prehistoria de Antonio Machado* (Universidad de Puerto Rico:
Ediciones La Torre, 1961), y su edición y estudio de las *Poesías de guerra
de Antonio Machado* (San Juan de Puerto Rico: Ediciones Asomante,
1961).[33]
     Activa fue también la participación de Aurora de Albornoz en la
edición, realizada con Guillermo de Torre, de las *Obras. Poesía y Prosa* de
Machado (cuya refencia bibliográfica completa puede encontrarse en el
Cap. I, n. 1.) En este volumen, la serie de secciones anexas—el «Indice
cronológico», «Algunas variantes y notas» y la muy abundante y ordenada
«Bibliografía»—son labor exclusiva de la escritora. De las citadas, el «In-

dice cronológico», con algunas importantes adiciones, ha sido reproducido, con motivo del centenario del poeta, en varias publicaciones literarias y de divulgación general. *" Y en calidad de otra forma de corroboración de cómo se ha ido imponiendo, y por obra principalmente de los poetas y críticos de esta promoción, la rectificación integradora de la imagen de Machado, es interesante observar cómo organizó Aurora de Albornoz su respuesta a la antología-encuesta de *El Ciervo*. Allí, a pesar del poco espacio disponible, logró dar representación a «una serie de actitudes de Antonio Machado ante la vida y el arte.» Y distribuye esas actitudes así: «Ante la poesía» (iniciando aquí la ilustración con aquella idea machadiana de que *El alma del poeta / se orienta hacia el misterio...*, de las *Soledades*); «Ante un mundo recién descubierto» (el encuentro con la realidad viva al despertar de los *mágicos cristales de mi sueño*); «Ante el paisaje» (castellano y andaluz); «Ante el amor»; «Ante el ser, el tiempo y la muerte» (el Machado metafísico de «Muerte de Abel Martín»); y «Ante la realidad histórica» (a base de muy comprometidos fragmentos de los escritos últimos, 1936-38). De una manera diferente —la brevedad le permitía sólo unas pocas muestras de cada una de tales «actitudes», no el desarrollo de una exposición teórica y coherente— se descubre aquí la misma voluntad de mirada totalizadora que vimos en Angel González. Porque de la reunión de todas esas actitudes y ejemplos, siquiera en apretada síntesis, surge una mirada entera y cabal sobre Machado, sin dogmáticas exclusiones y retaceos.

Esa visión global del poeta requiere un poder seguirle en sus traslaciones complementarias del «yo» al «tú», y de éste al «nosotros» (tan bien sugeridas por él mismo en sus «Proverbios y cantares»), del modo en que le ha sido posible a González y a Félix Grande, y ahora hemos de tener en cuenta también a propósito de José M. Caballero Bonald. Recuérdese, al efecto, la declaración de este último suscrita en *Poesía amorosa,* que se reprodujo en el capítulo III y por ello no repetimos aquí. En dos piezas de Caballero Bonald hemos registrado glosas o incrustaciones de Machado en que aquél aún aprovecha advertencias machadianas en un sentido reactivador de la conciencia cívica. Su enérgica fe *en la libertad y en la esperanza* vuelve a aflorar en las versos finales del poema «Blanco de España», del libro *Las horas muertas* (1959) de Caballero Bonald:

para encender con mi esperanza
la piel naciente de tu libertad.

Y los tan presentes *gallos de la aurora*, del «Envío» a Azorín que cierra «Desde mi rincón», reaparecen, ahora de un modo totalmente explícito, en otra composición de este poeta. Pertenece a *Pliegos de cordel* (1963), y no puede titularse sino de ese expreso modo: «Oye cantar los gallos de la aurora»:

> Hay
> una nueva sed, un hambre
> nueva por debajo
> del tiempo, ya es verdad
> que es de día: oye
> cantar los gallos de la aurora.

Ambos «recuerdos» del poeta de *Campos de Castilla* corresponden, como por sus fechas puede apreciarse, a los años en que todavía sobre la poesía española se hacía sentir de modo preeminente el Machado vuelto a realidad histórica de su pueblo. En el transcurso de la década siguiente, la del 60, los miembros de esta segunda promoción fueron perfilando sus posiciones teórico-poéticas, que impulsaban a una saludable apertura de inclinaciones temáticas y a la comprensión de todo Machado, lo cual, en sus comienzos, les era difícil por la acción de la óptica hasta entonces predominante. Así, cuando al llegar en 1975 el año de su centenario se les presentó a estos poetas la necesidad de revisar lo que para ellos significó aquél, sus conclusiones arrojan ya una lucidez y un equilibrio dignos de ser resaltados. No otra cosa que esa revisión era el tema de una serie de presentaciones y charlas informales que preparara Caballero Bonald a lo largo de dicho año del centenario; y de las cuales, todas anunciadas, y por distintos pretextos de supuesto «orden público», *ninguna* se llevó a efecto. Lo que en esas presentaciones se proponía decir — y debemos su conocimiento a amable información personal suya— iba por el camino de demostrar cómo su generación inicialmente, y en ello no distanciándose de la anterior (no se olvide la común base coyuntural que en ese sentido les une: el aniversario de 1959), trató de buscar en Machado el modelo «literario» a través del modelo «humano», haciéndole cabeza visible y símbolo de una intencionalidad poética que las circunstancias de la época condicionaban. Añade Caballero Bonald que una de las consecuencias de esa decisión, nada extraña en un país de bruscos apasionamientos como es España, fue contraponerlo a Juan Ramón Jiménez, y aun preterir a éste y condenarlo al «ostracismo» que oficializara aquella famosa antología que muy atrás comentamos: testimonio elocuentísimo esa exclusión antológica, si los hay, de hasta qué extremos puede alcanzar el «partidismo» cuando se pone a funcionar (con la advertencia, que es obligatoria aquí, de que este último juicio no procede del autor de *Agata ojo de gato*). Lo que sí éste suscribe literalmente es que esa preterición de Jiménez no sólo le parece hoy innecesaria sino injusta, y aun de poco benéficos resultados para la misma poesía española. Mas no deja de comprender que tal extemosidad la explicaba, en su momento, la situación del país, y el fervor de unos jóvenes (y algunos no tan jóvenes) que se resistían a la continuación de un mal endémico para el cual la mayor virtud curativa podría venirles del ejemplo de Machado.

Coincidente, pues, con la voluntad de abrazar por fin la totalidad de la poesía y el pensamiento machadianos, vino a producirse de modo natural la revaloración estimativa de Juan Ramón, su «vuelta»: el hacer pronunciable su nombre sin que ello significase traición a la «causa.» Resulta sintomático, y positivo, que los tres poetas de esta promoción que hasta ahora hemos considerado —González, Albornoz y Caballero Bonald— lo hayan sentido y aun practicado así. Sabido es que el primero de ellos, Angel González, ha publicado, en la misma colección de las ediciones Júcar, responsable ahora de su *Antonio Machado,* un doble volumen (crítico y antologico) sobre Juan Ramón Jiménez (1973), que es una muy importante contribución a la bibliografía del poeta; y a la excelente *Nueva antolojía* (1972) del mismo, prologada y preparada por Aurora de Albornoz, hemos hecho ya anterior referencia. Y si se ha llegado —situación venturosa— a poder gustar y comprender con justicia a ambos, sin necesidad de comparaciones que implicaban condenaciones, es precisamente porque ya Machado no se presenta sólo como el fustigador oportuno de la charanga y la pandereta sino también como el poeta que por igual sondeara mágicamente el misterio del hombre y la trascendencia—o la nada—del ser; y en tanto que tal, sabemos cuán profundamente admirado fue por el propio Jiménez. Y no son sólo los tres citados —ya se verán otros— quienes en estos años últimos han acercado libremente, en sus pronunciamientos y en sus predilecciones, a los dos grandes poetas que abren la moderna tradición lírica española.

No ha sido menos consistente al respecto la posición crítica de José Angel Valente*, quien tomó sobre sí la tarea de desenmascarar *todos* (ni uno se le ha escapado) los «falsos apócrifos» de Machado, entendiendo por tales —como se dijo— las diversas falsificaciones y parcializaciones interesadas del poeta— y no fue menos caústico, al ejecutar esa tarea, en la denuncia del «Machado convertido en pancarta y propaganda.»[55] Es Valente en rigor, y mucho antes de arribar a los 60, quien primero había manifestado su desacuerdo ante la consigna de hacer del escritor el emblema de una tendencia, susceptible de reducirle así a promotor de un *ismo* más. En 1954 (y nótese su inicial mención del autor de *Espacio*) declara Valente:

...sin Juan Ramón Jiménez no se podría explicar la poesía moderna. Luego está Machado, un gran poeta, que está en la poesía española que más me interesa, en la línea meditativa de Quevedo y Manrique. Pero lo que no me gusta es el machadismo de algunos poetas actuales, esa insistencia en la bondad tan literaturizada ya, da asco. Hace falta una racha de maldad en la poesía.[56]

Y Ellen Engelson Marson, al comentar esta declaración, considera que «al pedir 'una racha de maldad en la poesía', Valente no hace más que insistir en la necesidad de un realismo verdadero, de una visión más en profundidad del mundo, tan ausente en la poesía española del momento.»[57] Y no le falta razón si se recuerda cómo desde su defensa del exacto «contenido de realidad» que debe alojar la obra literaria, el autor de *Las palabras de la tribu* se había proclamado en contra del *a priori* ideológico tanto como del *a priori* estético, asunto que ya hemos examinado en el capítulo II.

Más puntualizaciones críticas sobre Machado debemos a Valente. Entre otras el hacernos plausible el proceso natural de nacimiento, en aquél, de sus heterónimos verdaderos. En su ensayo «Juan Ramón Jiménez en la tradición poética del medio siglo», comienza Valente apoyándose en el conocido esquema en que Jiménez trazó, hacia 1936, los orígenes de la poesía española contemporánea, a la que veía nacida de la *fusión* de dos grandes calidades y dos grandes diferencias: Unamuno y Darío. Pero en ese mismo esquema, Juan Ramón, tras afirmar lo anterior, se aclara y aclara: «Y después de Miguel de Unamuno, Rubén Darío, y antes que ningún otro, pues con él comienza, sin duda alguna y de qué modo tan sin modo, aquella fusión, Antonio Machado, 'el fatal'.» A esa fusión fundadora, añade Valente por su cuenta, otro legítimo fruto de continuidad: el propio Jiménez. Y ve a estos últimos dos así: Machado, lo metafísico «consciente»; Juan Ramón: lo estilístico, no menos «consciente.» Y repárese en la calificación, *metafísico,* resumidora para el crítico del perfil definitorio y de mayor alcance en Machado, muy improbable de que le fuese destacado como tal por los seguidores de la «bandera» o la «pancarta.» Esa es la fórmula general propuesta por Valente para uno y otro de esos poetas, con el señalamiento incluso de los riesgos de sus respectivas «voluntades» en ambos, que no viene al caso glosar ahora detalladamente. Lo que nos interesa destacar es el explícito reconocimiento de la dinámica espiritual de Machado que ofrece Valente, y de la cual han de emerger sus apócrifos verdaderos:

Machado vio mucho más lejos que Juan Ramón Jiménez: vio
Machado tan lejos y fue tan lejos, que se dejó atrás a sí mismo
(por eso Machado opone en sus últimos años a la creación de
nuevas poesías, la creación de nuevos poetas —los apócrifos—
capaces de cantar por sí mismos).[58]

Ese dinamismo interior del poeta, tan bien resaltado en este juicio, es
lo que hace aún más lamentable, e imperdonable, que se lo haga detener y
paralizar, que se lo seccione, y queden los lectores (y voceros) de todo un
período convencionalmente anclados en uno de los segmentos que resultan
de tal absurda y falaz operación.

A la poesía de Valente ha pasado también, en el recuerdo de su palabra
y en el designio de rendirle personal homenaje, la voz misma de Machado.
Poemas a Lázaro (1960), el segundo libro de aquél, se abre, junto a otras de
Unamuno y de Jiménez, con una cita del tercer fundador, el Machado de
«Muerte de Abel Martín»: *un hombre que vigila / el sueño, algo mejor que
lo soñado.* En *Sobre el lugar del canto* (1963) incluye una pieza, «A don
Antonio Machado, 1939», luego suprimida en la colección total de su obra:
Punto cero (1972). Pero, en cambio, aquí sí mantiene uno de los más
precisos poemas escritos a Machado desde los caminos del espíritu y la
poesía de nuestro tiempo, que tanto él ayudara a desbrozar. Apareció
originalmente en *La memoria y los signos* (1966); y nos trae y acerca a Antonio Machado de la mejor manera que a éste le hubiera satisfecho; esto es,
sin nombrarlo—ni siquiera en su título—y recreándolo con los propios
decires machadianos que se deslizan suavemente, fatalmente, en los versos
de este otro poeta de nuestro tiempo. Se sostiene, como epígrafe, en aquella
línea machadiana que ya hemos escuchado varias veces, y la cual ha
quedado como norte luminoso y necesario para las generaciones que, y en
tan conflictivos años, detrás de él vinieron. Se reproduce aquí el aludido
poema:

SI SUPIERAS

... creo en la libertad y en la esperanza
ANTONIO MACHADO

Si supieras cómo ha quedado
tu palabra profunda y grave
prolongándose, resonando...
Cómo se extiende contra la noche,
contra el vacío o la mentira,
su luz mayor sobre nosotros.

Como una espada la dejaste.
Quién pudiera empuñarla ahora
fulgurante como una espada
en los desiertos campos tuyos.

Si supieras cómo acudimos
a tu verdad, cómo a tu duda
nos acercamos para hallarnos,
para saber si entre los ecos
hay una voz y hablar con ella.
Hablar por ella, levantarla
en el ancho solar desnudo,
sobre su dura entraña viva,
como una torre de esperanza.

Como una torre llena de tiempo
queda tu verso.
                    Tú te has ido
por el camino irrevocable
que te iba haciendo tu mirada.

Dinos si en ella nos tuviste,
si en tu sueño nos reconoces,
si en el descenso de los ríos
que combaten por el mañana
nuestra verdad te continúa,
te somos fieles en la lucha.

Gonzalo Sobejano ha relacionado, de un modo oblicuo pero interesante, las creencias poéticas actuales de Valente con las correspondientes de Machado que al crítico de modo particular le interesan: su afán y amor a la sólida y comunitaria verdad. Reaccionando contra la poesía de efusiones confesionales y palabras autocomplacidas, Sobejano se aventura a suponer que «Machado-Mairena hubiese aprobado, pienso yo, este 'Arte de la poesía', en que un poeta de hoy enumera los excesos y falsedades que la envilecen.» Y el texto así titulado («Arte de la poesía»), que transcribe Sobejano, procede de *El inocente* (1970) del propio Valente: se trata de un seco, punzante y por momentos áspero y sarcástico inventario de todos esos descarríos, y el cual comienza de este modo: *Implacable desprecio por el arte / de la poesía como vómito inane / del imberbe del alma...* Nos bastarán los versos iniciales de la composición para darnos idea del acento acerado, incisivamente gélido en su aguijón crítico, que puede alcanzar Valente; y el desarrollo—previsible— habrá de buscarlo por su cuenta, y no poco ganará, el propio lector. Mas Sobejano sutilmente apunta a lo que hay de común (el rechazo del subjetivismo complaciente, al que nada importa el humano y solidario conocimiento) entre ese «poeta de hoy» y el Machado «de la verdad»; a la vez que insinúa lo que pudiera separar —y no es otra cosa que el «tono»— a los autores parangonados: «Sólo que Antonio Machado hubiese dicho esto *[los acres dicterios de Valente contra los falseamientos de la poesía]*, tal vez, en cuatro versos, y Juan de Mairena algo parecido, en unas pocas palabras no enfáticas, irónicamente planteadas, en forma interrogativa, a la benévola atención de sus alumos imaginarios».[59]

A más de las coincidencias de actitud con Machado que exhiben ciertas piezas de intención crítico-social en la obra de Jaime Gil de Biedma*, aquél entra en la obra de éste por varios modos, y muy tempranamente. Su inicial libro, *Compañeros de viaje* (1959), uno de los de su promoción que más devolvió a la expresión de la intimidad sus derechos en el repertorio de las legítimas posibilidades poéticas—derechos que el realismo objetivante del 50 había puesto entre paréntesis—abre su sección I («Ayer») con el terceto final de uno de los sonetos intimistas más impresionantes de Machado: *Con negra llave el aposento frío / de su tiempo abrirá. ¡Desierta cama / y turbio espejo y corazón vacío!* (*NC*, CLXV, v). Y en el «Prefacio» de dicho libro, para explicar la inadecuación entre las «concepciones poéticas» y la «fidelidad a la propia experiencia», de lo que resulta en el creador lento —como el mismo Gil de Biedma reconoce serlo — un cierto desajuste entre «producto poético» y «estímulo generador», acude a «esa lógica heraclitiana, de que hablaba Juan de Mairena», que al estar marcada por la temporalidad, deviene a veces conclusiones incongruentes o disconformes. En *Moralidades* (1966), además del ya comentado «Apología y petición», otro poema («De los años cuarenta», título que en publicaciones posteriores aparecerá cambiado por el de «Marcha triunfal» y, finalmente, por «Años triunfales») nos llega también cargado de ese rancio olor a miseria y sordidez de la *Castilla miserable* de Machado. Para la primera reunión de sus poesías completas, *Colección particular* (1968), retirada de la circulación por la censura con tanta prontitud y pulcritud que apenas llegó a existir, no pudo encontrar el autor, como expresivo de la tensión que toda su poesía revela entre vida y arte, nada mejor que colocarla toda bajo el pórtico de aquellos «Consejos» de Machado (*CC*, CXXXVII, iv) que vimos a propósito de Vicente Gaos y que culminan con una paradójica y escéptica conclusión: *que el arte es largo y, además, no importa.* La al fin accesible recopilación de su obra poética, *Las palabras del verbo* (1975), vuelve a retomar, en su lugar correspondiente, aquel epígrafe machadiano de *Com-pañeros de viaje (Con negra llave...),* el cual había desaparecido en *Colec-ción particular.* Y la nota aclaratoria final de *Las palabras del verbo,* que contiene unos datos escuetos sobre el contenido de los libros que dan cuer-po al conjunto, nos introduce en un episodio interesante de las vincula-ciones entre Gil de Biedma y Machado. Escribe aquél, refiriéndose a cómo queda representado *Compañeros de viaje* en esta edición colectiva última:

> De la sección tercera y final he suprimido un poema «Desde le-jos», en el que deliberadamente conspiré para enmascarar la influencia de Jorge Guillén con imitaciones y *collages* de An-tonio Machado. Su deshonestidad hace ya muchos años que me causa rubor. He suprimido también «A un maestro vivo», poemilla dedicatorio que lo precedía y que, por sí solo, no se tiene.[60]

El poema guilleniano en que «Desde lejos» se basaba es el titulado «Su persona», aparecido ya en las últimas ediciones de *Cántico.* Dicha com-posición se despliega en tres secciones y describe, con la maestría del mejor Guillén, un viaje, lúcido y exasperado a la vez, desde la soledad irreductible e insufrible de la memoria *(Sufro. / La memoria es pena)* hasta la in-vocación exaltada del *volumen, forma, presencia* —verso final— de las cosas, rotundas en su plenitud. Es un desarrollo más, e intensísimo, del tema central en el mundo poético de Guillén: el rechazo de lo fantasmal sustitutivo y pobre (la memoria es una de sus formas) y la loa jubilosa, aquí nostálgica, de la tangible realidad: *Vivir es gracia concreta. / Su imagen, no. ¡Su persona, / su persona!* Gil de Biedma respeta formalmente el es-quema del modelo guilleniano (incluso la asonancia en *e-a,* que atraviesa en ambos textos todo su desarrollo), pero coloca las tres secciones bajo epígrafes de Machado, y en este orden: I, *En el umbral de un sueño (S, LX-IV)*; II, *Y era el demonio de mi sueño un ángel (S, LXIII)*; y III, *Los gallos de la aurora* (que ya no requiere identificación). Pero la evolución temática difiere en matices no poco importantes. Si en el apartado inicial ambos poetas incursionan en la memoria doliente, ya desde el segundo del de Gil de Biedma lo que en Guillén era el mundo concreto de todo lo real, es en aquél la más circunstanciada realidad asolada de España después de la guerra civil, con notas incluso de crítica social — iracundas y ácidas — que van *in crescendo* hasta el final, junto a la obligada alusión a la esperanza (en el pasaje donde mejor se escuchan los ecos de Machado). No cabría decidir si hizo bien su autor en suprimirlo ahora; pero el mero hecho de haber procedido así es un índice muy claro de una de las notas más significativas de su sentido del ejercicio poético: la autenticidad. El breve poema que lo precedía («A un maestro vivo») ha sido incluido en *Peña Labra* y también en *Ruedo Ibérico.*

Con respecto a esta última colección, la de *Ruedo Ibérico*, debe destacarse que allí apareció también una «Tarjeta postal para Antonio Machado», pieza de Gloria Fuertes que se anota como inédita y rechazada por varias revistas en la época del homenaje a Machado (evidentemente por su cierre, que tan afiladamente declara: *¡Y hasta tus enemigos / hoy recitan Machado!*) Esa misma colección incluyó tres de las composiciones en que el homenaje al poeta queda más sustanciado a la vivencia de quien los ha escrito; y son los de Jesús López Pacheco titulados: «Era y es», «Para Antonio Machado» y *Hoy, con la buena luz de la mañana...* Este último, del libro del autor *Pongo lo mano sobre España* (publicado en Italia), es el más íntimamente cargado de melancolía y sombrío dolor. El poeta le habla a España, *madre dura,* y la describe como una suerte de destino irremisible que condena a la tristeza, y que a Machado llevara, en pago de tanto como éste le diera, a la más penosa de las extinciones:

> Toda tu claridad se vuelve oscura,
> todo el amor a ti pena secreta.
> Yo te pregunto, patria, por Machado,
> te pregunto por qué le adoloriste,
> por qué, tanta esperanza que te ha dado,
> le dejaste morir de muerte triste.

Como era de esperarse, no es tampoco infrecuente la mirada hacia Machado en la poesía de José Agustín Goytisolo. *Años decisivos* (1961), de este último, lleva como introducción unas líneas donde aquél manifestó con gran claridad la identificación integradora, desde su intimidad, entre su *yo* y el de los demás: «Sin salir de mí mismo, yo noto que en mi sentir vibran otros sentires, y que mi corazón canta siempre en coro.» En *Algo sucede* (1968) la presencia es, en general, indirecta pero inequívoca de algunas vetas del pensamiento machadiano. En el poema «Oficio del poeta», dice Goytisolo: *La materia del canto / nos la ha ofrecido el pueblo / con su voz. Devolvamos / las palabras reunidas / a su auténtico dueño.* Y en un pasaje de «A un joven poeta», cuyo título ya indica su carácter de otra a modo de poética del autor, éste dirá: *Une tu canto al coro inmenso / de esta asolada humanidad. / Juega a la vida, si estás vivo. / Sólo la vida seguirá.* En «Un día cualquiera», la mención se hace explícita: *No sé por qué, he pensado / que sigue estando muerto don Antonio Machado.* Y un poema de sencillo «brindis» por la *palabra encendida* de aquél es el tema de

«Homenaje en Colliure», incluido también en *Años decisivos*. Y otra composición de homenaje, «Sin saber cómo», apareció en *Acento cultural* (5 de marzo de 1959).

Fernando Quiñones apela dos veces a Machado en su libro *En vida* (1964) cuando su pupila se abre al paisaje —rural o citadino— de las tierras españolas, castellanas o leonesas. En un poema sin título que se inicia con el verso *Estás abierto, campo de Segovia,* nos alza vivamente a don Antonio en *sus paseos / de esta hora, junto al Eresma,* cuando aquél vagaba a orillas del río y ojeaba distraídamente el Alcázar. Y la pieza revela, en su lema machadiano, la identificación voluntaria: *Es la misma hora / de mi corazón.* En otro texto, «Seis de julio del sesenta», caminando por los callejones de Zamora, desde donde evoca a un poeta amigo de esa ciudad, Claudio Rodríguez, residente entonces en Inglaterra, introduce fugazmente, en una oportuna superposición de espacio y tiempo, la soriana «campana de la Audiencia» de uno de los instantes poéticos más indelebles de *Campos de Soria* (*CC*, CXIV).

Para Francisco Brines*, quien alguna vez declarara cómo su entrada en la moderna poesía española se verificó a través de la lectura de la *Segunda Antolojía* de Juan Ramón Jiménez, resultó, acaso incluso con sorpresa de su parte, que al publicar su primer libro, *Las brasas* (1960), por su apoyatura cosmovisionaria y las correspondientes estructuras temáticas y simbólicas tanto como por la sobriedad de su dicción, la crítica unánimemente vino a señalarle una muy clara filiación machadiana. Como dato de interés crítico, anotamos la existencia de un breve juicio valorativo de Brines sobre Machado, leído por Televisión Española en una de las secciones a aquél dedicadas durante el año del centenario. Por no haber sido nunca publicado, y por la justeza de sus precisiones, se transcribe aquí sin fragmentaciones:

> Han sido las promociones poéticas posteriores a la del 27 las que han situado a Antonio Machado en el lugar que le corresponde. Y ahora le vemos, junto a Juan Ramón Jiménez, como uno de los dos más importantes puntos originarios de los que ha derivado la poesía española de nuestro siglo.

> Ambos son, a su vez, perfectos ejemplos de ética literaria. Nos han enseñado exigencia y responsabilidad para con la propia obra, y uno lo ha hecho desde la abundancia y el otro desde la escasez.

> De los grandes poetas de nuestro siglo Machado es quien

ha logrado la calidad de su obra con una menor variedad de recursos. Además su vocabulario, aunque sumamente personal y preciso, es pobre y repetitivo. Y, sin embargo, pocas poesías tan intensas en toda la historia de nuestra literatura.

Nos da la sensación de un clásico. Son versos acuñados, y que los gustamos intemporalmente. Su poesía da la impresión de haber podido existir siempre, y que al igual que nosotros la sentimos la seguirán sintiendo las generaciones que nos sucedan.

Se acepta aquí la pobreza del léxico machadiano pero para resaltar, en elogio tan alto como justo, la extraordinaria intensidad que con él se logra. Y la afirmación absoluta de la posesión, en Machado, de una *ética literaria,* va dirigida obviamente hacia ciertas posiciones desde donde, y principalmente en la generación más joven, menos se le ha comprendido. Al colocarlo junto a Jiménez, y señalar en ambos, como uno de sus más elevados objetivos, el común ideal de esa ética literaria (por lo general visto apresuradamente como privativo del poeta de *Piedra y cielo*) incidentalmente Brines nos provoca el recuerdo de uno de los aforismos más oportunos de Juan de Mairena: «A la ética por la estética»; y cuida de que no desatengamos la constante preocupación de Machado por las «exigencias y responsabilidades» de la obra literaria en tanto que creación estética —tema sobre el cual nos dejara, en verso y prosa, tan alumbradoras reflexiones.[61]

A Claudio Rodríguez* le correspondió ocuparse de la lección sobre Antonio Machado en el curso «La poesía moderna de lengua española», organizado por la cátedra Ramiro de Maeztu, del Instituto de Cultura Hispánica, en el año académico 1967-68. Por esas fechas ya había publicado el poeta uno de sus mejores libros, *Alianza y condena* (1965); y, en un artículo que a ese volumen dedicara José Luis Cano, insiste éste en cómo la Castilla mísera y altiva que cantó —que condenó— Machado, resurge en algunas composiciones de dicho libro: «Por tierra de lobos» y «Ciudad de meseta.» Cano tiene el buen cuidad de advertir, sin embargo, que ciertos versos aislados de esos poemas (por ejemplo: *sobre estos altos campos / de nuestra tierra,* del último citado), «quizá no basten para contemplar en la poesía de Claudio Rodríguez un último retoño del poeta de *Campos de Castilla.*»[62] Y así es, en efecto. Mayor razón le asiste cuando les vincula teóricamente desde el «sentido moral del arte» que ambos profesaron, y del que Rodríguez se siente partidario, según manifiesta sin ambigüedades en la poética suya aparecida en *Poesía última* (1963). Otro motivo más imponderable pero no menos visible les une, y es su común amor y su sensiblidad — en un sentido casi sensorial — ante el paisaje y la luz de Castilla. Ese motivo aparece, nítidamente, en una pieza del poeta zamorano, «Despertar de Antonio Machado en Segovia», que *Peña Labra* recogió. La autenticidad que preside su concepción de la poesía, y su tan personalísimo decir —por ello incapaz de *collages* y de apropiaciones tópicas de Machado— hacen que, al esbozar una suerte de homenaje, le reviva en una escena cotidiana que bien pudiera ser la que desarrollase un texto inmediato del propio Rodríguez: éste imagina al poeta (y en Segovia: es decir, en Castilla), y le ve despertarse e incorporarse en busca de la compañía, el amor, el ancho aire castellano, e incluso escuchando el cercano nacimiento del Duero: ese río común, el «río Duradero» del autor en un poema de su segundo libro, *Conjuros* (1958). Claro es que no olvida motivaciones líricas y temáticas del mismo Machado —la fuente, el canto infantil, el sueño, el espejo, España— pero se los siente con tan vívida intimidad cohesionados que así resulta una composición en la cual el verdadero homenaje reside en esa profunda identificación que la palabra tiende entre el recreado y el creador. Léase, íntegro, el poema, uno de los más intensos y originales de los muchos escritos hacia Machado:

> Sin ver aún el resquicio, el seco gozne
> entre el sueño y las cosas, con los ojos
> adormilados, aún en el pasillo
> tan luminoso de su alma que
> no ve la luz del día, con torpeza
> entra y a tientas abre el grifo, y oye
> en el son de su agua el de las fuentes
> y el cantar de los niños, y despierta
> un poco. Casi aún no se da cuenta
> de si es su rostro envejecido el que anda
> soñando aún sendas dentro del espejo,
> o si es su sed de compañía, creando
> el reflejo de un cuerpo con sus propias
> arrugas: el de España. Y se le ensancha
> poco a poco el pulmón con ese aire
> de alta meseta, con el diario aliento
> de su amor arropado. Y ve en la espuma
> —corrida ya porque el jabón resiste
> la frialdad del agua— el mar, la eterna
> posada abierta siempre en su camino.
> Casi no se da cuenta. Es su costumbre

feroz. Y se despierta, aunque parezca
que no. (Bien sabe él que está despierto,
más despierto que nadie.) Ahora se pasa
la toalla. No dice nada. Cierra
el grifo, pero suenan aún las fuentes,
suenan los ríos, le desbordan, corren
por sus venas, le yerguen, le fecundan.
Y entonces sabe por qué nace el Duero
a dos pasos. Y siente el rumor fresco
de su perenne servidumbre.

Algo más que un poema-homenaje: un poema-retrato, con el hombre
Machado —y sus vivencias, sus obsesiones—alzado y lentamente moviéndose en los versos. Y que por fin nos compensa de tantas quejas cansinamente iguales — de otro lado, siempre justas— por el dolor de España.
Y, sin embargo, ahí subyace este dolor, y hecho ya tan el cuerpo mismo
—las arrugas mismas— de aquel hombre viejo y solo, que parecería como
si la propia España —en su vejez pero también en su luz y el rumor de sus
ríos— le hubiese dado al poeta su rostro, su lucidez y su andar.

Para Eladio Cabañero, como ya se le escuchó expresar, Machado no
es sólo el poeta que más le interesa, sino el que más le *importa*. Su amigo
Félix Grande ha narrado, con términos que transparentan una viva
gratitud, cómo a él, a Cabañero, le debió su entrada a Machado: «el lector
tiene que imaginarse un pueblo de la Mancha», Tomelloso, y retrotraere
hacia 1954, cuando Grande tenía sólo 17 años y Cabañero 24. Por lo que
revela de una reconfortante firmeza en la lealtad y la amistad, y porque
descubre de cuán lejos viene en ambos la devoción a Machado, va aquí un
párrafo de esa evocación de Félix Grande:

> Eladio Cabañero fue una de las aulas de mi Universidad. El
> orientó y modernizó mis lecturas —recuerdo especialmente
> con qué fervor me buscó un domingo por la mañana para
> descubrirme a Miguel Hernández en una edición que él había
> estado leyendo y viviendo durante toda la noche anterior—, él
> me recomendó la lectura sistemática de los clásicos, él me proporcionó los primeros libros que yo leyera de Aleixandre,
> Dámaso, Gerardo, y con él bajé hasta los ríos más hondos de
> la poesía de Machado. Cada uno entra cómo puede en el conocimiento de la poesía, y yo no fui uno de los menos afortunados. [63]

Recitaban de memoria, cuenta Grande, a Machado. Pero Cabañero, de expresión casi agreste en su pudorosa entereza, poco tomó del poeta mayor en sus varios modos tonales, aunque algunas de sus preocupaciones centrales sí trasvasaron su poesía. Por ejemplo: la fe ardida en la esperanza y el mañana, tan vigorosa en el autor de *Juan de Mairena,* lleva a Eladio Cabañero a componer un «Brindis a la juventud» que pasará a su libro *Recordatorio* (1961), y en el cual se vale como lema de aquellos versos de «Una España joven» (*CC,* CXLIV): *Tú, juventud más joven, si de más alta cumbre / la voluntad te llega...* Y su visión de Castilla, hecha de amargura ante una España «esclava y medieval» pero también de afán por un «tiempo de paz», surge a veces con soterrados matices machadianos. Así, en «Castilla, 1960», del mismo libro, Cabañero opone a los *mil castillos sin muros* (y viene a la memoria aquel castillo del Duero *con sus murallas roídas* de «Campos de Soria») los trigos nacientes que se levantan como símbolo de una futura y más henchida realidad:

> oh esperanza
> del hombre en paz y a salvo, hacia un tiempo
> de libertad, sin miedos...

Se ha visto ya muchas veces: dolor y esperanza, la inquebrantable ecuación emocional de Machado, aquí presidiendo la nuevo la vertiente cívico-españolista de la obra poética de Cabañero. Pero mirando hacia otro aspecto de la misma, y tratando de resumir el balance entre vida y poesía dentro de ella, Florencio Martínez Ruiz ha señalado la clave más íntima —no necesariamente visible en detalles estilísticos o en la atmósfera del lenguaje— que aproximan a Machado y al poeta de *Recordatorio:* «Ocurre —escribe el crítico— que Eladio Cabañero, como quería Antonio Machado, canta lo que se pierde, puesto que da la rigurosa casualidad de que el joven poeta manchego ha perdido todo lo que ha cantado.»[64]

En el ámbito de Machado, y no verificable tampoco por particulares deudas expresivas sino por su general dicción tersa y sobria tanto como por la nobleza y justicia de sus contenidos, cabe situar ciertas direcciones de la poesía de Carlos Sahagún, como con certeza ha señalado la crítica.[65] Aun ha tomado versos del maestro como móvil (o en proceso contrario pero análogo: como resumen) de algunos de sus poemas. En su primer libro, *Profecías del agua* (1958), el titulado «Llegada al mar» se ampara en esta línea de Machado: *Donde acaba el pobre río la inmensa mar nos espera* (*SGOP,* XIII). Y en *Estar contigo* (1973), la sección II del libro, dedicada a las composiciones de tema amoroso, se inicia bajo la luz de una de las últimas canciones a Guiomar: *¡Sólo tu figura, / como estrella blanca, / en* *mi noche oscura! (CA,* CLXXIV, i). Son, como es fácil apreciar, resonancias del Machado reflexivo e intimista en la poesía de Sahagún. Pero en *Memorial de la noche* (1976), que contiene toda la obra del autor hasta 1975, éste añade dentro del apartado que corresponde a *Estar contigo* un texto que no aparecía en la edición original de este libro: «Antonio Machado en Segovia.» Este poeta de nuestros días, urgido en su búsqueda de la verdad (*Queremos realidad, verdad, no sólo / una postal turística perfecta,* dice allí Sahagún) arma un diálogo con el escritor muerto y «usurpado», para disparar la más afilada censura a los realizadores de esa operación. En la aguzada sensibilidad cívica de Sahagún (y no sólo en la suya: téngase en cuenta el final reproducido del poema de Gloria Fuertes donde ésta se duele también de que Machado sea recitado por «los enemigos»), España seguía siendo un país de «vencedores» y «vencidos.» Tan fuertes le eran todavía, en el momento de escribir el poema, las consecuencias del desgarrón de la guerra civil, que por ello nada puede provocarle al autor más indignación que esa estrategia usurpadora y destinada a abolir el verdadero rostro del poeta:

Como si nada hubiese sucedido,
hoy mismo,
te llaman suyo quienes te vencieron, muestran al visitante
una lápida escrita con tu nombre,
tu habitación humilde, con la estufa apagada,
tus libros, tus retratos.
Oh tiempo injusto y triste en que los triunfadores
desfiguran tu imagen abolida.

Posición dolorosa, tenazmente dolorosa. Y doblemente: para el que así la siente, como con tanta sinceridad lo expresa el poeta, y para la sociedad española toda si, más que un auto-reflejo de la conciencia llagada, fuera aún esta nación una realidad política inmutablemente condenada a su repartición entre triunfadores y derrotados. En la obra poética reunida de Manuel Mantero, *Poesía, 1958-1971* (1972), son pocas, en general, las alusiones nominales de Machado, o el aprovechamiento de sus motivos, pero no ciertamente su estimación. «Los muertos», de *Misa solemne* (1966) comienza la evocación de aquellos idos recordando al poeta, y aun parcialmente con palabras suyas: *Ellos / se acuerdan de Antonio Machado / (murió ligero de equipaje y solo, / oyendo el mar de Dios en otra patria).* Y la pieza «En defensa del pensamiento barroco», junto a citas de Gracián y Góngora, acompaña aquella rectificación que Machado, en sus «Proverbios y cantares», hiciera a su propia censura inmediatamente anterior del barroco: *hay siempre un ascua de veras / en su incendio de teatro* (*NC*, CLXI, xxxix). Y para la sección 2 («Elogio de la nada») de su poema «En la muerte de Heidegger», publicado en *Insula* (No. 359, 1976), escogió Mantero como lema unas palabras de Machado: *Y tú, sin sombra ya...,* del poema «En el entierro de un amigo.» (*SGOP*, IV)

En un libro de ensayos críticos de Mantero, *La poesía del «yo» al «nosotros»* —de título igualmente válido para resumir la trayectoria de las profesiones poéticas de Machado— hay algunas alusiones a éste, en general unidas a las del nombre de Unamuno, cuando en el ensayo «Rubén Darío: el talante» (incluido en el apartado *El yo existencial*) sostiene Mantero que «Rubén Darío es poeta existencial, y más que los dos mencionados *[*Unamuno y Machado*]*.»⁶⁶ Ese talante existencial de las zonas más hondas del nicaragüense es incontrovertible —salvo para quienes con pertinaz miopía se empeñan ¡aún! en su lectura superficial—, por lo que las opiniones de Mantero a este particular respecto son del todo convincentes. No lo es tanto, sin embargo considerar tan categóricamente a Rubén Darío «como primer poeta existencial en lengua castellana». Si *primero* se entiende por la riqueza e intensidad de las numerosas vetas del pensamiento existencial, inclinaríamos esa valoración ordenativa precisamente a Unamuno y Machado (en verso y prosa). Y si tomásemos tal prioridad en sentido cronológico, lo haríamos entonces hacia José Martí, también en verso y prosa.⁶⁷ Estas matizaciones, absolutamente personales, no suponen, sobrará el advertirlo, regatear la admiración al más genial poeta del modernismo ni siquiera dudar de la hondura existencial de su pensamiento poético, punto en el cual la coincidencia con Mantero debe ser total.

Su mismo libro citado, después de los dos artículos dedicados a Darío, nos depara una revelación curiosa: Mantero se atribuye al fin, como de su propia autoría, un poema que en calidad de «inédito rubeniano» había enviado años atrás a *La Estafeta Literaria*. Su título es «Para Antonio Machado» —En contestación a su poema «Al Maestro Rubén Darío»—, y le había dado entonces la fecha apócrifa de 1914. Mas hay algo sustancial en este solo aparente «juego» literario. Mantero, que se desenmascara ahora como el autor verdadero de ese texto, confiesa que lo escribió con el mismo objetivo de los dos ensayos que lo preceden en su libro: probar que el templo agónico es sustancial en la poesía dariana. Pero hay en esa composición algunos versos que nos interesan en otro sentido: en su primera publicación debieron aparecer como proféticos; hoy que se conoce de cierto quién los escribió, habrá que considerarlos como «post-proféticos» pero no por ello decrece su oportunidad. Es cuando el hablante del poema, el mismo Rubén, dice a don Antonio:

Lo mismo que tu verso puro un día
pasto será de iras civiles,
y lo usarán a la manera impía
de los epígonos seniles.

Tampoco a mí me entenderán...

Todo, casi al pie de la letra, cuanto ocurrió. Machado ha sido, en verdad, usado «civilmente» como alimento de unos y de otros: y, sin quererlo, produjo de sí una «epigonía» no siempre de altos resultados. Y ambos, Machado y Darío, tampoco resultaron cabalmente entendidos, pues sobre ellos lo que ha prevalecido con mayor—no total—insistencia ha sido la parcialización (Rubén: el «preciosista»; Machado: el «poeta cívico»), lo cual es, en fin de cuentas, una desfiguración engendradora de confusiones. Desde nuestra posición última, sin embargo, tendemos *hoy* a rebajar algo los tintes negativos de la visión de Mantero, y a admitir que también algunos se han valido de Machado de un modo en nada «impío»; y que también otros —y aun no pocos— han podido comprender rectamente tanto al gran hispanoamericano como al gran español. Sin embargo, absoluta razón llevaba el mismo Mantero cuando, años atrás, y en el «Prólogo» a su libro *Poesía española contemporánea. Estudio y Antología (1939-1965)* (Barcelona: Plaza & Janés, 1966), se ocupó con muy oportuno tino de enderezar uno de los «entuertos» mayores sufridos por Machado: el de su «utilización» —tal es el término de Mantero— por el marxismo internacional. El crítico aporta allí —véanse las páginas 44-45 de dicho volumen— documentación suficiente, con textos del propio Machado, sobre lo absurdo y avieso de tal insostenible aproximación.

Mariano Roldán sitúa su libro *Uno que pasaba* (1957) bajo la emocionante pregunta machadiana *¿Quién ha punzado el corazón del tiempo?*, de sus «Galerías» de *Nuevas canciones* (CLVI), como indicativo del hondo sentimiento temporal que traspasa ese libro y, en general, toda su poesía. Ya el mismo primer poema, «El camino», vuelve a recordar explícitamente a Machado, tanto en su epígrafe (los ya tan familiares versos de aquél: *no hay camino, / se hace camino al andar*) como en su desarrollo, donde a un tiempo Roldán está rememorando a Machado y a José Hierro: *No sé qué camino haré / ni hacia dónde, que estoy vivo. / Pero el hombre necesita / labrar su propio camino*. Y en su lirismo abundan esas conocidas formas simbólicas de objetivación —fuentes, plazas, caminos, tardes— que son tan característicamente machadianas, así como algunas de sus motivaciones más trascendentes: la voluntad de escrutar el otro lado de la realidad («Otra vida») y de inventar por la palabra su mismo ser («Proceso del solitario»). Incluso tiene canciones breves, de estilo a la vez sentencioso y lírico, en las que, andaluz como Machado, logra muy finos aciertos («Tres canciones»). En otro libro, *Hombre nuevo* (1960), el poema «Vaivén para un hombre aburrido», en que da forma a su dolor ante la inerte indiferencia de un ser humano a quien el poeta se empeña en sacudirle de su vacía rutina, se hace encabezar por aquellas afiladas pinceladas descriptivas de ese tipo común de hombre español de la «castiza» tradición (*y una triste expresión, que no es tristeza...*) que Machado trazara en «Del pasado efímero.» Otra composición de Roldán, «El espejo», de *La ley del canto* (1970), incorpora como lema el *tú* narcisista que, en uno de sus proverbios, aquél resumiera así: *Ya no se ve en el espejo / porque es el espejo mismo.* (*NC,* CLXI, vi). Roldán, como se ve, se apoya principalmente en la ética personal de Machado: ética de signo existencial por la que el hombre se debe mirar tanto a sí mismo, para exigirse sus propias responsabilidades, como demandar en los otros análogo imperativo moral.

Y es que el talante grave y meditativo de la poesía de Mariano Roldán no es nada ajeno al similar de Machado, a quien ha dedicado algunos artículos y poéticamente homenajeó, junto a Rilke y Herrera y Reissig, en su «Tríptico del centenario (1875-1975)», publicado en *Insula* (No. 348, 1975). Aquí lo asocia a una de las inquietudes más altas del escritor, como ya revela el título del fragmento del «Tríptico» que le va dedicado: «Antonio Machado y el mundo nuevo.» Se trata de un poema en que, como en la órbita espiritual de aquél, se van enlazando los opuestos —el todo y la nada, el vivir y la muerte— pero con una alzada y abierta esperanza hacia el hacer positivo y la redención:

> Todavía
> queda tiempo. No deis oídos a augurios
> funestos. Nace un mundo,
> un mundo nuevo para ser salvado
> todavía otra vez y ahora y siempre.

Roldán se sostiene aquí claramente, para darle una rotunda contestación afirmativa, a la pregunta formulada por Machado en el poema «Otro clima» (*CA,* CLXXVI) que siempre aparece como el último enumerado en sus *Poesías completas* (aunque bastantes más escribiera después, como hoy sabemos): «*¿Un mundo nuevo para ser salvado / otra vez?* Y es que Roldán, al insistir dentro de su respuesta en ese seguro *todavía* de afirmación, acaso evocase también, como en su momento lo hiciera Dionisio Ridruejo, aquel recordatorio que el mismo Machado les dejara a ambos, y a todos los que a la misión de la poesía se entregan:

Poeta, que declaras arrugas en tu frente, / tu musa es la más noble: se llama Todavía (*CC*, CXLIX).

Aquilino Duque escribió en su día un lúcido poema, «El último viaje (Antonio Machado)», digno de recordar por la noble limpidez de su acento conciliatorio que no excluía el señalamiento de muy amargas verdades. En esa pieza, y a propósito de aquella obligada fuga última del poeta hacia Francia, Duque expresa su dolorido sentir ante la España dividida, y reclama la necesidad de hablar *ya de paz, pero no de victoria.* José Luis Cano la recogió en la segunda edición de su *Antología de poetas andaluces contemporáneos* (Madrid: Ediciones Cultura Hispánica, 1968), y debió aparecer también en el libro del autor titulado *De palabra en palabra*, publicado por la misma editorial y en la misma fecha. Se le arguyó entonces que se lo excluía de este último por haber sido incluido paralelamente en el otro citado volumen antológico. La explicación habría sido semiplausible para Duque si la misma suerte hubiese correspondido a un segundo poema suyo («Una visita a León Felipe»), también escogido por Cano en su antología y que sin embargo figuró en *De palabra en palabra* sin ningún impedimento. Y en otro poema, éste muy reciente, va a buscar motivos de Machado («la sombra de Caín», «un hacha en la mano vengadora») como soportes para, irónica y caústicamente, levantar su voz en contra de la localización conscientemente parcial o unilateral de la absoluta justicia en uno solo de los anchos bandos ideológicos del mundo actual, y en contra—satírica además—del aparato demagógico que suele acompañar estas campañas de dirigido politicismo. El poema lleva por título «Amnistía», y ha aparecido en la revista *Papeles de Son Armadans* (No. CCXLII, 1976). La apasionada prisa aquí puesta por el autor en la transmisión de cuanto quería decir le impidió trascender poéticamente su asunto; y la composición no queda, aunque en distinta dirección, a mayor altura de aquellos «mensajes de urgencia» tan abundantes en los tiempos de la poesía social.

Ya en páginas anteriores se habían escuchado algunas voces que se oponían a la usurpación de Machado por los «vencedores», en actitud que, siendo más que comprensible, refleja una cicatriz aún no cerrada. La otra posición, o sea la de censurar de modo radical la apropiación *privada y excluyente* de Machado por los portavoces de ideologías opuestas a la de esos «triunfadores» (lo cual no tiene que significar por necesidad una identificación con éstos), es también natural y no menos comprensible —y en tal posición ha venido últimamente a incidir Aquilino Duque. Es lo que desarrolla en su artículo «El Machado de izquierdas», donde da cuenta de cómo su personal (y legítima) voluntad de escoger y exaltar al Machado para él «más puro y válido» ha topado «a derecha e izquierda» (y presumimos que estos términos hay que tomarlos aquí en su ya ritual doble sentido) con quien ha tratado de impedírsela. Y es que el autor —y de ello se queja en este artículo— ha sido objeto de esas censuras interiores que también practican las revistas; y en algún caso le fue amputado de un trabajo suyo anterior cierto pasaje del *Juan de Mairena* en que se sustentaba para dejar bien en claro su opinión sobre el concepto de «masa» en tanto que contrario, y aun obstaculizador, al de «hombre» en la plenitud de su integridad. Al fin le es dable a Duque reproducir ahora, y en su pieza crítica aludida, el fragmento en prosa de Machado que antes le fuera censurado:

> Nosotros no pretenderíamos educar a las masas. A las masas que las parta un rayo. Nos dirigimos al hombre, que es lo único que nos interesa; al hombre en todos los sentidos de la palabra: al hombre *in genere* y al hombre individual, al hombre esencial y al hombre empíricamente dado en circunstancias de lugar y de tiempo, sin excluir al animal humano en sus relaciones con la naturaleza. Pero el hombre masa no existe para nosotros *[....]* Perdonad que os diga cosas de tan marcada perogrullez. En nuestros días hay que decirlo todo. Porque aquellos mismos que defienden las aglomeraciones humanas frente a sus más abominables explotadores, han recogido el concepto de masa para convertirlo en categoría social, ética y aun estética. Y esto es francamente absurdo. (470-471)

Lo que el fondo defiende Duque es el derecho a «su» lectura de Machado, a la lectura que cada cual desee y pueda hacer de Machado. Porque de que fuera posible que se le alzase a «bandera» de la poesía social, a que sólo de él valiese la ejemplaridad cívica que para tal «bandería» le daba crédito, va una distancia insalvable. Y hay aún otra mayor: aquélla que culminaría en el tácito decreto de que todo Machado debe ser sólo invocado (o leído, o entendido) desde una determinada «postura» política. Por eso, ciertas puntualizaciones de Aquilino Duque son, en su más exacto sentido, muy justas: «Antonio Machado es demasiado ancho y vario para que nadie se lo apropie en exclusiva, y menos que nadie aquéllos que le perdonan su poesía en gracia a su militancia.»[68] Glosando un verso del mismo Machado, *la guerra dio al amor el tajo fuerte,* podría decirse que esa misma guerra, calamitosa en tantos sentidos, dio con análoga fuerza su tajo también a la comprensión del poeta y pensador. Dividió su obra en compartimentos estancos: unos cívicamente positivos; y otros que, a esos efectos, debían permanecer en la sombra. Superar tal empobrecedora reducción, y restaurar al escritor en su entera — y dinámica — verdad, es el objetivo hacia el que, paso a paso (a veces con retrocesos, otras con extremosidades), nos hemos ido moviendo — siguiendo así el proceso por el que su imagen misma se ha ido recomponiendo a través de las sucesivas promociones de posguerra. Que tal proceso haya conocido de recurrencias y virulencias (por otra parte cada vez más aisladas y escasas), ha resultado inevitable, y no han obrado definitivamente en contra del sentido apuntado.

Enrique Badosa se ha manifestado con acritud frente a un aspecto menor, pero de pretendido alcance mayoritario, en la repercusión machadiana: el de la «musicalización» (*impostora* a su juicio) de los versos de Machado, pues con ello no se ha hecho otra cosa que «matar la luz más íntima de su poesía». Es el tema de su «Lamento por un poeta cantado», texto incluido por el autor en *Dad este escrito a las llamas* (1976). Análogo inculpación le fulmina en «Cállate, voz», del mismo libro, al «cantapoetas» que, aderezando el pastel con glosas de pésimo gusto, igual embestida ha practicado contra la palabra lírica de Miguel Hernández. Son poemas, estos de Badosa, que se sostienen mayormente en el valor de manifestar con total sinceridad una preferenica— o un rechazo— personal, nada difícil de compartir en este caso ya que el efecto general de las tan difundidas grabaciones es realmente deplorable. Pero parece apresurado afirmar —algún crítico lo ha mantenido así en una página volandera— que «Lamento por un poeta cantado» sea el mejor poema dedicado a ese poeta. Más valioso, pero ya en el terreno crítico, es un artículo de Badosa fechado en 1958: «El sentido de la actualidad de Antonio Machado.» En el ápice del socialrealismo (nótese el año de publicación del artículo) venía a ser casi un acto de insólita independencia personal—y una visión profética además— el proclamar lo que desde siempre fue tan urgente reconocer sobre las cimas poéticamente más elevadas de Machado: la necesidad de situarlo en un «tiempo intemporal» (y se resumen aquí las ideas centrales de dicho ensayo de Badosa), hablar de la «ancha y hermosa galería de su alma», y hacer descansar las razones de su «permanencia» en haber logrado el poeta un «lírico conocimiento de la realidad.» De otro modo: le fue dable al crítico no limitarse al Machado de la responsabilidad histórica—prácticamente el único exaltado por aquellos tiempos—sino que supo verlo, integradamente, como el realizador de «una poesía esencial y existencial a la vez», dándonos con exactitud los motivos precisos de su comprensiva valoración en ambos sentidos. Badosa alcanza a definir a Machado, ceñidamente, como «un gran poeta del humanismo», sin fragmentaciones torcedoras.[68]

Un escritor cuya vida y obra se han desarrollado últimamente en Francia, donde se encuentra establecido, es Jacinto-Luis Guereña, de quien —en español y en francés— conocemos varios homenajes poéticos a

Machado. «De un lento caminar» se publicó en *Asomante* (No. 4, 1954), y
es una extensa composición en que, desde la primera persona del poeta
evocado, éste repasa líricamente sus motivaciones biográficas esenciales—no anecdóticas— y las hermosas inquietudes humanas que le
guiaron en su *lento, reflexionado andar*. «Fondo machadiano para un
recuerdo», que lo hemos conocido inédito, debió haber aparecido ya en
Poesía hispánica, a donde fue remitido por su autor. Y debido al interés de
ser un tributo a Machado escrito en francés por un español de hoy,
reproducimos a continuación un texto de Guereña que ha sido incorporado
a dos colecciones suyas: *Loin des solitudes* y *Florilège poétique,* dadas a la
estampa en París, y ambas sin fecha. Es el siguiente:

HOMMAGE LOINTAIN A ANTONIO MACHADO

prélude

Les corps s'arrondissent sous les braises
Calmement ignorants du froid de février

La neige est là sur les montagnes
Témoin du drame et prélude du printemps

Un homme et beaucoup d'autres songent aux hirondelles
Voler avoir des ailes pour connaître la joie

Sur les plateaux bleutés s'avive l'espérance
Et pourtant les jours passent les saisons également

O mois de février lente cavalcade de larmes
Date marquée par le silex de la mémoire

La mer en face tendrement étalée
Vient caresser une demeure de mousse

Collioure sous son feuillage d'écume
Avec des coquillages garde le tombeau de la poésie.

El único libro poético totalmente dedicado a Machado como protagonista y punto de partida para líricas reflexiones de sentido existencial y
trascendente, es el titulado *Con el pie descalzo. Doce elegías para la muerte
de Antonio Machado* (1974) de Francisco Gordos Guarino. En su prólogo,

Agustí Bartra explica cómo, por debajo del homenaje que toda elegía implica, resalta a las claras el móvil general del libro: la identificación del autor con Machado en cuanto a su común concepción de la poesía como «palabra en el tiempo» y como «cosa cordial», tanto como su adscripción a «la noción machadiana de que la metáfora es un valor subsidiario en poesía.» Y añade Bartra: «*Con el pie descalzo* no es un poema desgarrado que busca su centro trágico, sino un canto de afirmaciones en un tiempo y un mundo recobrados.» Se trata, en suma, «de una interpretación de la vida a través de *una* vida y de un hombre: Machado.» Y los títulos de las doce elegías —una palabra clave en cada caso— resumen parcialmente el itinerario del vivir y el sentir del poeta y, en general, de cualquier existencia afín: «Amor», «Diálogo», «Exilio», «Heraldo», «Llanto», «Madre», «Muerte», «Poeta», «Raza», «Tiempo», «Tristeza» y «Vida.» Y apoyado sólo ligeramente en la anécdota vital machadiana, cada una de las secciones explora la entraña poética del sujeto —accidente, persona, sentimiento— que le da su correspondiente cuerpo temático. Es un libro difícil de ilustrar de modo fragmentario, pues sólo puede ser apreciado mediante su lectura total y en continuidad.

Francisca Aguirre reconoce que no es pequeña su deuda —y su devoción— a Machado. Le ha asimilado a lo largo de una fervorosa y repetida lectura, tanto como en las no menos sostenidas conversaciones sobre aquél en las que viene con frecuencia a incurrir con su amigo y compañero inmediato Luis Rosales, a quien escucharle hablar familiar y tendidamente de Machado es un privilegio y una inesperada apertura de estimulaciones. Francisca Aguirre se siente unida, y por ello le admira —o al contrario, pues valdría igual— al ascetismo voluntario del lenguaje machadiano, a su lección de sencillez y hondura, y, en consecuencia, a la profunda ética que en esa lección va imbricada. Temáticamente, le acredita también su personal valoración poética de la tarde, motivo y ámbito tan fiel en las piezas de la poeta. En su libro *Los trescientos escalones* (1977), varias composiciones son glosas —en la línea breve y popular de la canción, o en el texto de más largo y discursivo desarrollo— de versos e intuiciones del autor de *Soledades,* que actúan más bien en ella como espuelas para el descubrimiento de sus vivencias espirituales e íntimas. Así, y sólo como ejemplificación, el *Y no es verdad, dolor, yo te conozco...* (*SGOP,* LXXVII) de Machado le impulsará al hallazgo —y definición— de su propio ser como la humilde extensión que aquél, el dolor, necesita para su tangibilidad, concreción y permanencia. En pago de ese servicio podrá el alma, al cabo, erguirse, victoriosa y vencida a un tiempo:

Y no es verdad, dolor, yo te conozco,
yo soy tu eternidad,
yo soy tu playa...

*****

Y no es verdad, dolor, yo te conozco,
yo soy tu triunfo y tu derrota.

A *Cuadernos hispanoamericanos (1975-76)* contribuyó Francisca Aguirre con un «Homenaje a la tarde», que es una emocionada invitación a que el cantor del Moncayo le acompañe en su paseo, de la autora, por la tarde *quieta y transparente* que el poema recrea.

Su filiación reiterada y entrañable en Machado, y sus numerosos y valiosos juicios sobre éste, hacen de Félix Grande,* el nombre acaso más útil para cerrar este apartado, teniendo en cuenta además que es uno de los poetas más jóvenes de su promoción y debido a ello más cercano a la siguiente y por hoy última. Nos hemos valido de él, mediante declaraciones y constataciones poéticas, en todos los capítulos anteriores; pero siempre algo provechoso, a los efectos de nuestro tema, puede decirnos. Cuando todavía su voz no había madurado dentro de un estilo resueltamente distintivo, en su libro *Las piedras* (1964) hay poemas en que el tono, en ritmo y léxico, apuntan aún hacia Machado: «Rondó», *Paisajes..., Sentarse aquí, esta hora...* En este último texto pareciera que Grande reelabora aquella imprevista pregunta, *¿Quién ha punzado el corazón del tiempo?* (*NC*, CLVI, v), en una forma también interrogante: *¿Qué hace brillar la tarde? ¿El viejo pulso / del tiempo?* Sobre la voluntaria atmósfera machadiana que impregna su poema *Hoy buscarás en vano...,* de *Música amenazada* (1966), ya nos detuvimos en su sitio. De esa aproximación con Machado, que es ya literalmente un sentimiento de compartible familiaridad en Grande, da cuenta el título y el contenido del poema-homenaje, «Mágico abuelo», con que aquél colaborase en *Cuadernos Hispanoamericanos (1975-76)*. Y no hay que olvidar que es en 1967 (el año mismo en que, y en sus *Blanco spirituals,* se entra de manera decidida hacia un lenguaje agresivo e innovador) cuando pergeña su poética para *Poesía amorosa,* la cual se apoya, textualmente, como puntos de arranque, en intuiciones de Machado que relacionan la poesía con el sentimiento y el misterio, lo que ya se vio en el capítulo III. Se trata de otra elocuente ratificación de cómo los poetas de este grupo, sin por ello dejar de seguir atendiendo al *tú* histórico— a la otredad del mundo de afuera— van a destacar igualmente el interés en la subjetividad y en el misterio del ser, que estaban también en la lección de Machado.

Grande lo precisó más teóricamente, con mayor eficacia didáctica —y es fuerza que lo repitamos aquí— cuando, observando cómo se da en Machado la integración del *yo* y el *tú* en el *nosotros* —y esto en 1970, es decir, antes de que se hiciese más común reparar en este importantísimo aspecto de la dialéctica machadiana— concluye definiendo con pulcra concisión lo que el gran poeta aporta, si no no se lo sectoriza, a la poesía española: un arma. Y Grande afina su juicio: «Un arma que es reflexión, exigencia, serenidad» —precisamente las virtudes en que tantos, al calor de las pasiones del día, no pudieron seguirlo. Y recuerda además lo repentinamente moderno que se hace el pensamiento de Machado al concebir al *yo* y al *otro* como indivisibles.[70] En otra ocasión, y tratando de sacarlo de las limitaciones imperiosas pero a la larga reducidoras de la historia accidental tanto como de la innecesaria fabulación mítica, acierta el mismo Félix Grande en inscribirlo en los estratos más profundos del espíritu de un pueblo, que no a otra cosa es a lo que se alude, en su acepción más alta, bajo el término *cultura*. Y al hacerlo nos da de paso una de las imágenes universales más definitivas, también más permanentes, con que hoy podemos contar de Machado:

> Para la cultura española, Antonio Machado no es un nombre, tampoco una época: es algo más que un eslabón. No es un mito. Es un almacén inmenso de sabiduría, de emoción y de ejemplo. *[....]* Para decirlo con una frase: don Antonio es ese hombre ante cuya tumba un agnóstico siente algo parecido al deseo de murmurar una oración. No la murmura, pero se ahonda algo más en su propio corazón deslumbrado. Sí, ese poeta es uno de los seres en quienes Jaspers deposita su amenazada confianza. Como él hay pocos. Pero en estos tiempos modernos de cinismo y violencia, de putrefacción y de terror, ellos, los pocos que sean, nos son mortalmente imprescindibles.[71]

Y para que cumplan esa nobilísima misión —la de sernos útiles, imprescindibles— hay que conservarlos y contemplarlos en su verdadera integridad; y ésta es la ganancia mayor, para ya resumirla, que debemos a la segunda promoción de posguerra en su valoración de la presencia e imagen de Machado. Unamos ahora, como síntesis de sus contribuciones capitales al respecto, aquel esquema del Machado total ofrecido por Angel González, la suma de los «falsos apócrifos» machadianos debelados por José Angel Valente, las diversas y valiosas precisiones de Félix Grande, y la mínima pero tan completa representación antológica del escritor confeccionada por Aurora de Albornoz para *El Ciervo*. Tendremos entonces un Machado que no fue *sólo* el escrutador secreto de las misteriosas galerías de su alma, de la mano del «demonio de sus sueños» (al cabo visto en *Campos de Castilla,* como «mi bufón.») Ni, *únicamente,* el hombre recto, de actitud cívica ejemplar, censor consecuente de tantas formas de «charanga y pandereta» —inercia y postración— de su pueblo, al que dedicó en sus últimos años muchas páginas orientadoras de aún vigente validez. Todo ello, sí, mas lo uno con lo otro, y sin barreras excluyentes. Y más aún, mucho más puesto que Machado «vio muy lejos» —recuérdese a Valente— y por ello desembocó en el proceso dialéctico y complejo de un pensamiento abismal y de variadísimas vetas, que no sin razón hubo de convertir en un juego heteronómico para que, al fin, *todos* en él nos pudiésemos reconocer.[72]

Y al término de nuestro recorrido hemos podido comprobar cómo Machado, que en un primer y rápido acercamiento se nos ofrece como dividido y fragmentado, tuvo por fuerza que hacerse sentir de equivalente modo— esto es, *sucesivamente,* desde *cada una* de sus faces dialécticas— en los tramos iniciales de la posguerra. Hasta que, reasumida y reintegrada en sí misma durante este estadio reciente del período esa imagen suya, se ha hecho ésta, con justicia final, una y simultánea en sus múltiples poderes de irradiación, e indivisa para quienes así deseen correctamente aprehenderla. El rostro de Machado, en partes oculto por zonas de sombra según el ritmo de los tiempos, va recobrando al cabo su perfil integral y la nitidez de todas sus facciones.

Post-Scriptum: Machado y la poesía joven de hoy

De acuerdo con lo establecido en nuestro primer capítulo en relación al alcance de la vigencia mayoritaria y estimuladora de Machado sobre la poesía española de posguerra, en tanto que norte o guía de una gran extensión de la misma, este libro podría darse por concluido con las anteriores consideraciones. Lo que a partir de 1966 sucede, mediante la irrupción de unas juveniles voliciones más inclinadas al esteticismo y la experimentación lingüísitica, y sus naturales efectos sobre la estimación de Machado, quedó sumariamento descrito, y aceptado como el signo de una brecha abierta en el poderoso predicamento general hasta entonces ejercido por el poeta. Nada de lo dicho en ese lugar hay que reiterar aquí. De otra parte, nuestro estudio va enfocado hacia la poesía de posguerra; y si esta catalogación cronológica —la de *posguerra,* con lo que ella además comporta de circunstanciación histórica, supuestos teóricos y realizaciones conse-cuentes—ha de tener en algún punto su final, es por modo preciso en este momento: cuando a la práctica de la poesía en España se suman unos hom-bres que nada (ni el haber sido «los niños de la guerra», como a los miem-bros de la promoción precedente se les llamó) tuvieron en sus vidas que ver con aquel hecho histórico. A ello hay que añadir que, en su entendimento de la escritura y el fenómeno poético, base fundamental de su trabajo creador, estos jóvenes de hoy, aparte de otras foráneas inclinaciones, ven-drán más bien a enlazarse con la estética de entreguerras, es decir, de la generación del 27. Pero han pasado ya tres lustros de los primeros brotes de esa «nueva poesía»; y es tal período un lapso que ha permitido a estos últimos poetas reconsiderar el «fenómeno Machado» y formular con menos apasionamiento y mayor equidad su apreciación del mismo. Atender a sus juicios y opiniones ayudará a comprender qué nuevos —o renovados— esquinces aportan los últimos tiempos a la estimación general del escritor. Por eso se agregan, como *apéndice*, estas páginas finales que han de leerse, así, como una simple puesta al día de nuestro objetivo cen-tral.

Uno de los mismos poetas de la generación anterior nos facilita penetrar en el verdadero sentido del enérgico rechazo inicial que estuvo im-plicado en el surgimiento de esta hornada juvenil. Es José Angel Valente cuando, al respecto, nos dice:

> Las generaciones más jóvenes, que con empellón legítimo nos colocan, querámoslo o no, a mitad de nuestra vida y obra, olfatean a Machado con alguna desconfianza, como parte acaso de actitudes ajenas respecto de las que han de tomar distancias, y así lo que no hace mucho era colectiva barahúnda se disuelve ahora en formas de indiferencia, de reunión disuelta por sucesivos chaparrones y en busca de otros techos o banderas. Acaso los más jóvenes no adviertan por entero que lo que tal vez recusen en Machado no sea Machado mismo sino más bien sucesivas imágenes de éste que ellos ya no quieren llevar, y están en lo justo, en procesiones más o menos heredadas. [73]

De otro modo, que lo que estos poetas más recientes decidieron sobre Machado pudiera interpretarse, en su raíz, como su voluntad de abstenerse a engrosar la procesión de seguidores de los «falsos apócrifos» de aquél, que el mismo Valente se había encargado de enumerar y desencubrir. En cierto modo lo confirma el testimonio de uno de los más destacados entre esos jóvenes, Pere Gimferrer, cuando alude a cómo «no deja de ser sintomático el hecho de que las sucesivas 'escuelas' se apropiaran indefectiblemente, con júbilo totémico, del consabido fetiche machadiano.»[74] De manera no sustancialmente diversa, se trata de análoga aversión al «machadismo» que desde casi veinte años antes expresara el propio Valente.

En otro artículo de Gimferrer, cuyo título tiene tanto de exacto como de personalmente rectificador. «Antonio Machado nos sigue mostrando su camino», el poeta catalán comienza por recordar ciertas duras reservas suyas anteriores respecto a Machado («anacronismo estético», «poeta rezagado», etc.), cuya extremosidad sin matices les minaba ya la fundamentación objetiva que debían requerir. Gimferrer las había formulado en una colaboración enviada a las páginas dedicadas a Machado en el diario parisino *Le Monde,* en 1969 y por iniciativa de Juan Goytisolo. Más tarde (en 1975), admite el mismo Gimferrer que no las suscribiría ya en tal forma — o sea, sin ahondar más en la obra machadiana, que es lo que hace en el artículo citado y a pesar de su brevedad. Incluso considera ahora su manifestación de aquellas reservas —y repárese en su fecha: 1969— como surgida de esa «función estratégica» por la que, en su momento auroral, cada nueva generación necesita perfilar, a veces despiadadamente, sus directrices. No pasa por alto, y lo destaca, «el manejo abusivo de que —desde la derecha como desde la izquierda, si bien por razones contrapuestas— fue objeto a lo largo de la posguerra la poesía de Machado.» Y aun sigue pensando que mucho de los más pobre y provinciano que, en la lírica, se ha escrito en España durante las últimas décadas, «proviene de esta imagen deformada de Machado.»

Deformación: de nuestra cuenta, tal inculpación ha sido insinuada reiteradamente en este trabajo; pues cada vez que hemos señalado alguna de las «parcializaciones» a que fue sometido Machado en ese período, con ello se estaba sugiriendo una violentación en verdad deformadora. Mas lo que aquí interesa es conocer, y resaltar, cuál es para Gimferrer el Machado que «nos sigue mostrando su camino.» Y éste no es otro que el situado en la «trayectoria metafísica», cuya continuidad en la lírica española contemporánea se hará sentir vigorosamente después desde *Espacio* de Juan Ramón Jiménez hasta los *Diálogos del conocimiento* de Vicente Aleixandre. Lo que, a tal propósito, resume Gimferrer puede leerse como una síntesis de la acción ejemplar más significativa que la joven poesía acepta hoy como virtual y operante desde la obra de Machado:

> El fundamento, el punto de partida y la clave de bóveda de
> toda la poesía de Machado debe, a mi juicio, buscarse en sus

Soledades. El inicial, y leve, pasajero débito al modernismo no nos debe ocultar que nos hallamos ante la única prosecución legítima de la poesía interiorizada, antirretórica y abierta a las realidades metafísicas de Bécquer —es decir, ante la continuidad de la poesía más valiosa que se diera en castellano desde el gran período barroco. Hablé antes de los comentaristas incompetentes de Machado; existen también, y espléndidos, exégetas responsables, y sería empeño lastimoso y burdo tratar de emularles aquí y ahora. El Machado ético, el Machado narrativo, el Machado civil son indisociables del Machado metafísico, del que denota lo interior por lo exterior, del que reduce al mínimo las imágenes y de la desnuda y luminosa visualización extrae la alegoría de lo indecible, del enigma oscuro de la condición humana. De ahí deriva la ética de Machado, y esta ética es la que lo rescata de la tentación costumbrista *Campos de Castilla*: como la vida cotidiana de Alejandría y la postración del mundo helénico para Cavafis, el silencio calcinado de Castilla y su vida inmemorial son para Machado la base de una reflexión sobre el sentido de nuestra existencia. Viene luego el Machado más sorprendente y turbador: el del cancionero apócrifo. Las mayores piezas del poeta, aparte de las de *Soledades, galerías y otros poemas*, se encuentran en los ciclos de Abel Martín y Juan de Mairena. Sonetos como «Rosa de fuego», poemas como «Muerte de Abel Martín» son de una grandeza que escapa a todo comentario.[75]

Gimferrer eleva, como el de altura mayor, al Machado simbolista y metafísico, pero no lo segrega de sus otras facetas que quedan literalmente nombradas y vistas en su profundidad. Lo ve en su *todo*: lo reintegra. Y ni olvida al prosista «revelador, clarividente y original en extremo», de una conmovedora integridad moral. Mas al llegar a este punto viene el joven escritor a coincidir con opiniones que ya hemos escuchado —en Gutiérrez Girardot, Angel González, Valente— sobre las cuales también nuestro asentimiento es completo: la injusticia de desvalorar ahora al poeta frente al prosista, o de confrontarles como dos personalidades dispares e irreductibles. Escribe Gimferrer, poco después del pasaje antes transcripto:

La tendencia que parece apuntar en los últimos años a centrar la atención más en los escritos teóricos de Machado que en sus poemas es legítima por cuanto han sido hasta ahora menos estudiados aquéllos que éstos, pero no debe enmascarar que Machado fue, no ya principal, sino única y constantemente poeta, que como poeta escribió toda su prosa, incluso la de urgencia diaria y combativa.

Como puede apreciarse, en suma, de uno de los voceros más prestigiosos de la joven generación (y rebasando así su reconocida «estrategia» de años atrás) no proceden sino juicios que, con las naturales matizaciones personales, replantean saludables posiciones sustentadas por otros poetas y críticos ya examinados. Y aún se arriesga a señalar, por ejemplo, que en los «Proverbios y cantares» de *Nuevas canciones,* «junto a piezas absolutamente estremecedoras y abismáticas las hay que no superan la trivialidad», con lo cual no hace otra cosa que afirmar la verdad y ante ello carecería de razón todo escándalo por parte de los incondicionales.

En el número de *El Ciervo* las preferencias de Gimferrer dentro de la obra lírica de Machado están representadas por dos poemas de *Soledades*: el XVII («Horizonte») y el XXXII (*Las ascuas de un crepúsculo morado...*). Advierte que no los distingue porque crea que «sean los mejores o más memorables poemas de Machado» sino porque tienen un sentido entrañable para él: a través de los análisis de uno y otro de esos dos textos, realizados respectivamente por Juan Ferraté en su *Dinámica de la poesía* y por Carlos Bousoño en la *Teoría de la expresión poética,* «empecé —confiesa Gimferrer— a descubrir al que para mí es el verdadero Machado.» Que es tanto como decir: al poeta interiorizado y planteador de los problemas esenciales de nuestro ser, poseedor de un estilo «a la vez que seguro y matizado, carente de toda retórica»—lo cual es, a su parecer, «la suprema lección de Machado, a quien se empobrecía al reducirlo a un especie de costumbrista crítico.»[76] Como habrá aún oportunidad de ratificar, dentro de esta misma latitud poética última, el Machado «antirretórico» será siempre el dador de un más sano ejemplo artístico, y digno, por ello, de perdurar.

Joaquín Marco, poeta y crítico a quien por estrictas razones cronológicas —nació en el año de 1935— hubiésemos situado en la promoción anterior, escribió en 1961, y en Liverpool, un «Homenaje a Antonio Machado», aparecido en *Ruedo Ibérico,* no distante, en tema y tono, al característico tipo de poema-homenaje que por aquellos tiempos se solían dedicar al poeta. Pero le traemos aquí en atención a su artículo «El otro Antonio Machado», concebido desde una actitud asimilable a la esgrimida frente a Machado por esta nueva generación (y, en definitiva, a la igualmente asumida desde antes por aquéllos que lo han sabido ver desde posiciones estéticas objetivas y desasidas de presupuestos unilaterales).

Pero ya al comienzo de ese trabajo, donde se alude a las citadas páginas de *Le Monde* en 1969, indica el autor cómo «la nueva poesía española traduce un distanciamiento hacia la obra de Machado»—demostración de que se está pronunciando ya desde ese momento «declinante» de Machado que hemos indicado. El artículo lleva, básicamente, dos intenciones. Una, en que nos hemos detenido suficientemente, es la de precisar cómo la fragmentación de la imagen y la labor de Machado ha sido la causa natural de ese distanciamiento de la juventud; la otra, «poner de relieve la modernidad de sus enfoques y la actitud renovadora no sólo de sus temas y formas de contenido, sino también de la esencia misma de su poesía.» Respecto a la primera de estas cuestiones, sus palabras son válidas y aleccionadoras:

> La crítica, determinados críticos por lo menos, han hecho leer parcialmente la obra machadiana, insistiendo en uno solo de sus aspectos. La parcialidad, la utilización desmedida de su figura y de su obra se han convertido en falsificación sin que se alzaran las voces necesarias para denunciarla. Porque se puede hablar de parcialismos y falsificación machadiana en los coros laudatorios y en los cenáculos más o menos minoritarios. No es, pues, de extrañar que los jóvenes poetas se sientan alejados de un Machado que se sirve al gusto de hace treinta años, un Machado que no corresponde a la realidad de su obra, único testimonio válido. [77]

Joaquín Marco duda, y lleva razón en ello, de que Machado fuera en verdad leído en la década del 60 —cuando los interesados lo exaltaban como «el más actual de los excritores del 98» (Castellet)— tanto como en los iniciales de los años 70 (pudiendo haber retrotaído su señalamiento hasta el decenio del 50). Y viene a precisar lo que aquél significó sencillamente por entonces: «la 'imagen' prefabricada» de un literato sostenido sobre una plataforma «comprometida», que sólo por tal motivo debía convertirse en «ejemplo» de poetas. Y pone el dedo en la llaga cuando nos coloca en guardia ante el hecho de que «nadie aludió a la perceptible ambigüedad de la poesía y de la obra machadiana, a sus vacilaciones y contradicciones, a sus diferentes posiciones ante el fenómeno lírico.» Compartiendo aquí las ideas de Rafael Gutiérrez-Girardot, apunta al paso cómo «la crítica aceptó a pie juntillas las meditaciones poéticas de Machado sin ponerlas en duda, sin comprobar si verdaderamente se corresponden con su obra personal.» (Otro apócrifo, pues, de Machado: el de su *autenticidad,* medida exclusivamente en tanto que supuesto acorde perfecto y sin quiebras entre teoría y creación dentro de su propio ejercicio literario).

Y respecto a la segunda de sus cuestiones propuestas, va Joaquín Marco a buscar la modernidad de Machado en poemas como «Recuerdos de sueño, fiebre y duermivela» (en relación con el cual, recuerda ahora el crítico, Oreste Macrí lo había asociado ya al nombre de Kafka), cuyo desarrollo poemático, si no susceptible de adscribirse a ningún surrealismo ortodoxo, «refleja no pocas veces el automatismo en la composición»; en el lírico erótico de las canciones a Guiomar; en el poeta conceptual y filosófico y aun en las últimas composiciones de la guerra. El *otro* Antonio Machado, que se anuncia en el título del ensayo, y resumiendo aquí los objetivos de su autor, es precisamente el que, en general, más se nos ha regateado: el que ha habido que rescatar de la «indiscutible falsificación» en que la crítica (si bien la crítica desorientadora y la pasión de las consignas, pudiésemos especificar) le tuvo escondido por años. De nuevo, la impecable —la justa— censura del falseamiento, la parcialización y el empobrecimiento de Machado: campaña iniciada por la generación de Valente y Angel González y desde siempre por Valverde, y en tal sentido continuada por los jóvenes. Por los jóvenes más comprensivos y alertas, ciertamente; no por los hostiles de oficio o por los que sencillamente han asumido una actitud de indiferencia o alejamiento respecto a su obra.

Alejandro Amusco participa en la selección global de *El Ciervo* con su incorporación allí de varios poemas machadianos donde «el misterio y el tenue trasfondo de enamoramiento que constantemente se advierte en toda la poesía de don Antonio Machado quedan interpenetrados, confundidos en la difuminada atmósfera simbolista.» Son tres de *Soledades. Galerías. Otros poemas:* el LXVIII (*Llamó a mi corazón, un claro día...*), el LXXIX (*Desnuda está la tierra...*) y el LXXXIII (*Guitarra del mesón...*), a los que añade, como representativo del lírico entrañamiento del paisaje machadiano, el CXXI de *Campos de Castilla (Allá, en las tierras altas...)* La elección de Amusco muestra, evidentemente, una proyección hacia el Machado intimista, misterioso y vago, capaz por ello de despertar las más sutiles y permanentes emociones —en actitud que, en general, comparte con toda su generación.

Luis Izquierdo podría haber sido también incluido, en atención a su fecha de nacimiento (1936), dentro de la sección que a ésta antecede. Pero su obra —poética y crítica— se perfila en los años más cercanos, especialmente a partir de su libro de poemas *Supervivencias* (1970), su inclusión en la antología *Nueve poetas del resurgimiento* (1976) realizada por Víctor Pozanco, y sus artículos que han ido apareciendo últimamente en diversas publicaciones literarias. Su contribución al número de *El Ciervo* descansa exclusivamente en los dos poemas finales del *Cancionero apócrifo:* «Muerte de Abel Martín» y «Otro clima»; aunque considera que todos los textos de esa serie final—desde «Ultimas lamentaciones de Abel Martín»—son «*el* gran poema de Antonio Machado.*»* El breve análisis a que somete «Muerte de Abel Martín» es de gran interés, y lo hace preceder de unas aseveraciones que nos dan un claro indicio de por dónde van los signos de la hora respecto a la poesía de Machado. Es cuando Izquierdo afirma:

> A los machadianos, con el paso del tiempo, tienden a gustarnos los poemas que parecen emanación y encrucijada a la vez. Emanación de todo un sistema poético, de un venero general que misteriosamente aflora en unas líneas. Y encrucijada de fuerzas contrarias en la emisión sentimental, más o menos emotivamente cerebralizada, que viene a ser también el poema. [78]

Pero donde Izquierdo se juega la carta definitiva en la declaración de su entendimiento —de su valoración— de Machado, en nada distante del sentir general que al efecto se proyecta desde la nueva poesía, es en el libérrimo criterio por él ejercido al concebir y organizar su libro *Poemas de Antonio Machado. Antología de urgencia* (1976). Sabedor de que toda antología es un acto de violencia sobre el conjunto de una obra, reconoce que ello se agrava más en el caso de nuestro escritor por «la oscilación entre introversión y extroversión que expresa su poesía.» El campo mayor de batalla en esa oscilación es el, a su juicio, mal interpretado libro *Campos de Castilla*, en el cual el estilo «declamatorio» de sus piezas más popularizadas ha ocultado «la vertiente intimista» que el antólogo favorece. Consecuente con este principio, esas piezas —«El mañana efímero», «España en paz», «La tierra de Alvargonzález», «El Dios ibero» y «Olivo del camino», éste ya de *Nuevas canciones*— quedan sencillamente excluidas de la selección de Izquierdo. Y para justificar tal exclusión dice de esas composiciones:

> Hay un tono rotundo y una articulación lapidaria de las vivencias y, cuanto mejor resueltos en este sentido, tanto más pierden los poemas en esa nota del «fugit irreparabile tempus», emoción ésta que sí aparece como el legado irrestañable de la inquietud machadiana en las letras posteriores. Esos títulos son declaraciones más que confidencias. Tienen un aire de discurso más que de poema. [79]

Se trata, en su intención, de conformar en el lector la imagen de

Machado que más en consonancia resuene, a su entender, con universales y permanentes exigencias rigurosamente líricas. Está en su derecho; y la omisión de la citadas composiciones no es tan grave pues ese mismo lector podrá encontrarlas en las numerosísimas antologías de Machado, en sus *Poesías completas*, o en la edición general de sus *Obras*. Pero creemos que le hubiese bastado apuntar en la introducción, como en efecto hace, «que no siempre el tratamiento de temas históricos o críticos en la poesía de Antonio Machado se compadece con una expresión ideal, ceñida y suficiente», dañados indudablemente los poemas destinados a tales temas por «una retórica a veces ampulosa.» Tal lector hubiere tenido entonces la oportunidad de ratificar por su cuenta, y sin dilaciones, la asentible veracidad de sus juicios, sin tener que reducirse a un Machado otra vez recortado en una personal dirección. Porque esa retórica, que en absoluto negamos, también le pertenece. Como de igual modo le pertenecen, y qué alta dignidad le conceden, la sátira y el dolor ante España que algunos de esos poemas despliegan: traducen una visión tanto ética como en su profundidad estética, que no debe ser tampoco desgajada de la imagen total de Machado.

Antonio Colinas, una de las voces líricas más plenas de la nueva poesía, cultivador también de la crítica, aunque reconoce que «sí podemos decir que se ha visto /Machado/ sometido a un ligero purgatorio», es más positivo en su estimación de la presencia actual de aquél y siente que «a pesar de las desconfianzas y diferencias, la poesía última se ha formado fundamentalmente en Machado.» Y es que, para Colinas, las más graves de las inculpaciones lanzadas por los jóvenes sobre la dicción del poeta son su «prosaísmo» y su «provincianismo»; y él entiende que ha habido un grave error en el manejo de estos criterios. «Antonio Machado: Dudas de hoy, poesía de siempre»: así titula el autor su artículo —escrito en espíritu no sólo de comprensión sino de fervorosa simpatía— y, dirigiendo sus búsquedas siempre hacia el Machado esencial, trata de corregir lo que considera el mal uso de esos términos, causante de las transitorias «dudas.» No hay que confundir, sugiere, «prosaísmo» con «difícil sencillez»; ni «palabra en el tiempo» con temporalismo local y accidental (aunque admite que esto último se dio también en el *poeta del 98* y el *cantor de Castilla*: «personaje que se nos ha hecho amar y odiar hasta la saciedad»). Es posible que el ensayo de Colinas nos lleve a pensar que lo que éste nos ha presentado es su Machado *ideal*, ciertamente el más valioso. Sin embargo, muy poco probable será disentir de esta síntesis que nos ofrece del drama esencial en la lírica machadiana:

Poesía transparente, visión humilde, concepto sabio y certero.

La poesía es para Machado «la ceniza de un fuego que se ha apagado.» Y aquí estamos de nuevo frente a otro de los misterios del fenómeno poético: el de la grandeza de lo sentido y la escasez de lo traspasado al papel, la llamarada prometeica y la casi artesana operación de apuntalar las palabras, de mal coserlas en el poema. De tal «trauma», de la imposibilidad de expresar lo sentido, nace una nueva y grave duda: la que puede hacernos preferir el silencio al canto, la cuartilla en blanco a la letra impresa. ¿Cómo hablar de prosaísmo en un autor que tiene muy presentes todas estas cuestiones? Sus deseos de rigor, su humilde planteamiento frente a la composición le hicieron olvidar la tantas veces inútil labor de la corrección y a creer necesaria la poda «de las ramas superfluas en el árbol de la lírica española». Poesía la suya que no nace ni del aderezo ni de la «máscara» sino de ese pasmo, de esa intemporal experiencia ante lo absoluto tan antigua como la humanidad.[80]

Resulta difícil, ante la vista de sólo unos pocos testimonios, resumir (como en las secciones anteriores hemos tratado) la posición unánime o más extendida frente a Machado de una promoción cuya nota al respecto ha sido más bien la distancia o el silencio. Pero con los pocos que poseemos cabría condensar tal posición así: Rechazo tenaz de las «efigies» machadianas, siempre interesadamente elaboradas sobre la base de razones extrínsecas a la poesía; apurada objetividad crítica en el balance de sus logros y sus caídas; tendencia a preferir, dentro de su obra en verso, al lírico interiorizante, esencial, y vocado a la proyección metafísica hacia lo absoluto y el misterio; y desinterés, y aun repudio, del tono exterior y oratorio que con frecuencia acompañó a las composiciones poéticas suyas sobre las que mayormente descansa aquella efigie «cívica» levantada en los años del social-realismo. Vendría así a componerse, sumadas estas actitudes, la respuesta negativa más afilada al Machado-bandera de aquel período.

Pero recuérdese, como se adelantó, que cuanto se exprese sobre Machado por estos jóvenes del día opera desde unas circunstancias ya periféricas a la larga época en que aquél representó una magisterial fuerza viva, actuante e inmediata sobre grandes dimensiones del quehacer poético de España. Ello, desde luego, no resta un ápice de interés a cuanto esos jóvenes puedan aportar. Son, las suyas, apreciaciones que han de recibirse como vertidas sobre el clásico que ya es hoy Machado y quien, como tal y por encima de las «históricas» y mediatizadas concreciones de su presencia, se ha de sostener siempre en pie y como fuente de muy seguras y nobles incitaciones. Porque, y repitiendo aquí algo asentado en el capítulo inicial, el

hecho de afirmar que esa vigencia de Machado haya comenzado a declinar
en su alcance más generalizado, no puede significar que se haya extinguido
definitivamente en toda su virtualidad. Sólo que ahora su infiltración habrá
de producirse mediante esa vía natural, no «circunstancialmente» dirigida,
por la que siempre a los clásicos les es dable fecundar nuestro presente. Y es
que colocar a Machado en una perspectiva clásica no supondrá nunca con-
templarlo «en la lejanía», ni mucho menos reducirlo a espécimen ar-
queológico. Hay en su ideario una hermosa enseñanza que le hace inmume
de toda fosilización, y que nos lo mantiene, y con renovada urgencia, cada
vez más cercano y necesario: su acendrado antidogmatismo. Pareciera que,
en respuesta de esa enseñanza, y después de un camino donde no han
faltado accidentes y desvíos, Machado alcanza la condición que todo
clásico, para merecer tal rango, requiere: el ver librada su valoración de
estrecheces dogmáticas y apriorismos entorpecedores. La documentación
aquí acopiada hace creer que no nace de un optimismo ingenuo el notariar
que hoy se ha llegado por fin a una ya mayoritaria comprensión integral de
Machado. Y tal conquista es la consecuencia, a un plazo más largo del
debido, de ese proceso dialéctico que, a lo largo de la posguerra española,
este libro ha pretendido seguir.

NOTAS

1.   Por este motivo hemos descartado, como principio general, la consulta
sistemática de las coronas y los florilegios poéticos, numerosísimos, organizados en
torno a Machado; y hemos preferido trabajar directamente sobre los libros
originales de los autores. Sin embargo, no hemos querido prescindir, y por razones
de distinta índole, de cinco ediciones colectivas dedicadas en su honor y que (con
una sola excepción como se verá) no contienen exclusivamente colaboraciones
poéticas. Son estas: los dos números de homenaje de la revista *Cuadernos
Hispanoamericanos:* el primero (No. 11-12, 1949), y el más cercano, consagrado a
Manuel y Antonio Machado (No. 304-307, 1975-1976); el pequeño volumen *Versos
para Antonio Machado* (París: Ruedo Ibérico, 1962), donde vieron por primera vez
la luz muchos poemas a Machado prohibidos por la censura en España; el homenaje
de la revista santanderina *Peña Labra. Pliegos de poesía,* No. 16 (1975), que dio
cabida a una rigurosa muestra de excelentes textos poéticos hoy de difícil acceso en
sus publicaciones originales; y la sección «Lo mejor de Machado. Antología-
Homenaje» en *El Ciervo* No. 261-262 (1975) donde once poetas y críticos presentan
y comentan su personal selección de Machado que resulta, como conjunto, una muy
interesante «antología colectiva.» Como a estos esfuerzos nos referiremos en varias

ocasiones, en lo adelante los abreviamos respectivamente de este modo: *Cuadernos hispanoamericanos (1949), Cuadernos Hispanoamericanos (1975-76), Ruedo Ibérico, Peña Labra* y *El Ciervo*.

2. Para una completa referencia bibliográfica de poemas-homenaje a Antonio Machado procedentes de muchos poetas no consignados en este capítulo por la necesidad de no alargarlo excesivamente (Manuel Alcántara, Juan Rejano, José Batlló, Alfonso Canales, Concha Lagos, Luis López Anglada, José Gerardo Manrique de Lara, José L. Prado Nogueira, Carlos Murciano, Manuel Murciano, César Simón, José A. Muñoz Rojas, Federico Muelas) así como de artículos críticos de algunos de los anteriores y de otros no mencionados (Arturo Serrano Plaja, Rafael Morales, Joaquín Benito de Lucas, Antonio Domínguez Rey, Emilio Miró, Leopoldo Rodríquez Alcalde, etc.), véase *Bibliogafía machadiana (Bibliografía para un centenario)*, ed. Manuel Carrión Gútiez (Madrid: Servicio de Publicaciones del Ministerio de Educación y Ciencias, 1976). Asimismo, para la presencia de Machado en las publicaciones dedicadas a la poesía en el período, es de gran utilidad el libro de Fanny Rubio, *Las revistas poéticas españolas (1939-1975)* (Madrid: Ediciones Turner, 1976). Información más selectiva sobre el contenido de los números monográficos y de homenaje de mayor interés consagrados al poeta puede encontrarse también al final del citado libro *Antonio Machado, ejemplo y lección* de Leopoldo de Luis (véase Cap. II, n. 33).

3. Gil, «Sobre la generación del 1936», *Symposium,* 22, No. 2 (1968), 109.

4. Ibid., p. 110.

5. Vivanco, *Introducción a la poesía española contemporánea,* 2a. ed. (Madrid: Guadarrama, 1971), I, 19. Es reproducción de la primera edición, de 1957.

6. Ibid., p. 19.

7. Panero, *Obras completas* (Madrid: Editora Nacional, 1973), II (Prosa), 12.

8. Alonso, «La poesía arraigada de Leopoldo Panero», en *Poetas españoles contemporáneos* (Madrid: Gredos, 1958), pp. 334-335.

9. Vivanco, «Leopoldo Panero en su rezo personal cotidiano», en *Introducción a la poesía española contemporánea,* II, 256.

10. En el recién citado libro de Vivanco, para las relaciones entre Machado y Panero en el tratamiento del soneto, véanse pp. 279-281; y para lo referente a los «retratos», pp. 308-309.

11. Rosales, *Lírica española* (Madrid: Editora Nacional, 1972), pp. 410-411.

12. Connolly, *Leopoldo Panero: La poesía de la esperanza* (Madrid: Gredos, 1969), p. 91 y p. 135 (n. 26) respectivamente.

13. Marías, «Al margen de *La casa encendida*», *Cuadernos Hispanoamericanos,* No. 257-258 (1971), p. 427.

14. Ragucci de Lockwood, «Luis Rosales», Ibid., p. 515.

15. Hierro, «Prosas y versos», Ibid., p. 419.

16. Rosales, *Lírica española,* p. 376.

17. Grande, «Homenaje a un magistral aprendiz de discípulo», *Cuadernos Hispanoamericanos,* No. 257-258, p. 602.

18. Antonio Núñez, «Encuentro con Dionisio Ridruejo», *Insula,* No. 318 (1973), p. 4.

19. Vivanco, *Introducción a la poesía española contemporánea,* II, 338.

20. Ridruejo, «El poeta rescatado», prólogo a Antonio Machado, *Poesías completas,* 5a. ed. (Madrid: Espasa-Calpe, 1941), p. v.

21. Ridruejo, *Casi unas memorias* (Barcelona: Editorial Planeta, 1976), p. 224.

22. Tovar, «La guerra», en Varios, *Dionisio Ridruejo, de la Falange a la oposición* (Madrid: Taurus, 1976), p. 46.

23. Andréis, «Con Dionisio Ridruejo en Roma: 1949», *Cuadernos Hispanoamericanos,* No. 312 (1976), p. 673.

24. Proceden todas de «Cancionerillo», publicado en *Cuadernos Hispanoamericanos,* No. 285 (1974), pp. 503-510.

25. Como a propósito de Cano, y antes en Rosales, nos hemos detenido en su consideración crítica de Machado, nos parece justo consignar aquí que de esta misma generación, aunque de escritores que no han cultivado el verso, proceden algunas de las más valiosas aproximaciones a la poesía y el pensamiento machadiano de que hoy disponemos. Pedro Laín Entralgo se ocupa ampliamente de ello en su difundida obra *La generación del 98,* que en la colección Austral de la editorial Espasa-Calpe ha alcanzado en 1975 su octava edición. También dedica un hermoso y penetrante capítulo a los temas del «Tiempo, recuerdo y esperanza en la poesía de Antonio Machado» en su fundamental libro *La espera y la esperanza* (Madrid: Revista de Occidente, 1962); y una más breve consideración al de «Dios en la poesía de Antonio Machado» en otro libro suyo, *Ejercicios de comprensión* (Madrid: Taurus, 1958). Y quien más orgánicamente nos ha esclarecido «El pensamiento de Antonio Machado en relación con su poesía» ha sido Antonio Sánchez Barbudo en la sección última, así titulada, de sus *Estudios sobre Unamuno y Machado* (Madrid: Guadarrma, 1959); sección que hoy tenemos al alcance en formato de bolsillo bajo el título de *El pensamiento de Antonio Machado* (Madrid: Colección Punta Omega, Guadarrama, 1974)—habiendo actuado además como comentarista e intérprete de *Los poemas de Antonio Machado* (Barcelona: Lumen, 1967). Por su parte, Julián Marías nos ha dejado también algunos acercamientos de interés: «Antonio Machado y su interpretación moderna de las cosas», en *Cuadernos hispanoamericanos (1949);* «Machado y Heidegger», incorporado a su volumen *Al margen de estos clásicos* (Madrid: Afrodisio Aguado, 1966); y ha sido el realizador y prologuista de una *Antología poética* de Antonio Machado (Barcelona: Salvat, 1970). Y el novelista y crítico Segundo Serrano Poncela, además de numerosos y siempre inteligentes ensayos sobre Machado, es el autor de uno de los cronológicamente primeros —sino el primero— intento de valoración comprensiva y *total* de nuestro escritor y sus motivaciones espirituales más profundas: *Antonio Machado. Su mundo y su obra*

(Buenos Aires: Losada, 1954).

26. Gil-Albert, «Concierto en 'mí' menor», en *Memorabilia* (Barcelona: Tusquets Editor, 1975), pp. 9-11.

27. Fernando Delgado, «Juan Gil-Albert, después del silencio» (Entrevista), *Insula*, No. 350 (1976), p. 4.

28. Gil-Albert, *Memorabilia*, p. 238.

29. Gil-Albert, «Catalogando», en *Caracola*, No. 84-87 (1959-1960), s/p.

30. Ramírez de Arellano, *Poesía española contemporánea* (Madrid: Biblioteca Aristarco de Erudición y Crítica, 1961), pp. 147-148.

31. Miró, «La poesía de Carmen Conde», prólogo a Carmen Conde, *Obra poética (1929-1966)* (Madrid: Biblioteca Nueva, 1967), p. 18.

32. Rubio, *Las revistas poéticas españolas (1939-1975)*, p. 60.

33. Carlos Bousoño, en su poética incluida en la *Antología consultada de la joven poesía española* (1952), que en cierto modo vino a consagrar mayoritariamente la tendencia realista de aquellos años, se atreve ya en esa fecha a preguntar y plantear correctamente la cuestión en estos términos: «¿Poesía realista? Si os referís a la realidad interior, no me parece mal. Toda verdadera poesía ha sido siempre realista; no hay poeta que no transmita un contenido *real* de su alma (percepciones sensoriales o intuiciones fantásticas, conceptos y sentimientos). Pero si queréis significar 'poesía escrita en el lenguaje consuetudinario', no estoy conforme. Y si deseáis decir 'poesía que refleje las cosas tal como son', no logro entender lo que esas palabras pretenden significar. Diréis trivialidades, porque lo que 'todo el mundo' ve de las cosas es su aspecto más obvio, superficial, insignificante y hasta erróneo. ¿Lo que tú ves? De acuerdo: expresas entonces tu realidad interior, como ha hecho siempre el poeta.» (*Antología consultada*, p. 25).

34. Marcos, «Prólogo» a Angela Figuera Aymerich, *Antología total (1948-1969)* (Madrid: CVS Audiolibro, 1972), p. 12.

35. «Carta de Gabriel Celaya sobre Antonio Machado», Suplemento literario de *Informaciones* (Madrid), No. 367, (1975), p. 3.

36. Marco, «El retorno de Blas de Otero», en *Nueva literatura en España y América* (Barcelona: Lumen, 1972), p. 191.

37. G. de la Concha, *La poesía española de posguerra* (Madrid: Editorial Prensa Española, 1973), p. 336.

38. González Nieto, «Eco de Antonio Machado en la poesía de posguerra», *Peña Labra. Pliegos de poesía*, No. 16 (1975), p. 48.

39. Cano, *Poesía española contemporánea. Las generaciones de posguerra* (Madrid: Colección Punto Omega, Guadarrama, 1975), pp. 108-109.

40. López Gorgé, Sobre Ramón de Garciasol, *Del amor y del camino, Cuadernos Hispanoamericanos*, No. 270 (1972), p. 644.

41. Cano, *Las generaciones de posguerra*, particularmente pp. 117-118 y 120.

42. Bousoño, *Teoría de la expresión poética*, 5a. ed. (Madrid: Gredos, 1970), I, 272.

43. Bousoño, en Dámaso Alonso y Carlos Bousoño, *Seis calas en la expresión literaria española*, 4a. ed. (Madrid: Gredos, 1970), pp. 233-236.

44. Carnero, *El grupo «Cántico» de Córdoba* (Madrid: Editora Nacional, 1976), p. 89.

45. Marco, «El postsurrealismo de Carlos Edmundo de Ory: Un olvidado», en *Nueva literatura en España y América*, p. 205.

46. *Antología consultada de la joven poesía española*, p. 199.

47. Es interesante que otro poeta de esta misma promoción, Eugenio de Nora, al defender la necesidad de una poesía nacida por modo directo de la vida vuelva a unir los nombres de Martí y Machado. Es en la poética suya que se lee en *Poesía cotidiana*, pp. 436-438. Allí llama Nora a Martí: «un gran hombre ante todo: clarividente, valeroso, sencillo en su genialidad.» ¿No serían útiles también estos calificativos para describir a Machado?

48. Citamos por la reproducción de este ensayo de Valverde que aparece en *Antonio Machado*, ed. Gullón y Phillips, p. 323.

49. Para este tema puede verse mi libro *Diez años de poesía española, 1960-1970* (Madrid: Insula, 1972), pp. 281-290; y nuevos y más abarcadores desarrollos del mismo se encuentran en el «Prólogo» («Situación y características de la poesía de Francisco Brines») de Carlos Bousoño a Francisco Brines, *Ensayo de una despedida. Poesía, 1960-1971* (Barcelona: Plaza & Janés, 1974), especialmente pp. 23-33.

50. Batlló, *Antología de la nueva poesía española*, p. 343.

51. González, «Identidad de contrarios en la poesía de Antonio Machado», *Cuadernos Hispanoamericanos* (1975-76), p. 555.

52. *Ibid.*, p. 554.

53. Por ser numerosísimos, consignamos en nota y con carácter estrictamente selectivo, algunos otros títulos de la bibliografía machadiana de Aurora de Albornoz aparecidos en revistas y publicaciones literarias: «El paisaje andaluz en la poesía de Antonio Machado», *Caracola*, No. 84-87 (1959-1960); «España 1920 y un poema de Antonio Machado», *La Torre*, No. 33 (1961); «El olvidado 'Otoño' de Antonio Machado», *Insula*, No. 185 (1962); «La presencia de Segovia en Antonio Machado», *Insula*, No. 212-213 (1964); «Antonio Machado: crítico de poetas», *El Urogallo,* No. 34 (1975); y no podemos detallar los abundantes artículos y varios prólogos de libros sobre Machado, de otros autores, escritos por Aurora de Albornoz en estos últimos quince años.

54. Puede encontrarse, por ejemplo, en *Triunfo,* No. 652 (1975), acompañando otro artículo de la autora: «Antonio Machado: Homenaje», sumaria revisión crítica de la trayectoria total del poeta.

55. Recuérdese su trabajo «Machado y sus apócrifos», citado en los capítulos I y II (véanse notas 10 y 29 respectivamente).

56. «José Angel Valente: Premio Adonais 1954» (Entrevista). *Ateneo,* No. especial (1955), p. 42.

57. Engelson Marson, *Poesía y poética de José Angel Valente* (New York: Eliseo Torres & Sons, 1978), p. 28.

58. Valente, *Las palabras de la tribu*, pp. 90-91.

59. Sobejano, «La verdad en la poesía de Antonio Machado», pp. 71-72.

60. Gil de Biedma, *Las personas del verbo* (Barcelona: Barral Editores, 1975), p. 169.

61. Un sentido de integración similar, aunque más inclinado hacia la valoración del costado moral, lleva el artículo de Juan López Morillas, «Antonio Machado: ética y poesía», *Insula*, No. 256 (1968), pp. 1 y 12.

62. Cano, *Las generaciones de posguerra*, p. 160.

63. Grande, «El hallazgo de don Antonio Machado. Una inmensa fortuna», *Informaciones*, Suplemento No. 367, p. 9.

64. Martínez Ruiz, «La poesía de Eladio Cabañero», Prólogo a Eladio Cabañero, *Poesía, 1956-1970* (Barcelona: Plaza & Janés, 1970), p. 23.

65. Véase Cano, *Las generaciones de posguerra*, p. 228.

66. Mantero, *La poesía del «yo» al «nosotros»* (Madrid: Guadarrama, 1971), p. 99. Otras citas siguientes de Mantero proceden de esta misma sección de su libro.

67. Véase mi ensayo «Una aproximación existencial al «Prólogo al *Poema del Niágara* de José Martí», en *Estudios críticos sobre la prosa modernista hispanoamericana*, ed. J.O.J. (New York: Eliseo Torres & Sons, 1975). Trato de demostrar allí los muy claros anticipos y vislumbres hacia posiciones claves de la filosofía de la existencia que aparecen en ese temprano y fundamental ensayo martiano de 1882. Alrededor de esta misma fecha se sitúan sus *Versos libres,* que revelan aún con mayor dramaticidad el enérgico «talante agónico» de su autor. Así los ha visto y estudiado Ivan A. Schulman en la «Introducción» a su edición crítica de los mismos *Versos libres* (Barcelona: Textos Hispánicos Modernos, Editorial Labor, 1970). Bajo la caracterización de «el gladiador en la arena» resume acertadamente Schulman la imagen del hombre —imagen profundamente angustiada y existencial— que dibuja el protagonista poemático de esa colección —que no es otro que el propio Martí.

68. Duque, «El Machado de izquierdas», *Camp de l'Arpa,* No. 23-24 (1975), p. 23.

69. Badosa, «El sentido de la actualidad de Antonio Machado», en *Razones para el lector* (Barcelona: Plaza & Janés, 1964), pp. 227-230.

70. Grande, *Apuntes sobre poesía española de posguerra*, p. 52. En este tema del entrañamiento inseparable del *yo* y el *otro* («la esencial heterogeneidad del ser», con la consecuente tensión erótica del *uno* hacia el *otro*) ve Octavio Paz la clave más decisiva de la modernidad en el pensamiento poético-filosófico de Machado. Todo su indispensable libro *El laberinto de la soledad* (de 1950, con numerosas y ampliadas ediciones y reimpresiones) es puesto por Paz bajo el auspicio general, en la página que lo abre, de aquella declaración de Machado en que éste recuerda cómo

«Abel Martín, con fe poética, no menos humana que la fe racional, creía *en lo otro*, en 'la esencial Heterogeneidad del ser', como si dijéramos en la incurable *otredad* que padece *lo uno*.» Y supo ver Paz también la «vivencia» del drama de la modernidad por el creador de Juan de Mairena, en este otro sentido más amplio e inmediato: «Machado ha intuido los temas esenciales de la poesía y la filosofía de nuestro tiempo. Nadie como él ha vivido el conflicto del poeta moderno, desterrado de la sociedad y, al fin, desterrado de sí mismo, perdido en el laberinto de su propia conciencia.» Y abundando en lo que ha sido el principio axial de nuestro enfoque —la necesidad de rescatar a un Machado integral—, y dado que parece correr la especie de que sus meditaciones sobre la tensión erótica hacia el otro es lo único de aquél que a Paz interesa, creemos útil la lectura de las siguientes afirmaciones del escritor mexicano: «Para entender la metafísica erótica de Abel Martín debemos acudir a los comentarios de Juan de Mairena. Estos nos llevan a los poemas de Machado. Cada personaje nos envía a otro. Cada fragmento es el eco, la alusión y la cifra de una secreta totalidad. Por eso es imposible estudiar parcialmente su obra. Hay que abrazarla como un todo. O, mejor dicho, hay que abrazar cada una de sus partes como una totalidad, pues cada una es el reflejo de esa unidad escondida.» Hemos querido recordar esta visión total de Octavio Paz sobre Machado, donde nada fundamental de éste queda obliterado o desdeñado, pues en los últimos tiempos, y especialmente desde los jóvenes, lo más frecuente ha sido resaltar sólo las reservas de aquél, Paz, sobre el *verso* —la dicción en verso— del poeta, tanto como la a su juicio negativa influencia machadiana en la lírica de posguerra. Las citas de Paz han sido reproducidas de *Antonio Machado*, ed. Gullón y Phillips, pp. 65 y 62 respectivamente; pero anotamos, por su interés en la fecha, que el artículo de Paz, «Antonio Machado», apareció originalmente en *Sur*, No. 211-212 (1952).

71.   Grande, *Occidente, ficciones, yo* (Madrid: *Cuadernos para el Diálogo*, 1968), pp. 242-243.

72.   No implica ello el que algunos poetas de hoy, como se ha visto, no sigan pensando en el hombre Machado, o en la memoria de su obra, desde un sentimiento de dolor o una actitud crítica nacidos todavía de sus personales posiciones ideológicas. Alcanzar la imagen total de Machado no puede sugerir refugiarse en ninguna suerte de apolítica neutralidad. Ninguno de aquéllos que más se han esforzado en esa empresa han optado por un pasivo conformismo ante la dura realidad española de la posguerra y los conflictivos problemas de nuestro tiempo, ya a escala universal. Se trata, en rigor, de deslindar política y objetividad en la valoración de la producción general de Machado. O, con mayor precisión, de reservar el enfoque político para aquellas zonas de su obra (nada pequeñas, nada insignificantes) que descansan estrictamente en fundamentaciones de esta índole. Pero que no se nos induzca a quedarnos sólo en esta parcela, sino que más bien se favorezca una lectura de Machado desde la particular perspectiva que cada texto suyo demande. Y, extremando ya las precauciones, que no se interpreten como irrespetuosas o pro-

fanadoras las posibles discrepancias críticas, respecto a ciertas modulaciones expresivas de su misma obra, cuando tales discrepancias dependen rigurosamente de las naturales oscilaciones en la sensibilidad estética y se formulen con ecuanimidad y respeto.

73. Valente, *Las palabras de la tribu,* pp. 102-103.

74. Gimferrer, «Notas parciales sobre poesía española de posguerra», en Salvador Clotas y Pere Gimferrer, *30 años de literatura en España* (Barcelona: Editorial Kairos, 1971), p. 94.

75. Gimferrer, «Antonio Machado nos sigue mostrando su camino», Suplemento literario de *Informaciones,* No. 367 (1975), p. 11.

76. Gimferrer, *El Ciervo,* p. 41.

77. Marco, «El otro Antonio Machado», en *Nueva literatura en España y América,* p. 41. Otras citas de Joaquín Marco proceden de este mismo artículo.

78. *El Ciervo,* p. 42.

79. Izquierdo, «Prólogo» a *Poemas de Antonio Machado. Antología de urgencia* (Madrid: Guadarrama, 1976), p. 17. Todas las opiniones de Luis Izquierdo son tomadas de este prólogo.

80. Colinas, «Antonio Machado: Dudas de hoy, poesía de siempre», *Insula,* No. 344-345 (1975), p. 6.

BIBLIOGRAFIA

I. *Obras de Antonio Machado*

Soledades. Madrid: Imprenta Alvarez, 1903.
Soledades. Galerías. Otros poemas. Madrid: Pueyo, 1907.
Campos de Castilla. Madrid: Renacimiento, 1912.
Páginas escogidas. Madrid: Calleja, 1917.
Poesías completas. Madrid: Fortanet, 1917.
Nuevas canciones. Madrid: Mundo Latino, 1924.
Poesías completas (1899-1925). 2a. ed. Madrid: Espasa-Calpe, 1928.
Poesías completas (1899-1930). 3a. ed. Madrid: Espasa-Calpe, 1933.
Juan de Mairena. Sentencias, donaires, apuntes y recuerdos de un profesor apócrifo. Madrid: Espasa-Calpe, 1936.
Poesías completas. 4a. ed. Madrid: Espasa-Calpe, 1936.
Obras. Prólogo de José Bergamín. México: Séneca, 1940.
Poesía de guerra de Antonio Machado. Ed. Aurora de Albornoz. San Juan, Puerto Rico: Ediciones Asomante, 1961.
Obras. Poesía y prosa. Ed. Aurora de Albornoz y Guillermo de Torre. Buenos Aires: Losada, 1964.
Prosas y poesías olvidadas. Ed. Robert Marrast y Ramón Martínez-López. París: Centre de Recherches de l'Institut d'Etudes Hispaniques, 1964.
Los complementarios. Ed. Domingo Yndurain. Madrid: Taurus, 1971.

II. *Libros y estudios**

Aguirre, J.M. *Antonio Machado, poeta simbolista.* Madrid: Taurus: 1973.
Albornoz, Aurora de. «Antonio Machado: 'De mi cartera.' Teoría y creación.» *Cuadernos Hispanoamericanos,* Nos. 304-307 (1975-1976).

«Antonio Machado: Homenaje» e «Indice cronológico de A.M.» *Triunfo* (Madrid), No. 652 (1975).

La presencia de Miguel de Unamuno en Antonio Machado. Madrid: Gredos, 1968.

«Poesía de la España peregrina: Crónica incompleta.» *El exilio español de 1939. Cultura y Literatura.* Vol. IV. Madrid: Taurus, 1977.

Respuesta a la encuesta «Lo mejor de Antonio Machado. Antología-Homenaje.» *El Ciervo,* No. 261-262 (1975).

Aleixandre, Vicente. «Poesía, moral, público.» *Obras completas.* Madrid: Aguilar, 1968.

Aranguren, José Luis L. *Crítica y meditación.* Madrid: Taurus, 1957.

Ayala, Francisco. «Un poema y la poesía de Antonio Machado.» *Antonio Machado.* Ed. Ricardo Gullón y Allen W. Phillips. Madrid: Taurus, 1973.

Badosa, Enrique. «El sentido de la actualidad de Antonio Machado.» *Razones para el lector.* Barcelona: Plaza & Janés, 1964.

Barjau, Eustaquio. *Antonio Machado: Teoría y práctica del apócrifo.* Barcelona: Editorial Ariel, 1975.

Batlló, José. *Antología de la nueva poesía española.* Madrid: El Bardo, 1968.

Beceiro, Carlos. «Antonio Machado y su visión paradójica de Castilla.» *Celtiberia,* 8, No. 15 (1958).

Blanco Aguinaga, Carlos. «De poesía e historia: el realismo progresista de Antonio Machado.» *Estudios sobre Antonio Machado.* Ed. José Angeles. Barcelona: Ariel. 1977.

Bleiberg, Germán. «Algunas revistas literarias hacia 1898.» *Arbor,* 11, No. 36 (1948).

Bousoño, Carlos. *Teoría de la expresión poética.* 5a. ed. Madrid: Gredos, 1970.

Campoamor González, Antonio. *Antonio Machado.* Madrid: Ediciones Sedmay, 1976.

Cano, José Luis. *Antonio Machado. Biografía ilustrada.* Barcelona: Destino, 1975.

«Antonio Machado, hombre y poeta en sueños.» *Cuadernos Hispanoamericanos,* Nos. 11-12 (1949).

Españoles de dos siglos. Madrid: Seminarios y Ediciones, S.A., 1974.

«Estela de Antonio Machado», Suplemento literario de *Informaciones,* 24 julio 1975.

«Notas sobre Antonio Machado», en *Poesía española del siglo XX.*

Madrid: Guadarrama, 1960.

Poesía española contemporánea. Las generaciones de posguerra. Madrid: Colección Punto Omega, Guadarrama, 1975.

«Prólogo» a *Antología de la nueva poesía española.* Madrid: Gredos, 1958.

«Prólogo» a Blas de Otero. *País.* Antología 1955-1970. Barcelona: Plaza & Janés, 1971.

Cano Ballesta, Juan. *La poesía española entre pureza y revolución (1930-1936).* Madrid: Gredos, 1972.

Carreño, Antonio. «Antonio Machado o la poesía de la 'otredad.'» *Cuadernos hispanoamericanos,* Nos. 204-307 (1975-1976).

«La persona como 'otredad': Antonio Machado.» *La dialéctica de la identidad en la poesía contemporánea.* Madrid: Gredos, 1982.

Castellet, José María. *Veinte años de poesía española (1939-1959).* Barcelona: Seix Barral, 1960.

Cerezo Galán, P. Palabra en el tiempo. Poesía y filosofía en Antonio Machado. Madrid: Gredos, 1975.

Cernuda, Luis. *Estudios sobre poesía española contemporánea.* Madrid: Guadarrama, 1957.

Cobos, Pablo A. *Humor y pensamiento de Antonio Machado en sus apócrifos.* 2a. ed. Madrid: Insula, 1972.

Colinas, Antonio. «Antonio Machado: Dudas de hoy, poesía de siempre.» Insula, No. 344-345 (1975).

Correa, Gustavo. «Mágica y poética de Antonio Machado.» *Cuadernos Hispanoamericanos,* 1, Nos. 304-307 (1975-1976).

Cozart Sievert, Rafael de. «Visión de un aspecto crítico en Antonio Machado: 'Una España joven.'» *Antonio Machado, verso a verso.* Sevilla: Publicaciones de la Universidad de Sevilla, 1975.

Debicki, Andrew P. «José Hierro a la luz de Antonio Machado.» *Sin nombre*, 9, No. 3 (1978).

Duque, Aquilino. «El Machado de izquierdas.» *Camp de l'Arpa,* No. 23-24 (1975).

Durán, Manuel. «Antonio Machado, el desconfiado prodigioso.» *De Valle-Inclán a León Felipe.* México: Finisterre, 1974.

«Antonio Machado y la máquina de trovar.» *Estudios sobre Antonio Machado.* Ed. José Angeles. Barcelona: Ariel, 1977.

Embeita, María. «Tiempo y espacio en la poesía de Antonio Machado.» *Cuadernos Hispanoamericanos,* Nos. 304-307 (1975-1976).

Enjuto, Jorge. «Sobre la metafísica de Machado.» *Cuadernos para el diálogo,* No. 49 (1975).

Frutos, Eugenio. «El primer Bergson en Antonio Machado.» *Revista de*

Filosofía, No. 73-74 (1960).

«Inserción de la filosofía en la poesía.» *Creación poética.* Madrid: Ediciones José Porrúa Turanzos, 1976.

G. de la Concha, Victor. *La poesía española de posguerra.* Madrid: Editorial Prensa Española, 1973.

Gaos, Vicente, *Temas y problemas de la literatura española.* Madrid: Guadarrama, 1959.

Gil, Ildefonso-Manuel. «El paisaje en la poesía de Leopoldo Panero.» *Cuadernos hispanoamericanos,* Nos. 187-188 (1965).

«Sobe la generación del 1936.» *Symposium,* 22, No. 2 (1968).

Gil-Albert, Juan. «Catalogando.» *Caracola,* No. 84-87 (1959-1960).

Concierto en 'mí' menor.» *Memorabilia.* Barcelona: Tusquets Editor, 1975.

Gimferrer, Pere. «Antonio Machado nos sigue mostrando su camino.» Suplemento literario de *Informaciones*, No. 367 (1975).

«Notas parciales sobre poesía española de posguerra.» *30 años de literatura en España.* Barcelona: Editorial Kairos, 1971.

González, Angel. «Antonio Machado y la tradición romántica.» *Cuadernos para el diálogo,* No. 49 (1975).

«Identidad de contrarios en la poesía de Antonio Machado.» *Cuadernos hispanoamericanos.* (1975-1976).

«Originalidad del pensamiento de Machado.» *Peña Labra.* Pliegos de Poesía, No. 16 (1975).

González Nieto, Luis. «Eco de Antonio Machado en la poesía de posguerra.» *Peña Labra. Pliegos de poesía,* No. 16 (1975).

Grande, Félix. *Apuntes sobre poesía española de posguerra.* Madrid: Taurus, 1970.

Occidente, ficciones, yo. Madrid: Cuadernos para el Diálogo, 1968.

Guillén, Claudio. «Estilística del silencio.» *Antonio Machado.* Ed. Ricardo Gullón y Allen W. Phillips. Madrid: Taurus, 1973.

Gullón, Ricardo y Allen W. Phillips, eds. *Antonio Machado,* Madrid: Taurus, 1973.

Gullón, Ricardo. *Direcciones del modernismo.* Madrid: Gredos/Colección Campo Abierto, 1963.

«Simbolismo en Antonio Machado.» *Journal of Spanish Studies: Twentieth Century,* 4, No. 1 (1976).

Una poética para Antonio Machado. Madrid: Gredos, 1973.

Gutiérrez-Girardot, Rafael. *Poesía y prosa en Antonio Machado.* Madrid: Guadarrama, 1969.

Hierro, José. «Prólogo» a Antonio Machado. *Antología poética.* 2a. ed. Barcelona: Ediciones Marte, 1971.

Izquierdo, Luis. «Prólogo.» *Poemas de Antonio Machado. Antología de urgencia.* Madrid: Guadarrama, 1976.

Laín Entralgo, Pedro. *La espera y la esperanza.* Madrid: Revista de Occidente, 1962.

La generación del 98. Madrid: Espasa-Calpe, 1956.

Teoría y realidad del otro. Madrid: Revista de Occidente, 1968.

Lamíquiz, Vidal. *La experiencia del tiempo en la poesía de Antonio Machado.* Sevilla: Publicaciones de la Universidad de Sevilla, 1975.

Lida, Raimundo. «Elogio de Mairena.» *Letras hispánicas.* México-Buenos Aires: Fondo de Cultura Económica, 1958.

López Gorgé, Jacinto, ed. *Poesía amorosa. Antología.* Madrid: Alfaguara, 1967.

López Morillas, Juan. «Antonio Machado: ética y poesía.» *Insula*, No. 256 (1968).

Intelectuales y espirituales. Madrid: Revista de Occidente, 1961.

Luis, Leopoldo de. «Antonio Machado ante la crítica.» *Cuadernos Hispanoamericanos,* Nos. 304-307 (1975-1976).

Antonio Machado, ejemplo y lección. Madrid: Sociedad General Española de Librería, 1975.

ed. *Poesía religiosa. Antología.* Madrid: Alfaguara, 1969.

ed. *Poesía social. Antología.* Madrid: Alfaguara, 1965.

Mantero, Manuel. *La poesía del «yo» al «nosotros.»* Madrid: Guadarrama, 1971.

«Prólogo» a *Poesía española contemporánea (1939-1965).* Barcelona: Plaza & Janés, 1966.

Marco, Joaquín. «El otro Antonio Machado.» *Nueva literatura en España y América.* Barcelona: Lumen, 1972.

Marías, Julián. «Antonio Machado y su interpretación moderna de las cosas.» *Cuadernos hispanoamericanos,* Nos. 11-12 (1949).

Molina, Antonio, ed. *Poesía cotidiana. Antología.* Madrid: Alfaguara, 1966.

Mora Valcárcel, Carmen de. «En torno a 'Del pasado efímero' de Antonio Machado.» *Antonio Machado, verso a verso.* Sevilla: Publicaciones de la Universidad de Sevilla, 1975.

Paz, Octavio. «Antonio Machado.» *Antonio Machado.* Ed. Ricardo Gullón y Allen W. Phillips. Madrid: Taurus, 1973.

Pino, Frank. *El simbolismo en la poesía de Antonio Machado.* Chapel Hill, No.C.: Estudios de Hispanófila, 1978.

Predomore, Michael. *Una «España joven» en la poesía de Antonio Machado.* Madrid: Insula, 1981.

Predmore, Richard. «El tiempo en la poesía de Antonio Machado.» *Publications of the Modern Language Association,* 63 (1948).

Rexach, Rosario. «La soledad como sino en Antonio Machado.» *Cuadernos hispanoamericanos,* Nos. 304-307 (1975-1976).

Ridruejo, Dionisio. «El poeta rescatado.» Antonio Machado, *Poesías completas.* 5a. ed. Madrid: Espasa-Calpe, 1941.

Rodríguez, Claudio. «Unas notas sobre poesía.» *Poesía última.* Ed. Francisco Ribes. Madrid: Taurus, 1963.

Rosales, Luis. «Antonio Machado, poeta catedrático.» *Antonio Machado Ruiz. Expediente académico y profesional.* Madrid: Ministerio de Educación y Ciencias, 1976.

Lírica española. Madrid: Editora Nacional, 1972.

Sánchez Barbudo, Antonio. *Estudios sobre Unamuno y Machado.* Madrid: Guadarrama, 1959.

Los poemas de Antonio Machado. Barcelona: Editorial Lumen, 1967.

Serrano Poncela, Segundo. *Antonio Machado. Su mundo y su obra.* Buenos Aires: Losada, 1954.

Sesé, Bernard. *Antonio Machado (1875-1939). El hombre. El poeta. El pensador.* Madrid: Gredos, 1980.

Siebenmann, Gustav. *Los estilos poéticos en España desde 1900.* Madrid: Gredos, 1973.

Sobejano, Gonzálo. «La verdad en la poesía de Antonio Machado: De la rima al proverbio.» *Journal of Spanish Studies: Twentieth Century,* 4, No. 1 (1976).

Sorel, Andrés. «Vigencia de Antonio Machado.» A. Gil Novales, et al. *Homenaje a Antonio Machado.* Ed. Juan J. Coy. Salamanca: Ediciones Sígueme, 1977.

Tuñón de Lara, Manuel. «La superación del 98 por Antonio Machado.» *Antonio Machado, poeta del pueblo.* 2a. ed. Barcelona: Editorial Laia, 1975.

Valente, José Angel. «La poesía. Conexiones y recuperaciones.» *Cuadernos para el diálogo,* No. 22 (1970).

«Machado y sus apócrifos.» *Las palabras de la tribu.* Madrid: Siglo XXI de España Editores, 1971.

Valera, José Luis. «Machado ante España.» *Hispanic Review,* 45, No. 2 (1977).

Valverde, José María. *Antonio Machado.* Madrid: Siglo XXI de España Editores, 1975.

«Evolución del sentido espiritual de la obra de Antonio Machado.» *Estudios sobre la palabra poética.* Madrid: Rialp, 1952.

Vivanco, Luis Felipe. *Introducción a la poesía española contemporánea.* 2a. ed. Madrid: Guadarrama, 1971. Vol. I.

Yndurain, Domingo. *Ideas recurrentes en Antonio Machado (1898-1907).* Madrid: Turner, 1975.

Zapata, Celia. «Ecos de Antonio Machado en Leopoldo Panero.» *Cuadernos Hispanoamericanos,* No. 275 (1973).

Zubiría, Ramón de. *La poesía de Antonio Machado.* Madrid: Gredos, 1955.

NOTA

*No se intenta aquí una selección mínima de la muy amplia bibliografía sobre Antonio Machado y sobre la poesía española de posguerra. Se consignan sólo trabajos críticos que contienen desarrollos de un modo u otro relacionados con el tema general de este libro.

INDICE ONOMASTICO

de los poetas considerados y mencionados

NOTA

*Se exceptúa naturalmente el nombre de Antonio Machado por aparecer men-
cionado a lo largo de todo el libro.